U0613987

North U.

Racing Trim—ASA & NORTH U.

帆船竞赛调帆

［美］比尔·格莱斯顿 / 编

刘　伟 / 译

AMERICAN SAILING

SAILING EDUCATION SINCE 1983

组织单位　美帆联国际体育发展有限公司

策　　划　KEN BROWN　于　虹

致　　谢　薛炳南　郭　麟

中国海洋大学出版社

·青岛·

美国帆船协会

　　美国帆船协会（American Sailing Association，简称ASA）在1983年前成立，有着富有雄心的使命：教授人们安全和自信地驾驶帆船。为了实现这个目标，ASA制定了一系列的标准，用来衡量水手的知识、经验和技能水平；这是全美第一套用于龙骨帆船水手的统一标准。

　　今天，ASA已经成长为在全球拥有400多家认证帆船学校的机构，其中包括加勒比海、欧洲、中美洲和亚洲。认证学校向达到某个级别水平的水手颁发认证。截至现在，ASA学校已经向超过56万名的学生颁发了101基础龙骨船驾驶认证，向近100万名学生颁发了各个等级的认证！学习帆船只是一个开始。利用在ASA学校里学到的知识，我们的会员正在开启在世界各地的帆船之旅。

　　帆船适合每一个人。

Cindy Shabes

美国帆船协会主席

North U.

　　North U. 是北帆（North Sails）的培训分支。北帆你可能已经听说过，从1957年以来，它就是世界上最好的制帆商，北帆从1980年起就开始提供世界上最好的帆船讲座。或许你已经知道北帆最著名的产品就是它的竞赛帆，但可能还没意识到，北帆也是世界上最大和最好的巡航帆制造商！

　　我们知道，学习帆船不是只有一种方式。但是我们认为，学习的最佳方式，就是亲自去驾驶帆船！带上你在这里学到的知识，付诸应用。参加水上课程，去航海吧！

　　你可以花费一生的时间来学习成为一名更好的水手。有了North U. 的帮助，你将学得更快！

Bill Gladstone

北帆执行董事

目录

第1章 船速、操船和竞赛金字塔   **1**

  1.1 我们为什么要进行帆船竞赛..............2

  1.2 竞赛金字塔 2

  1.3 船速和操船 3

  1.4 表现分析 3

  1.5 典型的船长 5

  1.6 本书的使用 6

第2章 帆船操纵入门   **7**

  2.1 引言 8

  2.2 船员的组织原则 8

  2.3 练习 10

  2.4 寻找和训练船员 11

  2.5 不要杀死信使 12

  2.6 怎样有效沟通 13

  2.7 船员训练和实践演练 14

第3章 调帆的概念和定义   **15**

  3.1 引言 16

  3.2 升力理论 17

  3.3 帆力的三个来源 22

  3.4 速度目标 27

  3.5 总结 28

第4章 逆风操船   **29**

  4.1 引言 30

  4.2 迎风换舷 30

  4.3 更多的逆风操船技术 34

  4.4 总结 37

第5章 热那亚帆的调节和控制   **38**

  5.1 引言 39

  5.2 热那亚帆的缭手 40

  5.3 热那亚帆的力量 41

  5.4 帆的选择 43

  5.5 热那亚帆的控制 45

  5.6 横风调帆 53

  5.7 结语 55

第6章 主帆的调节和控制   **56**

  6.1 引言 57

  6.2 主帆缭手 58

  6.3 主帆的力量 59

  6.4 主帆的控制方法 61

  6.5 横风和顺风调帆 67

  6.6 结语 68

  补篇：斜拉索控帆 69

  补篇：全帆骨主帆 69

第7章 逆风操舵   **72**

  7.1 引言 73

  7.2 输入的是垃圾 73

  7.3 逆风操舵 75

  7.4 舵手呼喊缭手 77

  7.5 目标船速 79

  7.6 起航时的操舵 81

  7.7 逆风操舵——结语 83

第8章 逆风调帆解决方案   **84**

  8.1 引言 85

  8.2 总帆力的调节 85

  8.3 中等风下的调帆 87

  8.4 轻风下的调帆 89

  8.5 大风下的调帆 91

  8.6 调帆和战术 93

  8.7 调帆的解决方案 94

8.8 过多的选择 101

第9章 顺风操船   102

9.1 引言 103

9.2 升球帆 104

9.3 球帆顺风换舷 110

9.4 球帆降帆 122

9.5 球帆先升后降换帆 127

9.6 三根升帆索系统 131

第10章 不对称球帆的操作   134

10.1 引言 135

10.2 不对称球帆的操纵 135

10.3 不对称球帆的升帆 136

10.4 不对称球帆的顺风换舷 137

10.5 不对称球帆的降帆 140

10.6 传统帆船上的不对称球帆 143

10.7 把帆降下来！ 145

第11章 对称球帆的调节   146

11.1 引言 147

11.2 顺风速度 147

11.3 初始调帆 149

11.4 有效速度调帆 150

11.5 轻风、中等风和大风下的调帆 ...155

11.6 横风调帆 161

11.7 结语 163

第12章 不对称球帆的调节   164

12.1 有效速度调帆 165

12.2 横风调帆 167

12.3 不对称球帆的知识与技巧 168

第13章 顺风操舵   170

13.1 引言 171

13.2 侧顺风操舵 171

13.3 尾风操舵 173

13.4 顺风不操舵 175

13.5 顺风换舷和绕标 176

13.6 结语 177

第14章 船的准备   178

14.1 引言 179

14.2 船底的准备 179

14.3 甲板以下 181

14.4 甲板 181

14.5 结语 182

第15章 桅杆系统的调节   183

15.1 引言 184

15.2 桅顶支桅式桅杆的调节 184

15.3 分段支桅式桅杆的调节 188

15.4 结语 189

第16章 航行仪表   190

16.1 引言 191

16.2 新的信息 191

16.3 速度预测 192

16.4 速度预测案例 193

16.5 目标船速 194

16.6 逆风目标 194

16.7 顺风目标 196

16.8 使用1类仪表比赛 198

16.9 仪表与战术 199

16.10 结语 199

第17章 总结   200

17.1 攀登金字塔 201

17.2 战术巫师 201

17.3 关于本书 201

17.4 致谢 201

附录 词汇表   202

第1章

船速、操船和竞赛金字塔

1.1 我们为什么要进行帆船竞赛

1.2 竞赛金字塔

1.3 船速和操船

1.4 表现分析

1.5 典型的船长

1.6 本书的使用

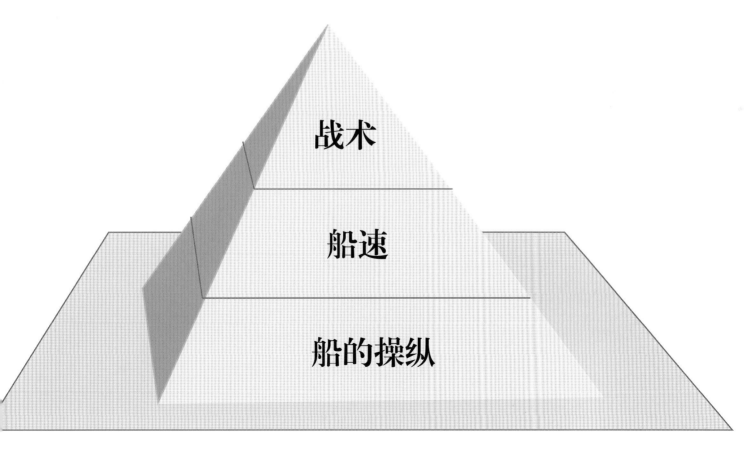

战术

船速

船的操纵

第1章 船速、操船和竞赛金字塔

1.1 我们为什么要进行帆船竞赛?

帆船竞赛要求具备广泛的技能:我们要有驾驶和操船技能,理解风和天气,懂得战术、策略和规则。我们还需要专业的调帆技术、管理船员的组织能力、分析信息的能力。我们必须能够设定目标和优先级,在混乱中集中精力,忽略身体上的不适,并且从错误中学习。

没有人能精通所有这些技能。帆船竞赛的持久魅力就在于,它带来了各式各样的挑战;每场比赛我们都会以新的方式接受挑战,没有任何两场比赛的挑战是一样的。

帆船的魅力不只在于这些挑战。我们还能享受帆船竞赛带来的水上时光,驾驭风的刺激,竞赛的挑战,还有比赛带来的友谊。

1.2 竞赛金字塔

成功竞赛的组成要素可以用一个分层的金字塔来表示。战术位于竞赛金字塔的最顶层。战术的下面是船速和船的操纵。要想成功地比赛,你需要攀登这个金字塔。要想赢得比赛,操船技术必须成为你的第二本能,而且你的船速必须首屈一指。见图1.1。

与战术相比,船速和操船在以下方面有着明显的区别。首先,船速和操船是完全在你的掌控之下的,而战术涉及风、水流、比赛对手等你无法掌控的因素。船速和操船,就像是篮球比赛中的强大防守,它能让你每天都具备竞争力。战术,则更像是精彩的投篮,有机会的话最好——但是你不能每天都指望靠它赢。

船速和操船在另一方面也与战术不同:战术上存在获得重大获益或损失的机会,尤其是在风摆很频繁的情况下。而船速和操船带来的获益和损失则更加微小。当然,如果你把球帆掉进水里、缠到龙骨上,肯定会有重大损失;但是常见的获益只不过是这里赢几英尺长度,那里赢一倍船长的距离。但是这些收益累加起来,就成了胜利的保证。

图1.1:竞赛金字塔

船速和操船组成了竞赛金字塔的基础。当操船变成你的第二本能,而速度也是首屈一指时,你就会赢得比赛。

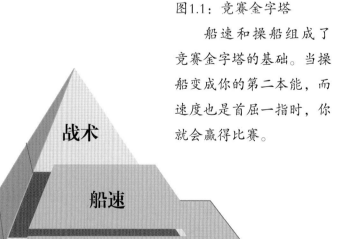

1.3 船速和操船

在本书中，我们将会探讨操船与船速。如果你认为自己需要战术上的辅导，读完之后可能会遇到惊喜——当操船成为你的第二本能，船速也首屈一指时，你会突然发现自己已经变成了战术巫师。如果你仍然想了解更多关于战术的知识，可以参考本书的姊妹篇《帆船竞赛战术》。

良好的操船是成功比赛的前提。在跑赢比赛之前，你必须要先"跑好"船。优秀、专业的船员是良好操船的基础。我们后面会探讨怎样寻找、组织和训练船员。我们还会研究用于逆风和顺风的操船技术，包括传统对称球帆，以及不对称球帆的操作。见图1.2。

要想成功地比赛，良好的船速同样重要。我们会讲解调帆理论，单独研究每一种帆，然后再把它们作为一个整体，讨论帆的性能。见图1.3。

当我们更深入地研究调帆和船速问题时，我们会看到，所谓的快与慢不过是1%到2%的区别。我们将发现，正是这些调帆细节的累积影响，决定了比赛的输赢。

1.4 表现分析

那么，你的技能水平究竟如何呢？下面的表现分析能帮你评估自己的竞赛技能，并且发现其中的强项和弱项。见图1.4。

你不仅要考虑自己的技能，还要考虑你所在船上的整体技能。如果你是一名战术巫师，你需要与一名船速德鲁伊*和一名操船魔法师组成团队。当然，如果你是单人比赛，你要兼任所有这些角色！

图1.2：稳定的发挥要求你精通自己所能控制的事情——船速和操船；同时尽量利用你无法控制的事情。

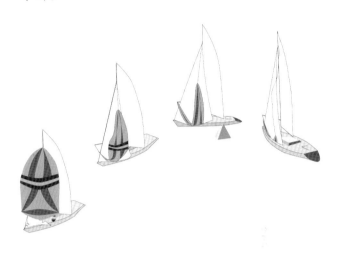

图1.3：良好船速，和优秀船速之间的差别只有1%到2%。这种差异很微小，但是对于比赛的输赢很关键。

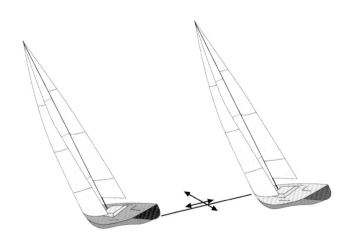

*德鲁伊，druid，古代高卢、不列颠和爱尔兰等地凯尔特人中的祭司，这里是指大师级的人物。

图1.4：表现分析

哪些是你的强项，哪些是你的弱项？

	强项	弱项

战术部分：

逆风策略、战术及规则·····················

顺风策略、战术及规则·····················

起航策略、战术及规则·····················

绕标竞赛，及港到港/长距离竞赛·····················

船速部分：

逆风航行，轻风、中等风及大风·····················

掌舵、调节主帆、调节前帆·····················

横风航行，轻风、中等风及大风·····················

掌舵、调节主帆、调节前帆·····················

顺风航行，轻风、中等风及大风·····················

掌舵、调节主帆、调节前帆·····················

船的操纵部分：

你有一队满编的常任船员吗？·····················

逆风航行：迎风换舷、缩帆、换帆·····················

顺风航行：球帆操作、顺风换舷的设置、顺风换舷·····················

降帆、悬浮降帆（floater takedown）*、

球帆先升后降换帆（peel）·····················

根据船上每个岗位，考虑每一个操船动作·····················

在所有情况下，你都能操作驾驶舱、桅杆和船头岗位吗？·····················

去年船队排名·····················

下一个赛季的目标·····················

（金字塔左侧标签：战术、船速、船的操纵、准备）

器材：

良好的准备是隐藏在金字塔下方的地基。你的船和器材必须处于竞赛状态——是的，每一个细节都很重要。输赢的区别就在于很多细小因素的叠加。

船： 船体状态、龙骨和舵的情况。甲板下方重量的分布。

器材： 索具、五金件的状况和适用性。

仪表： 是否工作、已经校准和集成好？

帆： 全套帆是否完整，且处于绝佳状态？

---

*译者注：悬浮降帆（floater takedown）是一种降下球帆的方法，先在球帆内侧升起前帆，卸下球帆杆；此时靠舵手和船员的配合（船员做人力球帆杆）保持球帆在空中"悬浮"，然后舵手换舷，球帆从前帆的背风面倒塌下来，收起。悬浮降帆较普通球帆降法速度快宝贵的几秒。

1.5 典型的船长

组建制胜团队有困难？

下面是我们观察到的打造团队的21种方法。

（1）大风天气下，起航前需要升起前帆的时候，远迎风行驶，使打到甲板上的浪花最大。这样在起航前先把船员变成落汤鸡，比赛的时候他们就不会怕湿身了。（不必为了保持甲板干燥而横风行驶，也不必顺风升前帆，等过会儿跑近迎风时才调帆。）

（2）如果升球帆的动作太慢，你就在掌舵位置大声呼喊命令。尽管船员难以听到细节，但哪怕只是一句"快点"也能给他们鼓劲。由于船员通常动作迟缓，需要鼓劲，多喊一句"快点"总会有所帮助。

（3）迎风掌舵时，跑的角度比近迎风更高一点，直到甲板上的船员回喊"别再跑高了"。这样你才能知道他们的大脑参与了比赛。

（4）等到最后一刻才发出绕标的命令。船员们喜欢挑战。如果你太早告诉他们，就没有挑战性了。（真相是，船员通常比你更早知道下一步该怎么做，因此你晚些发令也无关紧要……）

（5）用旧帆打比赛。这样，如果比赛输了，你就能找到现成的借口，船员也不需要承受责难。同样的道理，使用有缺陷或损坏的器材，而且不要升级器材。

（6）不必练习。我告诉你多少遍了？这不是比赛，这是休闲活动。而且谁又有时间去练习呢？连跑比赛的时间都不够，哪有时间去做多余的练习？另外，人们在压力下学得最好。

（7）把你和船员区分开。例如，给你自己购买进口啤酒，而让船员喝国产的饮料。这样既能在团队成员之间加深感情，同时又能维持重要的上下级关系。

（8）对你的起航计划保密。最好是不要制订计划。你的即兴表现能向船员展示你是一个没有"固执成见"的"灵活的思考者"。

（9）成就归自己，错误归别人。比如，讲到胜利时多使用"我"这个词，讲到错误时，用"他们"。记住，"胜利"时没有"我们"，"搞砸"时没有"我"。

（10a）晚到。在比赛前约定一个很早的时间在码头集合。这样等你到达时，所有人都已经到了。你不应该等待船员。

（10b）在最后一刻前往比赛区域，这样你就不会因为调节桅杆或者观察风况而让船员疲劳。毕竟，我们只是来参加比赛的。

（11）航行时人手不足。航行时配备不满编的船员，这样每个人都能更忙碌，而且船上有更大的活动空间。

（12）迎风换舷时不要呼喊。你难道不讨厌船员一听到"准备迎风换舷"，就都从船舷上跳下来，导致船一下子倾斜吗？好吧，那就省略这个步骤。直接把舵打到底，然后看他们像老鼠一样脚底打滑吧。

（13）不要清洁船底。船在水里待过几周之后，你有没有用手指摸过船底上的滋生物？那肯定是人类已知的最润滑的东西！既然它肯定能形成一层润滑的船底涂层，为什么要把它洗掉呢？

（14）不要让船员吃饭。船员保持饥饿可以带来胜利。

（15）不要感谢你的船员。你是付钱的人，他们应该感谢你！

（16）对着船员叫喊。如果他们不按照你的想法做，或者动作不够快，那肯定是因为他们不知道你的想法。如果他们看起来不做回应，就用更大的嗓门叫喊，这样他们才能听得懂。同样的东西一遍一遍地讲，越讲越大声。这种方法在外国也同样有效。

（17）如果船员报告关于风、潮流或其他船的战术观察，用"我知道！"呛声回复。否则他们会因为自己的战术远见而沾沾自喜，而且这些喋喋不休也会分散你的注意力。你可以一边驾驶，一边亲自观察四周的情形。

（18）把你巡航用的全部杂物都带上船。如果你把所有的巡航装备搬下船，船员们会认为有足够的空间来存放他们自己的航行装备，这会增加不必要的重量。

（19）抱怨你的成绩。成绩都是政治内定的。倘若船员知道自己不需为糟糕的成绩负责，他们会感到很欣慰。从一开始就毫无获胜的希望！

（20）不要浪费时间去读书或参加培训班。那不过是听一堆废话，这样是学不到东西的，而且也没有什么新的东西可教。事实是，你已经照着推荐的做法去做了。别再浪费时间看这本书了，立马把这本书烧掉！

1.6 本书的使用

《ASA & North U.帆船竞赛调帆》是关于竞赛调帆、船速和操舵最全面的著作。本书覆盖了广泛的课题，你可能对其中一些课题有着更迫切的兴趣。尽管后面的章节是以前面的章节为基础，但是每一章也可以独立成文，单独阅读。

如果你正在寻找某个特定问题的答案，你可以通过研究插图、阅读插图的说明文字，略读本书。当你遇到感兴趣的领域时，再详细阅读文字部分，了解更多细节。你也可以用略读的方法，快速复习本书。

书上讲的观点绝对不是关于竞赛技术的最终定论，它只是一个起点。你要把这些信息当作基础，在此之上提高你的成绩。

如果你想查找某个特定问题的答案，或者只是想略读本书，你可以阅读插图的说明文字。找到你感兴趣的地方之后，再阅读详细的正文内容。

2.6 怎样有效沟通

舵手对缭手说："给我一点前缭。"

前甲板对驾驶舱说："给我一点升帆索。"

主帆缭手对球帆缭手说："给我一点球帆牵绳。"

有效的交流要求使用共同的语言。船上所有人应该约定好一致的词汇，避免使用模糊不清或者意义不明确的指令。只要所有人都以同样的方式来使用这些词汇，具体的措辞反而不重要。

下面是我喜欢使用的词汇目录

对于调帆，包括缭绳、球帆牵绳和其他活动控制索具，比如斜拉索、下拉索、后拉索、后支索、活动后支索，使用"收紧（trim）"和"放松（ease）"，并且指明特定的量。与其说"前帆收一点"，不如说"前帆收紧两英寸"。如果你不确定需要收紧多少量，那就给出一个参照，让缭手知道大概的数量级："收紧大约2英寸"，缭手就能明白你想要什么了。

帆用"收紧"和"放松"来指代，那么重量就可以用"里（inboard）"和"外（outboard）"来指明。船上的人员向里或向外移动，帆收紧或放松。

升帆索比较棘手，原因有多个。一是有时候需要升和降，有时候需要收紧或放松，你需要指明具体是哪个。而且船头的船员发出的口令难以被听清，问题就更加复杂了。用手势信号来加强语言可以最小化误解。下面是一些办法：

收紧——把松弛的部分收紧（一根手指朝上）。

升——升到顶（拇指朝上）。

放松——放松一点长度（一根手指朝下）。

降——向下放到底（拇指朝下）。

全放——完全放掉升帆索（两手拇指都朝下）。

保持不动——保持在原处不动（握拳）。

图2.4：要想得到你想要的结果，你需要知道怎么样提出要求。使用特定的词汇。

放松和收紧适用于缭绳和其他控帆索具。

里和外适用于船员的重量，还有前和后。

对于升帆索，通常你要放松或收紧，然后是升到顶。有时你要放松升帆索，有时是完全放掉。

另一个令人迷惑的地方是数量。收紧一点是要多紧？你要去猜测这个量。对于新手或者无经验的船员，一点可能是很长一段绳子。尽量说"前帆升帆索收紧3英寸"，而不是"收紧一点前帆升帆索"，否则你会得到6英寸的量，还有错误的调帆。有时你想在降帆前，先放松一下升帆索，以确定帆是不是卡住了，见图2.4。

明确的口令能够让你得到想要的结果。否则你最终不得不用一些词语和手势反复说明……

2.7 练习、练习、反复练习!

起航演练

使用单个浮标或者设置短的起航线。

停船和起步——按字面意思理解。

近迎风缓行（fore-reaching）——高于近迎风减速，然后朝下风跑低角度加速。

指定的进场方式：飘帆，三角形，半速，左舷受风。

轮番起航——每5分钟起航一次，每次起航后迎风跑1分钟。

时间/速度/距离测试 [参考下面的注释（1）]。

迎风

迎风换舷/摇船迎风换舷练习。

无速度迎风换舷（downspeed tacking，用于起航时创造下风空间）。

缩帆——设置缩帆/放出缩帆。

更换前帆——从内侧、从外侧、迎风换舷换帆。

直线行驶的调帆与速度。

跑高角度/跑低角度。

钻过对方船尾和重新调帆。

两船速度测试/调桅杆——如果你能找到陪练。

顺风

球帆的升帆：转向下风升帆，迎风换舷升帆，顺风换舷升帆（带和不带球帆杆）。

顺风换舷——VMG顺风换舷，横风到横风，急转弯（横杆在先）顺风换舷，不带球帆杆顺风换舷，摇船顺风换舷。

绕标回转（slalom）。

降球帆：上风舷，下风舷，顺风换舷，拉平与吹落（stretch and blow），信箱式降帆（mail slot，穿过主帆和横杆之间的狭缝）。

球帆先升后降换帆（peel，剥皮式）。

无球帆顺风行驶/前帆和主帆。

降球帆的时间/距离测试 [参考注释（2）]。

宽进窄出绕标测试 [参考注释（3）]。

其他演练：

无舵行驶。

人员落水/快停法。

上下风200码绕圈。（练习宽进窄出绕标，找准绕标航线和迎风换舷。很好的热身练习。）

注释：

（1）时间/速度/距离测试：

在进场航线上额外设置一个浮标，位置在竞赛委员会船的下风侧和右方一段距离处。猜测从该标志驶到竞赛委员会船、起航线中线或桩端需要多少时间。练习越多，你猜得越准。

练习时驶过该浮标，或者停在浮标处起步，从停船开始加速。

（2）降球帆的时间/距离测试：

顺风行驶经过一个浮标时，启动秒表计时并且开始降球帆。升起前帆，降下球帆，然后转向上风。记下从路过浮标开始的时间和距离，把这个信息作为你以后顺风绕标的参考（类似条件下）。显然，风越大，你需要的距离越大，轻风下，你可以带着球帆更贴近标志行驶。

（3）宽进窄出绕标：

侧顺风时，带着前帆和主帆，近距离驶过下风标志（先窄出测量距离），然后转向上风。当你转到近迎风时，记下你到测试标志的距离是多少。利用这个信息，下次"宽进窄出"绕下风标志时，你就能够选好瞄准位置。（你会发现大概需要对准标志一侧2倍船长的距离。）

第3章

调帆的概念和定义

3.1 引言

3.2 升力理论

3.3 帆力的三个来源

3.4 速度目标

3.5 总结

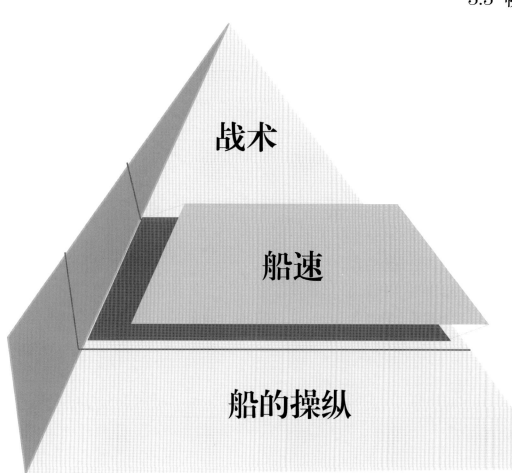

战术

船速

船的操纵

第3章 调帆的概念和定义

3.1 引言

帆船为什么能跑呢？至少顺风行驶的原理很简单；但是逆风行驶就没有那么直观了。当然，这并不是什么奇迹，但是高效的迎风性能——顶着推动我们的风力而行驶——完全是现代帆船的设计成就。推动帆船前进的力量非常复杂，以至于人们至今还未完全理解——至少我没有完全理解。

在这一章，我们先来看一下逆风行驶的原则，试着创造一种理论上的框架，指导我们去调帆。我们先从一些概念开始，约定一种通用的语言。然后我们还会研究各种影响因素，以及怎样把它们融合到我们的理论中。

帆船，有时候被称作是一只翅膀在空气里、另一只翅膀在水里的飞机。这当然不是真的。机翼为飞机提供了升力，但是并不提供推力。然而，帆同机翼类似，也是产生升力的翼形（foil）。它的形状可以在给定的条件下提供最大的升力、最小的阻力。正如机翼上的襟翼（flap）一样，帆的形状也可以调节，以适应特定的航行条件。

基本的帆形是用弧深（draft）的大小和位置来描述。一面帆可以说成在40%的位置有10%的弧深。这表示帆弧最大的深度是10%的弦长（chord length），弦长就是从帆前缘到帆后缘的长度；最深的点的位置，是在帆前缘到帆后缘之间距离的40%位置。见图3.1。

图3.1：基本的帆形用深度的大小（弧深）和深度的长度位置（弦）来描述。

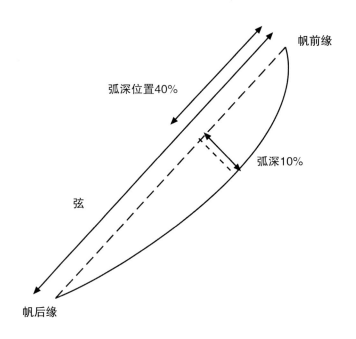

除了基本概念——弧深和弧深位置，帆的形状还可以进一步用其他方法来描述。这包括帆的平顺度、形状的水平分布和出角、形状的竖直分布、迎角和扭曲。帆的整体尺寸可以用高度与宽度的比率，或者说展弦比（aspect ratio）来描述。稍后，我们还会详细研究其中的每一个概念，以及帆的形状变化会怎样影响速度性能；但是我们首先讨论升力理论（以及各种关于升力的谎言）。

3.2 升力理论

尽管升力及相关力量的存在，得到了广泛的承认（飞机能够飞行，帆船能够行驶），但是升力究竟是怎样产生的，理论上还存在争议。传统的狭槽效应（slot effect）和文式管模型（venturi model）早已经被证伪了，而且已经被环流理论（circulation theory）代替，而环流理论的前提却又是满足库塔条件（the Kuta Condition），等等。在不钻研艰深理论的前提下——其实我自己也不太懂——我们先来了解一下帆的形状、升力和速度。

我们先从流开始。

流

空气绕过帆（或机翼）流动。相较于内侧的气流，外侧的空气流动距离更远，速度更快。等一下：为什么它流过的距离更远，速度就要更快呢？

为什么外侧的气流更快？

流经凹形表面的气流速度更慢，因为空气堆积到了一起；而流经凸形表面（翼形外侧）的气流更快。这是一个观测到的事实。流过背面的气流被吸引到了帆的外侧空间。你可以这样考虑：假如绕着外侧流动的气流没有加速，就会形成真空，而大自然厌恶真空。空气必然会被吸引去填满真空——它只有流得更快，才能填补真空。（这个说法其实也是错的。同时进来的空气分子不需要同时离开……这是个常见的误解。）见图3.2a、图3.2b。

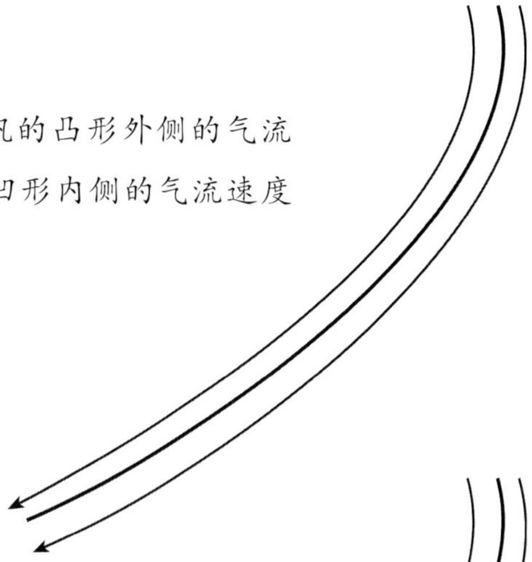

气流分离（stall）

顺便说一句，外侧的空气加速流动并不是

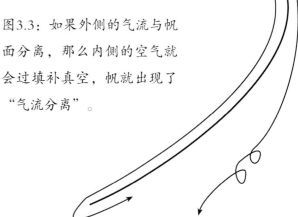

图3.2a：帆的凸形外侧的气流要比帆的凹形内侧的气流速度更快。

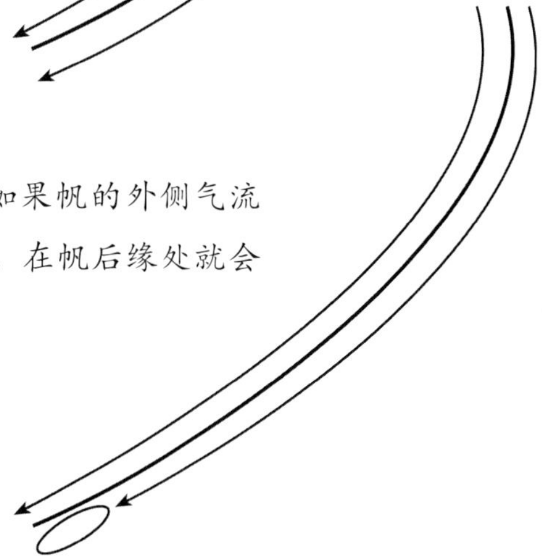

图3.2b：如果帆的外侧气流没有加速，在帆后缘处就会产生真空。

图3.3：如果外侧的气流与帆面分离，那么内侧的空气就会过填补真空，帆就出现了"气流分离"。

填补真空的唯一方法。内侧的空气也可以绕过后边缘，折返回去填补真空。当外侧的气流在到达帆后缘之前脱离帆面时，就会发生这种情况。当帆出现这种情况时，我们就说帆（或翼形）出现了气流分离。当主帆的气流线藏在帆后缘的背后时，我们就会看到这种情况，见图3.3。

因此，外侧的气流更快并不是因为它流动得更远——毕竟帆不是很厚——而是因为凸形和凹形的形状区别。

视风

船的移动和真风的共同作用产生了视风（apparent wind）。视风才是我们真正调帆的风，也是让帆产生升力的风，见图3.4。

升力

快速流动的空气对帆产生的压力，要比流速更慢的空气更小。（根据伯努利原理，流速更快的液体要比流速更慢的液体施加的压强更小。）帆的外侧的相对低压产生了垂直于帆弦的升力，见图3.5。

当我们把帆的升力放到船上时，我们会发现存在一个非常巨大，但是无用的侧倾分力；以及一个较小的向前的分力。我们的调帆目标就是改善这种组合比例，见图3.6。

主帆、前帆和上洗流

主帆和前帆的组合效果和相互作用，是一个充满争议的理论前沿。已知的事实是，两面帆共同作用产生的组合升力，要比两者单独产生的升力之和更大。

我们还知道气流在接近帆时，它会减速和转弯。由于气流的减速和转弯发生在帆的气流上游，因此这又称为上洗流（upwash）。上洗流造成的结果就是，前帆受到一个相对的抬升，而主帆受到一个相对的压头。这就是我们常用调帆方法背后的道理——主帆通常是收紧到船的中心线，而前帆收紧到偏离中心线大约10°。这个抬

图3.4：我们感受到的是视风，调帆也是根据视风。图上显示了船速的相反矢量与真风矢量的合成。

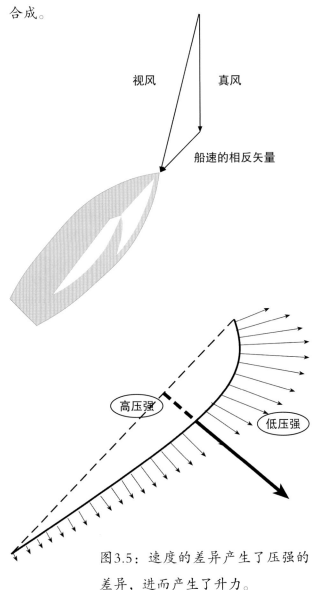

图3.5：速度的差异产生了压强的差异，进而产生了升力。

升使得前帆更有效率，它的升力方向更加朝前摆动，产生更多的前进分力、更少的侧倾分力。尽管主帆受到相对的压头，但前帆能够帮忙控制流过主帆的气流，因此主帆还是受益了。因此，尽管主帆被收紧到船的中心线上，气流还是一路吹到帆后缘，见图3.7。

帆力：

1. 升力
2. 阻力
3. 合力
4. 向前分力
5. 侧倾分力

图3.6：升力包括一个巨大但是不想要的侧倾分力，和一个较小的向前分力。

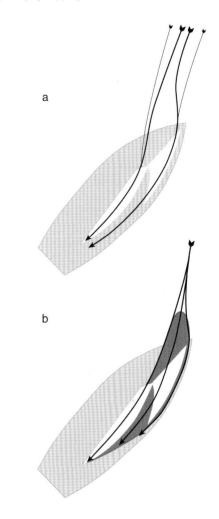

图3.7a：接近帆的气流会弯曲，使前帆处于相对的抬升，而主帆被相对地压头，穿过狭缝的空气要比原来更少。

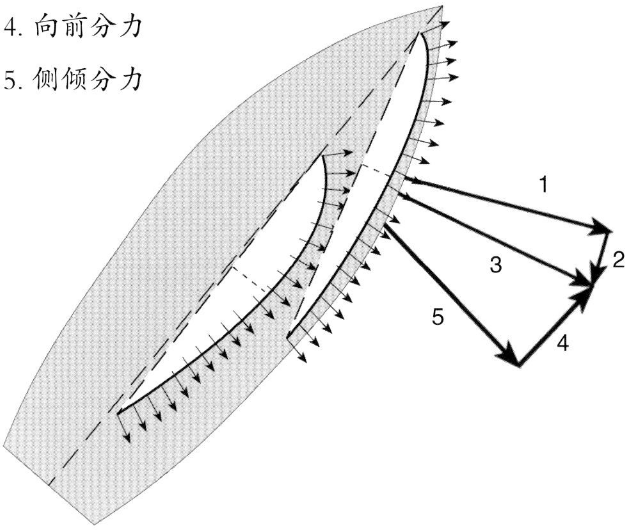

狭缝

不是所有的气流都是从前帆的外侧或主帆的内侧流动。一些空气从狭缝（slot）中流过，但是它们的数量要比你想象的少。上洗流引导着空气流过狭缝。流过狭缝的空气在接近狭缝时先减速，再加速穿过狭缝，然后弯曲转向，贴着主帆的背面流走。

总的效果

你甚至可以把主帆和前帆分别看成是一个单体翼形的内侧面和外侧面。翼形的完整形状是上洗流包裹起来的一个压强气泡。

无论你怎样理解它，当你让前帆和主帆同时工作时，得到的合力是一个主要的侧倾分力，和一个较小的向前分力。还要注意，这些力没有一个是指向逆风方向的。见图3.8。

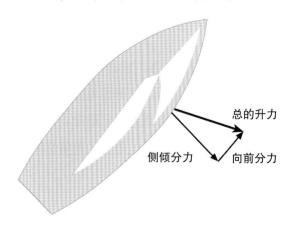

图3.8：来自帆的合力可以被分解成一个较大的侧倾分力，还有一个较小的向前分力。

总的升力

侧倾分力　　向前分力

龙骨的升力

如果没有船的水下部分，尤其是龙骨（或是其他翼形），帆的横向力量将发挥主要作用，那么我们就无法向前行驶。幸运的是，龙骨产生的升力几乎抵消了帆的横向力量，容许我们迎风行驶，只需承受几度的风压差。

"等一下"，你可能会打断我。"龙骨既然是对称的，它怎么可能产生升力？这里可没有什么凹形面。"

"你见过飞机上下颠倒飞行吗？"我会这样聪明地回答你，见图3.9。

这里的关键就是迎角（angle of attack）。尽管龙骨是对称的，但是水并不是迎头撞上龙骨。由于风压差的存在，水会从下风偏斜几度的角度撞上龙骨。水流看到的翼形会有一侧较长，另一侧较短。内侧的水流减速。外侧的水流加速。这样就产生了压强差，就会产生垂直于迎角的升力。

多讲一个概念：迎角

龙骨的迎角等于船的风压差，因为龙骨是平行于船的中心线的。帆也有一个迎角。帆的迎角是弦（从帆前缘到帆后缘的连线）相对于视风的角度，见图3.11。

速度优先

龙骨要想产生升力，它必须先对水移动。你首先需要速度，然后才能跑出角度。再看一下船的受力：只有龙骨能让你逆风移动。帆把你朝下风推。当你快速行驶时，是龙骨推着你朝逆风走。因此，要先有速度。

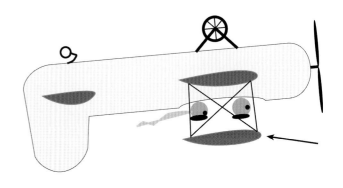

图3.9：尽管龙骨是对称的，但龙骨的受力并不是对称的。由于迎角的存在，它会产生升力。同样的原理使得飞机可以上下颠倒飞行。

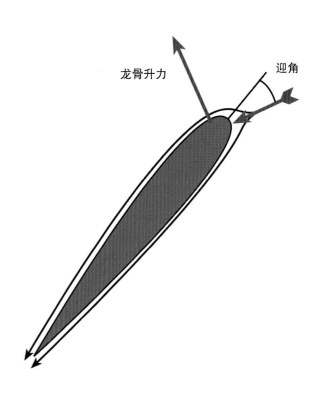

图3.10：龙骨的升力。龙骨产生垂直于水的迎角的升力。迎角由风压差产生。

龙骨升力

迎角

图3.11：迎角是视风相对于帆弦的角度。飘动的帆迎角为零。

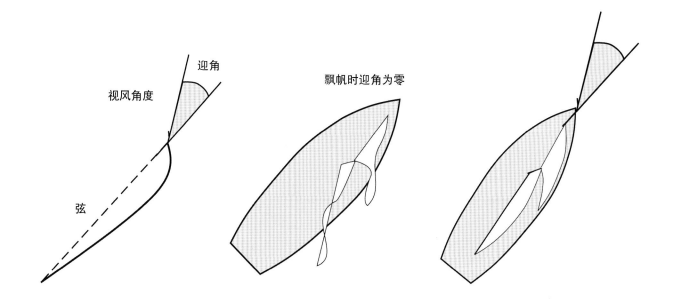

迎角

视风角度

飘帆时迎角为零

弦

龙骨与帆的合力

龙骨和帆的合力推动着帆船前进。注意，产生的力量中，只有很小一部分能转化成向前的力量。我们调帆和精调的目标，就是要首先产生帆力，然后再改善有用的力和无用的力的比例。稍微一点的改善就能在速度上产生巨大的进步。每一处细节都很重要，见图3.12。

较小的向前力量，必须要对抗巨大的摩擦力（阻力），才能推动船在水中前进。同样，阻力稍微地减少就能使速度明显地增加，比如清洁船底和改进舵叶的形状。

升力理论的总结

尽管大部分竞赛需要航行数海里、数小时，但是输赢之间却相差不过几分钟，甚至是几秒。胜利的边际就在于这些微小的因素的累积。每一个细节都很重要。每个细节都会体现在结果里，因此每一个因素都很重要。

图3.12：帆的升力和龙骨升力的合力推动着我们迎风前进，只需借助几度的风压差。

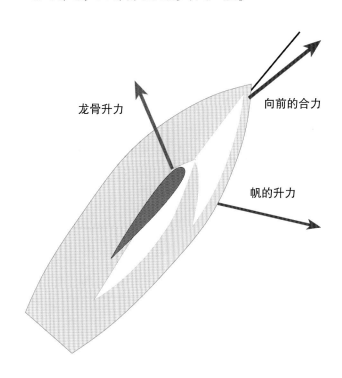

龙骨升力

向前的合力

帆的升力

3.3 帆力的三个来源

帆力有三个来源要素：迎角、弧深和扭曲。作为缭手，我们首先要让船跑到全速——既不能帆力过小，也不能帆力过大。其次，要实现正确的帆力组合。船全速行驶时，我们可以调节帆力的组成，增加一个分力，减少另一个分力，根据航行条件精调速度。我们后面会更详细地论述每一个帆力来源，但是我们首先要提一下……

帆的设计和初始调帆

制帆者的设计和加工目标有两个：一是创造出高速的帆形，二是创造一个可以精调的帆形，在各种条件下都能调出良好的速度。

作为缭手，我们的目标与制帆者的目标很接近：首先要达到设计的形状，然后再根据环境条件精调帆形。精调的过程，是根据上面提到的三个帆力来源展开——迎角、弧深和扭曲。

迎角

第一个，也是最基本的帆力来源是迎角。当迎角为零时，帆就是飘帆。收紧帆增加迎角，帆力也增加；放松帆迎角减少，帆力也减少。迎角也可以由舵手控制。转向下风能增加迎角，转向上风能减少迎角。见图3.13。

弧深

深度（depth），或者说弧深（draft）的大小，是帆力的第二个来源。帆的弧深控制着帆力、加速和帆的阻力。更大的弧深产生能更大的帆力和加速；而平坦的帆的帆力更小，阻力也更小。大弧深最适合抵抗波浪和碎浪行驶，或者是在迎风换舷后加速。平坦的帆在平静的水域行驶

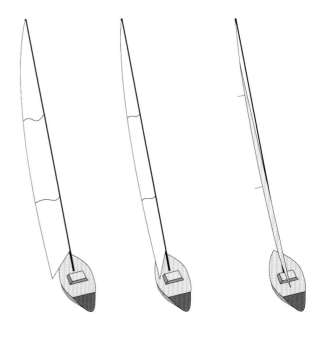

图3.13：迎角是帆力的第一个来源。收紧帆，帆力增加，如上图从左到右。舵手也可以通过转向下风来增加迎角。如下图，帆力从左向右增加，行驶角度从高角度变成低角度。放松帆，或者转向上风能减少帆力。

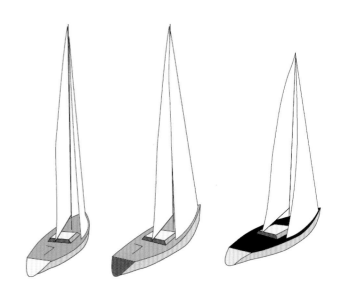

更快。在帆力过大的情况下，平坦的帆最合适。见图3.14。

大型客机在起飞和降落时，会放下襟翼

图3.14：弧深——深度和位置

深或者饱满的帆形最适合产生帆力和加速。平坦的形状在平静水域更快，因为它的阻力更小。在大风下帆力过大时，平坦的帆也是最好的。帆形还可以用弧深位置来描述。弧深靠前的形状对行驶角度不那么敏感；弧深靠后的形状跑出的角度更高，但是产生的阻力更小。

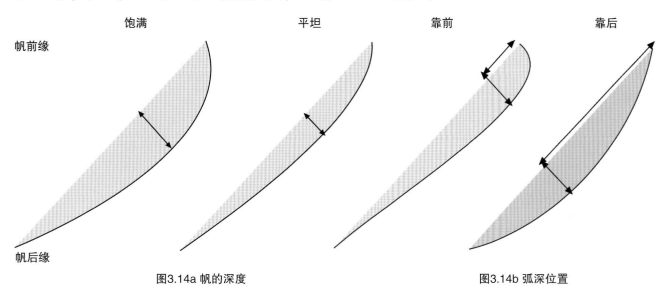

| 饱满 | 平坦 | 靠前 | 靠后 |

帆前缘

帆后缘

图3.14a 帆的深度　　　　　　　　　图3.14b 弧深位置

（flap），产生更大的弧深，以增加额外的升力；但是在高速巡航时，会收起襟翼，以产生更平坦的翼形和更小的阻力。

弧深位置

我们不仅能控制弧深的大小，还能控制帆的弧深位置。通常，调帆目标是保持设计的弧深位置（主帆的40%~45%弦长位置，前帆30%~40%弦长位置），以维持平顺、均匀的帆形。弧深靠前的帆产生的阻力更小，而且更能承受在波浪中行驶时的角度波动；弧深靠后的帆能提供额外的帆力和跑更高的角度，但是阻力更大——额外增加的帆力可以突破波浪，但是无法转化为额外的速度，见图3.14b。

高级船帆设计鼓励气流在帆前缘处快速加速，以最大化向前的升力。在帆后缘，气流速度差异较小，因此产生的升力也小。这种升力分布能产生更大的向前分力，更小的侧倾分力。当前

部的深度过大时，角度能力会受损；极端过大时，气流会分离，帆完全损失升力，见图3.15。

图3.15：当帆形和升力集中在前方时，向前的力量会更大，侧倾的力量会更小。但是如果过于靠前，角度就很难跑高；极端靠前时，气流会分离。

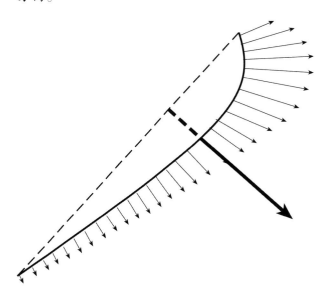

图3.16：除了弧深的大小和位置，帆的形状还有其他的变化方式。这里是一些例子。

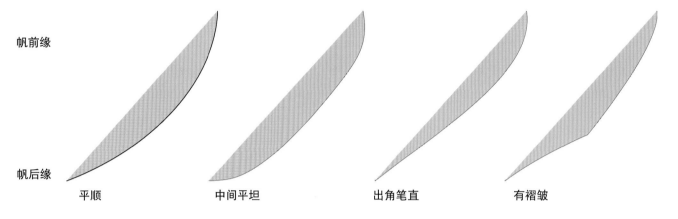

帆前缘

帆后缘

平顺　　　　　　　中间平坦　　　　　　出角笔直　　　　　　有褶皱

水平形状

帆的形状不只是弧深和弧深位置。水平形状描述了从帆前缘到帆后缘的形状。大部分帆设计成平顺、均匀的曲线，以促使气流贴紧帆面流动。

大型热那亚帆（与桅杆重叠）的后部，与主帆重合的部分裁剪得非常平坦，能够容许把帆收得更贴近，却不会干扰主帆。主帆的前缘到后缘之间形状都很均匀。球帆的边缘部分更加饱满，而中央部分更平坦。一些帆的形状上带有褶皱，然而并不是故意设计成这样的。见图3.16。

形状的竖直分布

帆的形状在竖直方向和水平方向上都会变化。不同的风力特征和不同的帆尺寸，都要求顶部的形状要比底部形状更加饱满。顶部的弧深更大，这看起来有违直觉，因为这似乎会产生更大的侧倾力矩。直觉上应该把帆力集中在侧倾力臂较短的下部。然而，顶部需要更大的弧深有以下三个原因。见图3.17。

•顶部的风更强。帆顶更大的弧深可以从强风中汲取更多的力量。高速的气流也更容易贴紧

更大的弧深形状，而不会与帆面分离。

•较短的弦长也要求更有力量的帆形，以便在更短的距离上，获得可用的帆力。而且短弦长还有更好的升力/阻力比，因此大弧深能带来更大的帆力，而阻力却不会增加。

•顶部更大的弧深可以防止空气沿着平行于帆后缘的路线向上逃逸。空气被迫沿着近似水平的路径流动。空气贴着帆流动的时间更长，产生的帆力就更大，而且翼尖涡旋（tip vortex）更小。

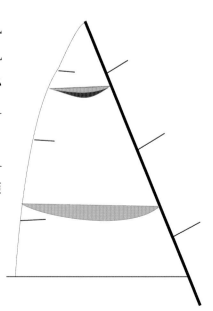

图3.17：在轻风和中等风下，帆的顶部形状要比底部的弧深更大。在大风下，帆的顶部需要展平，以减少侧倾力量。

在大风中，侧倾力矩确实是一个重要因素，在这种情况下，帆顶最好采用更平坦的形状。事实上，随着风力增大，我们的大部分调帆工作是让帆的上部更加平坦（还有漏风）。

扭曲

扭曲是帆力的第三个来源。扭曲描述了帆的顶部和底部的相对角度。当帆的上部打开时，帆的扭曲很大。封闭的帆后缘正好相反，扭曲很小。见图3.18。

由于水面会带来摩擦力，高处的风要比水面的风更强。这个现象称为风力梯度（wind gradient）。高处更强的风使得高处的视风角度更加开放（帆迎角更大）。因此，帆的顶部要相对于底部向外扭曲，以匹配高处更开放的视风角度。制帆者会将扭曲设计进帆形中，以匹配平均风力梯度。

作为缭手，我们要精调帆的扭曲，使帆形与当前的风力梯度匹配。我们还会进一步根据风和海况调节扭曲，使其符合我们的性能目标。

精调扭曲是最强大的调帆方法之一。我们先宽泛地讲一下，更详细的细节在后面的逆风调帆章节中讲解。

我们可以通过放松缭绳增加扭曲，收紧缭绳减少扭曲。通常，扭曲越小，跑高角度的指向能力越好；扭曲越大，速度和加速性能越好。例如，迎风换舷刚结束时，开始扭曲较大，等到船加速到全速时，再做作最终的调节。类似，在多浪条件下，我们会增加帆的扭曲，因为每一个浪都会让船减速，我们总是正在加速。另外，额外的扭曲可以使帆力逐渐地增减变化，对操舵的精度要求更低。更小的扭曲能够在跑高角度时保持

图3.18：扭曲是帆的高低部分的调帆差异。帆的设计已经包含了扭曲，以匹配高低风力的差异。我们要精调扭曲，以匹配航行条件和性能目标。

船A有封闭的帆后缘，扭曲很小。

船B有打开的帆后缘，扭曲较大。

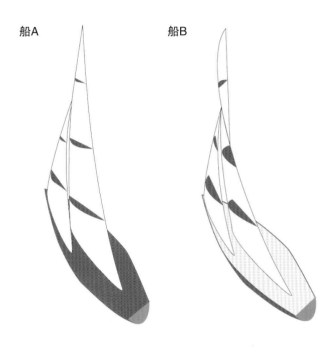

船A　　　　　　　　　船B

全速。

在帆力过大的条件下，可以通过放松缭绳和增加扭曲来减少帆力——使帆的顶部漏风，或者是展平帆的形状。无论哪种方法，你都减少了帆力。哪种方法更好呢？通常，在多浪的条件下，最好使用扭曲来控制帆力。在平静水域，最好通过展平帆形来减少帆力。调帆的一大挑战就是，你不仅要获得正确的帆力，还要得到正确的帆力组合，即帆形与扭曲的正确组合。

最后一条通用原则：主帆和前帆的扭曲和形状要相互匹配。

主帆与热那亚帆

热那亚帆和主帆的设计形状有多个区别，其中一些区别已经讲过。

热那亚帆通常要比主帆弧深更大，更难以调节。当一面热那亚帆力量过大时，我们会换成另外一面帆。大型的重叠热那亚帆的设计有一个平坦或者说"笔直"的后部帆形。这种出角形状能够容许缭绳收得更紧，而不会阻塞帆狭缝或者干扰主帆，而且还能减少阻力。结果就是，大部分热那亚帆的深度都是嵌入在帆的前部，我们的调帆工作主要集中在前部形状的调节上。

另一方面，主帆的整面帆都有形状。来自桅杆的乱流减少了主帆前部的效率，因此我们重点调节帆后缘，以达到更好的速度、角度、舵的平衡和侧倾。

展弦比（aspect ratio）

弦长更短的高帆（高展弦比）要比低且宽的帆（低展弦比）效率更高，这个理论猜想已经被经验所证实。高展弦比的帆（和龙骨）产生的升力更大，阻力更小。同时考虑进主帆和前帆的组合效果时，这种高效率格外明显。增加重叠的面积带来的回报很小。150%的热那亚帆，即便面积更大，也不如110%的帆跑得更快。见图3.19。

帆能设计的有多高、有多窄，受制于材料的强度、桅杆系统的工程限制，以及规则和扶正力矩（侧倾的力量）。

事实上，新的制帆材料和桅杆系统设计，能够让我们实现更高展弦比的设计。现在已经制造出来的3号热那亚帆能够保持帆形，并且承受巨大的帆后缘拉力。各种风帆组合的效率在后面

讲调帆技术时再详细讨论。

图3.19：高且窄（高展弦比）的帆（或龙骨）要比低展弦比的帆效率更高。高展弦比的帆可以跑更高的角度，而低展弦比的帆则有更大的帆力。帆的设计受材料和桅杆系统侧倾力矩的限制，而龙骨设计亦会受到水深的限制。

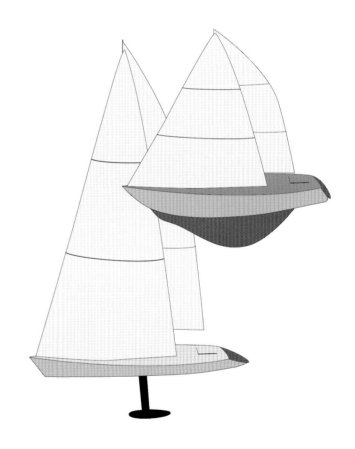

龙骨

尽管我们无法调节龙骨（谢天谢地——竞赛本身就够复杂的了！），龙骨的形状和状态对逆风性能的影响，与帆的形状和状态同样重要。更多关于龙骨和龙骨形状的知识见"第14章 船的准备"。

3.4 速度目标

理论框架我们先讲到这里。在实践领域，哪种性能分析框架能够让我们获得更优的逆风速度呢？我们需要先定好速度目标。

对于逆风竞赛，我们的目标是实现最优的船速和角度的组合。图3.20显示了一张速度曲线。曲线上的最高点表示最优的速度和角度组合。在该状态下行驶的帆船实现了最优的VMG——有效速度（velocity made good），见图3.20。

衡量速度

你怎样才能知道自己是否正好位于曲线上的这个点呢？有时，这难以判断。

衡量速度的最佳和最准确方法就是参加严格的统一级别竞赛。如果你比周围的船跑的角度更高、速度更快，那么你就是在曲线的最高点上。

你还可以对照其他不同级别的船来衡量，尽管这种速度差异难以归因：你比他快的原因，究竟是因为我们的船本身在设计上比他快，还是因为我们驾驶技术更好？

参考客观的标准来判断速度性能也很棘手。由于周围没有其他船，我们倾向于跑更低的角度，速度也更快一些。有意思的是，当周围存在其他船时，我们倾向于跑更高的角度，速度更慢。

你也可以使用仪表衡量速度表现。如果你改变了调帆之后，提高了角度而速度未受损失，或者是提高了速度而角度没有减小，那么你的表现就是更好。牺牲一个表现，去换另一个表现（速度/角度），则更加难以判断。由于没有其他船作为对照，这种变化很难评估。

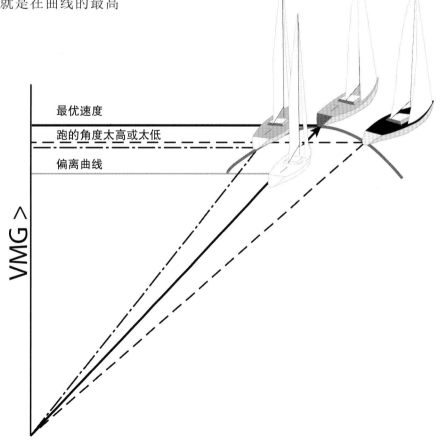

图3.20：逆风速度的目标是优化船的速度与角度的组合，以获取最大的VMG。

目标船速

使用集成仪表和速度预测工具，你能够同自己比赛。复杂的计算机和仪表组合能够把你的表现同预测（目标）表现对照比较。最好的仪表组合可以记录真实的表现，并把它储存下来。然后你就像是同自己比赛——在类似条件下，对比历史记录提升自己的表现。这类仪表系统改变了我们的比赛方式，而且每天似乎都有新的功能问世。这类主题在"第16章 航行仪表"中有详细介绍。

调帆与速度

我们在研究逆风调帆的细节和技术时，要考虑三个相对于最优点的位置：低角度高速度、高角度低速度，以及曲线的下方。

通常，如果你是位于曲线上，但是处于错误的位置，微小的调帆变化就能让你达到最优状态。

另一方面，如果你只是跑得太慢，那么或许需要采取一点新的做法。逆风行驶涉及的因素是如此众多，你很难知道究竟应该从哪个因素开始入手调节。我们将提供一个框架，帮助你调完所有的变量，见图3.21。

3.5 总结

我们现在已经对帆形和描述帆形的词汇有了基本的理解。这就是本书入门部分的结尾。

下一部分——第4章到第8章——将讲解逆风表现。

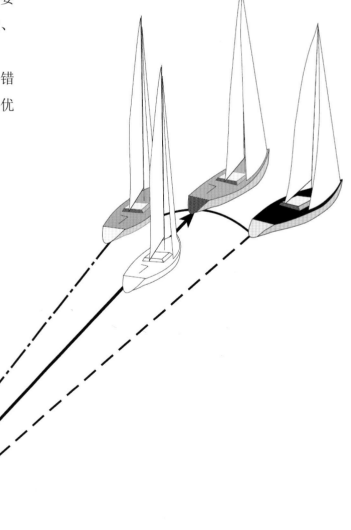

图3.21：缭手和舵手相互合作，优化速度表现。如果你是在曲线上，只是角度有点高或有点低，那么微小的调帆变化就能到达最优点。如果你偏离曲线，那就需要更巨大的改变。

第4章

逆风操船

4.1 引言

4.2 迎风换舷

4.3 更多的逆风操船技术

4.4 总结

第4章 逆风操船

4.1 引言

你很容易误认为这个主题很简单而且不重要。每个人都能迎风换舷，还有什么可讲的呢？对于新手，有很多种迎风换舷：好的迎风换舷和坏的迎风换舷，平静水域中的换舷和碎浪中的换舷，在轻风、中等风和大风中的迎风换舷，摇船换舷、急转弯换舷和假换舷。

当然还有其他逆风操船问题。缩换和更换热那亚帆很少会在逆风段进行，但是在每个航海季节的某些时候，总会遇到需要这样做的情形，而且这可能会决定比赛的输赢。钻船尾的技术也有好和坏之分，坐在船舷上的船员也有微小但影响巨大的方法来提高速度。

不要忘记：慢与快，领先与落后，只在于每海里一两倍船长距离的差异。

4.2 迎风换舷

好的迎风换舷与坏的迎风换舷相比，差别可以用船体长度的倍数来衡量。在需要迎风换舷10次的比赛中，良好的迎风换舷可以换来胜利所需的领先距离。在近距离对决中，优秀的迎风换舷能够让你摆脱或者控制住对手。良好的迎风换舷需要以下几个要素，见图4.1。

战术师

首先，如果在选择换舷的时机时，战术师

有一些弹性，最好提前选好一个平静的地点。避免在换舷之后遇到波浪、碎浪或尾浪。同样，确保换舷之后能找到清风——不要换舷驶入脏风。

舵手

礼貌性地预先呼喊"ready about"（"准备迎风换舷"），这样更容易在"hard-a-lee"（"换舷啦"）时有一个良好的迎风换舷。

正确的迎风换舷是以缓慢和平稳的转向开始。很多舵手转得太急。很多舵手在转向之前先朝下风转向，这也是错的。缓慢且平稳的转向可以保存动能，能够让船靠惯性逆风滑行。当船顶风时，就失去了速度，这时要更快地转向，完成迎风换舷。

在波浪中，转向需要更快，因为动能会失去得更快。面对一道波浪开始转向，当船头被浪峰抬起时，快速转向。争取让船头转过方向来，等到下一道波浪到来时，它会推着船头朝新的受风舷转向，而不是又摆回原来的受风舷。在短碎浪中，转向的速度可能无法这样迅速，见图4.2。

转向时，舵手必须要换到另一个船舷坐好，再让船重新加速。换舷结束时，角度可以比航线更低一些，等到加速之后再转向上风。加速到全速是换舷结束之后最优先的事项。不要让其他事情分散你的注意力。

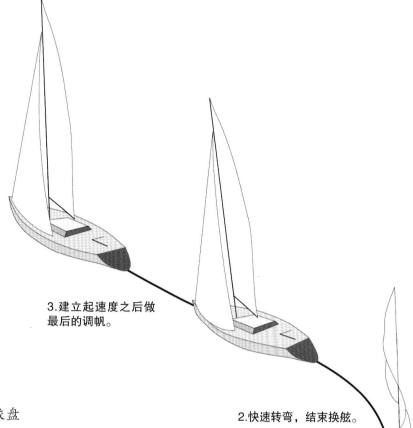

3.建立起速度之后做最后的调帆。

2.快速转弯，结束换舷。

1.靠惯性向上风滑行。

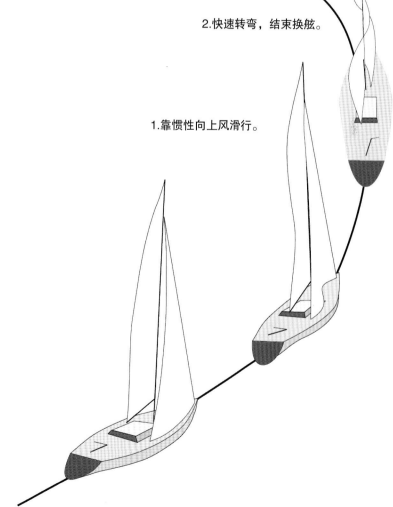

图4.1：迎风换舷

你应该时刻准备迎风换舷。绞盘应该提前绕好完整的几圈绳子。工作缭绳应该摆顺，随时能够松掉。

以平稳的转向开始换舷。让船靠惯性逆风滑行。等到前帆飘帆越过甲板一半时松掉前缭。整个过程中，全速摇绞盘可以避免发生绞盘缠绕，而且不必停下来增加绳圈数量。帆开始稍微松一些，换舷结束时先恢复速度。

随着加速到全速，逐渐地把帆收到正确位置。

船员

船员的移动应该尽量小。编排好你的换舷动作，以减少人员的移动。例如，在准备换舷时，没有必要让前帆缭手站到上风舷来打理新的缭绳，却要多派另一个人去下风舷松掉原来的前缭。前帆的缭手应该负责松开前缭，坐在船舷上的船员应该操作新前缭的绳尾并绞紧。

寻找一个适合你的船员和船上布局的配置。在一些船上，可以先让前缭手松掉前帆，然后再去操作主帆。同时，主帆缭手扔下主帆，去收紧前帆。（他们实际上不是主缭手和前缭手，而是两名交替工作的缭手。）

准备迎风换舷？

船应该时刻准备好迎风换舷。除非你已经到达绕标航线，知道自己的下一个动作，否则早晚要有一次迎风换舷。让我们早点做好准备吧。不受力的前缭应该绕在绞盘上，受力的前缭要在上次迎风换舷结束后摆好。听到"准备迎风换舷"时，缭手要确保已经准备好松掉缭绳，而负责新的缭绳的尾巴的缭手要检查新的绞盘，收起不受力前缭的松弛部分，并把绞盘手柄放置就位。此时其他所有人都不应该移动。因为如果此时帆船减速、压舷船员离开船舷，对手就会以此判断出你要迎风换舷。

在"换舷啦"口令发出时，坐稳按兵不动。在船直立的同时，绞盘手就位。然而，只有在松掉缭绳之后，绞盘手才需要摇绞盘。你压舷的时间越长，船进入迎风换舷的速度就越快。

松前缭

只有等到热那亚帆越过前甲板中央，开始反受风的时刻才能松前缭。然后先放出一臂之长的绳子，再把剩余绳圈从绞盘上完全解脱放掉。缭绳要事先摆顺，确保流畅放出。

摇船换舷

不是只有小帆船才能摇船换舷，所有帆船都能做到。在轻风和中等风下，利用船员的重量摇船，来控制船的航向和让帆换舷。方法如下：首先，压舷让帆船朝下风倾斜，以产生上风舵，船开始迎风转向。下一步，当船穿过正顶风时，把所有重量都压在船原来的上风舷/新的下风舷，让船完成剩余的转向。这样就完成了剩下的一半转向，并且也会完成过帆。最后，过帆之后，船员再回到新的上风舷。这会把船压平，帮助流过帆的气流加速，让船也加速，结束迎风换舷过程。

绳尾和绞盘

热那亚帆的缭绳应该在松开的一刹那就要在相反的船舷用力收紧。操作前缭的缭手要伸展手臂拉绳。绞盘手从一开始就要全速摇绞盘，哪怕此时绞盘还没有受力。有时，最好派另一名船员用手帮助前帆绕过支索，向后拉帆后角。

绞盘手，通过全速摇绞盘，能够帮助操作绳尾的船员，克服那些拉不动的位置。通过保持绞盘转动，他还能防止出现绞盘缠绕。因此，在换舷开始，你就把需要的绳圈绕在绞盘上。这样你不必在前帆受力的关键时刻，再去先绕绳圈。

迎风换舷结束时的调帆

在迎风换舷结束时，调帆获得更大的帆

图4.2：相较于平静水域，在波浪中迎风换舷要求转弯更快。在波谷中开始转弯，这样船头将会正好冲上浪峰。尽量让船头快速转向，以便下一道浪能把船头推到新的受风舷上，而不是推回原来的受风舷。

波谷

波浪背面

波峰

波浪正面

波谷

波浪背面

波峰

波浪正面

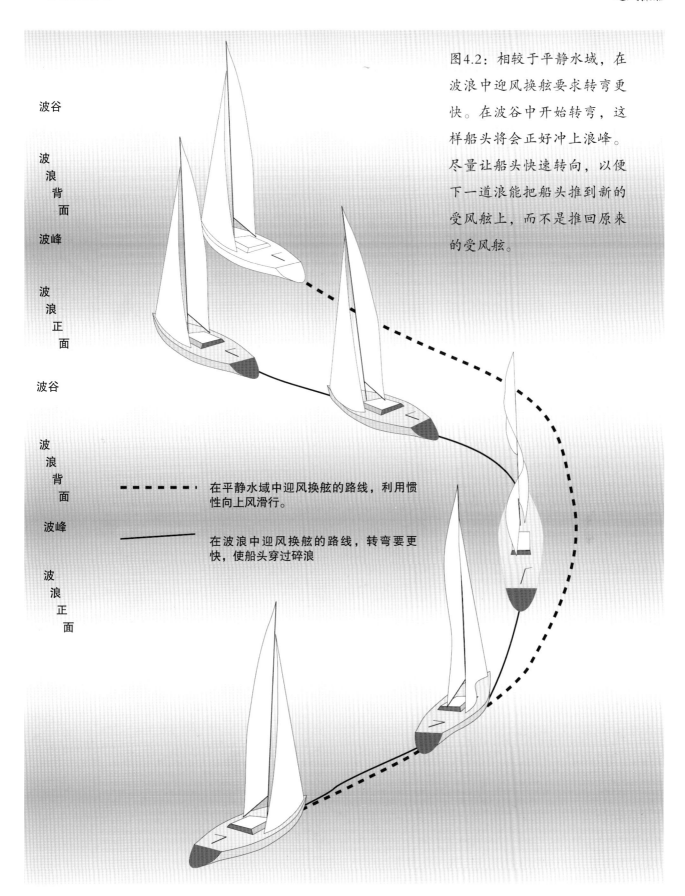

- - - - - 在平静水域中迎风换舷的路线，利用惯性向上风滑行。

——— 在波浪中迎风换舷的路线，转弯要更快，使船头穿过碎浪

力，以便更好地加速。把前帆滑车向前拉动几英寸，刚开始少收3~6英寸长度的缭绳。然后随着速度增加，再把缭绳收到合适的长度。如果你要调节控制索具——比如后支索——以便在换舷结束后加速。这个工作要在迎风换舷刚开始前完成，这样你就可以集中精力在换舷后加速。

当帆差不多收紧到正好时，绞盘手可以移动到船舷去压舷，而操作绳尾的人可以收紧最后的几英寸长度。缭手应该报出船速，这样舵手就知道船在什么时候达到了全速。

压舷

如果时间允许，迎风换舷后应立即压舷（hike）。在此之后再设置球帆杆、整理升帆索，或者整理甲板。

在船外压舷，让船稳定下来，舵手集中精力掌舵。等你达到全速后，再在船上走动。这在轻风天尤其重要。即使不需要压舷的重量，人在船上的移动也会破坏船的速度和掌舵。

更多的迎风换舷想法

从战术上讲，有时你无法执行上文提到的理想的滑行和快速换舷技术。在船流中迎风换舷时，你需要执行一次"急转弯换舷"（slam tack），就是你要把船急转进一个很小的缺口。还有一些时候，比如在起航时，需要顶风行驶很长的一段距离，才能到达一个理想的地点来结束换舷。

下面是另一个想法：迎风换舷穿过风影。如果你准备迎风换舷，这时候正好有一条相反受风舷的船经过；你可以在它的风影中换舷。在风影中，空气动力学阻力和风阻都相对更小。当然

也有可能正是因为无法在风影中行驶，所以你要换舷。

另一个要点：从战术上讲，你的保留剧目上应该再加一个"假换舷"。用一些暗语向船员发信号，比如，"沃利，准备迎风换舷？"他们回答："准备好了，比弗！"。把舵向下风推，转到需要放开前缭的角度。如果你的对手上当了，你可以再转回来。如果对手没有换舷，你可以按照正常的方式完成换舷。呼喊"Tack"或"No"向对手示意你的意图。

4.3 更多的逆风操船技术

直线行驶

在迎风赛段上，除了闲聊，压舷的船员能做的事情还有很多，这里包括：

- 寻找上风标志（还有下一个标志）。
- 观察前方是否有天气、海况变化。
- 观察下一赛段上，在你前面起航的上一批船队（并计划好策略）。
- 提前计划好绕标——转向下风升球帆，还是顺风换舷升球帆？
- 报告接近的风和波浪。
- 追踪其他的帆船。
- 移动位置，保持正确的侧倾。

诸如此类的琐事，当然也包括唠叨舵手跑得角度不要太高。

钻船尾

正确的钻船尾（duck）对于成功地逆转形势非常重要，见《ASA & North U. 帆船竞赛战术》。钻船尾前，必须要松帆以便让舵手转向下风，等到船重新回到航向时，再收紧。见图

a

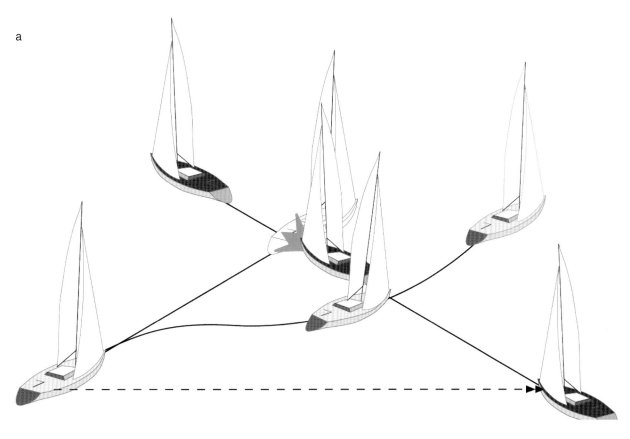

b

c

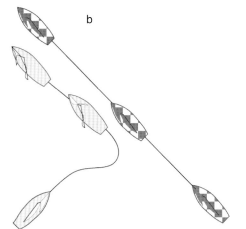

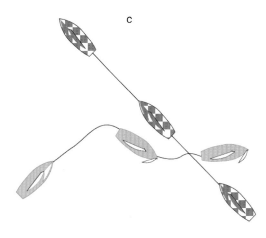

d

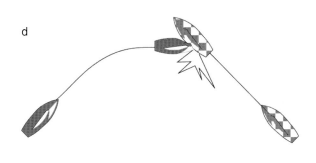

图4.3：正确的钻船尾需要平滑地转弯，放松帆来增加速度（a）。前瞻地考虑。避免"快要碰撞了才换舷"（b），或者是"天哪！"式钻船尾（c）。还有"快松主帆！快松主帆！"*式转向，这几乎肯定会出现事故。（*译者注：这里是指转向时未松主帆，导致船无法迅速向下风转向，发生碰撞。）

4.3a，配合好的话，钻船尾造成的距离损失会非常微小。第一个技巧，当然，就是你要先看见另一条驶来的帆船。第二个技巧是，在判断能否在对方的前方交叉通过时，不要被自己的贪婪所蒙蔽。只有当你船的船尾到右舷船的船头之间的连线，方位不断增加时，你才能在对方的前方交叉。图4.3b、c和d展示了3种钻船尾的变形，它们都不是我们推荐的方法。

缩帆

在绕标比赛时，很少有人会缩帆。通常我们只是让主帆飘点帆，坚持到赛段终点。但每个航海季节总有那么一两次，航线上会遇到雷暴天气，需要立即缩帆。如果你能高效地缩帆，你就赢了。那些没有练过缩帆、没有准备的人会输。而且他们还要大费周章地与帆搏斗……

采用折叠缩帆法（slab reef），缩主帆只需不到60秒时间。下面是操作方法：

①松开横杆斜拉索。

②降下升帆索，到达预设的标记。整理缩帆绳的松散部分，防止它缠到横杆末端。

③向下拉帆前缘，系好缩帆后的帆前角。

④用绞盘把升帆索绞紧到合适张力。

⑤放松缭绳，把缩帆绳绞紧。

⑥调节主帆，重新设置斜拉索。

关键是要在起航前把每个步骤都理清。分配好工作，让尽量多的船员留在船舷压舷。例如，所有绳子都必须能从船舷上拽住绳尾。

热那亚帆应该放松两英寸，舵手应该稍偏向下风，以便在缩主帆时增加前帆的帆力和速度；但是要当心，当主帆飘帆时，不要导致整个帆装失去平衡。

在捆起缩好的帆时，使用色彩醒目的绳子，这样就不会在放开缩帆时忘记解开某一根。缩帆孔只能用于捆住缩起的帆。它们不能承受很大的力量。

热那亚帆的换帆

热那亚帆的换帆是非常一个耗力的过程，只有在绝对必要的情况下才会去做。通常，当风在增强时，可以坚持使用已有的帆，而不是去降帆换帆。遇到雷暴天气时，为了延长帆的使用寿命，还有船的速度，那就需要换帆了。在风逐渐减小时，换上正确的帆更加重要和迫切。

对于装有双帆槽的前支索，有三种更换热那亚帆的方法。内侧升法，新帆从内侧升起，旧帆从外侧降下；外侧升法，新帆从旧帆外侧的空帆槽里升上去；还有迎风换舷升法，即新帆从内侧升起，船迎风换舷，旧帆再从内侧降下。

除非有战术考量要求，迎风换舷升法是最简单、最快速的方法，因为船员从不需要在帆的外侧（下风面）操作。外侧升帆和外侧降帆是困难的，因为船员很难从内侧帆的帆脚下方，把外侧的帆拉到船上。松开内侧帆的帆前角，可以在帆的下方腾出缝隙，让外侧帆更容易地穿过缝隙、收到甲板上。

通常，起航时，最好把热那亚帆安装在左侧的帆槽里，这样在采用内侧升法升帆时，你正好是右舷受风，减少了不得不突然要迎风换舷的危险。唯一的例外情况是遇到严重偏斜的左舷迎风赛段。

把新帆放到上风舷的侧支索位置，预备好。找出帆前角，检查帆前缘是直的（不能扭

曲），连接上新的升帆索。在桅杆的位置完成这些操作，然后再去船头。新的热那亚帆的前缭滑车应该放到预先标记好的位置，并安装一个新滑车。对于迎风换舷升法，只用旧帆上的不受力前缭就可以了。旧的升帆索应该先摆顺，这样新帆升上去之后，旧帆可以立即降下来。

所有人都准备好了，把新帆拿到船头，帆顶卡进帆前缘槽中。开始升帆，升帆的同时，把帆前角钩住。如果帆前角没有钩住，在接近升到顶的时候，注意不要升得过高。当新帆升起后（迎风换舷结束后，如果是迎风换舷升帆），降下旧帆。

降下之后，旧帆应该沿着上风舷拉到船后面，然后叠好。在船员们把注意力放在整理旧帆之前，先要确保新帆已经调好，速度已经达到全速。然后再去处理旧帆。至少你要把旧帆的帆前缘叠好，并用捆帆绳捆好，以便随时再用。如果能把帆折好或者翻过来，这样会更好。快速地更换热那亚帆需要损失数倍船长的距离，而糟糕换帆的成本只会更加高昂……

顺便说一句，所有的帆都要有系统地收纳好，这样在需要时能马上找到。在比赛开始前，把它们放到一个最不影响重量分布的位置，比如把即将用到的帆放在内舱地板上，轻风帆靠后放，大风帆靠前放。收纳带帆骨的前帆时要格外小心。放好之后，比赛期间你无法重新安排布置它们。帆绝对不能存放在船头。船头的重量会削掉你的速度。把所有的帆（以及其他东西）都从船头拿走。

关于热那亚帆的折叠

我们这里讲一下正确折叠热那亚帆的方法，以便下次轻松地升起。简而言之，帆前缘必须直线折叠。由于热那亚帆的前缘要比后缘更长，帆前缘的一折宽度，要比帆后缘更宽。首先，把帆前缘拉直，沿帆前缘折叠两三次，同时帆后缘跟着折成更窄的长度。折帆前缘的人领先折，折帆后缘的人慢一步跟着折叠。折帆前缘的人要保持不停地移动，一层一层地折叠较宽的长度，此时折帆后缘的人落后几折也没关系。

如果你是前甲板船员，检查确认帆能折得令你满意。否则就要承担后果……

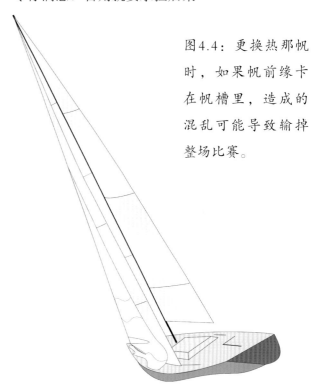

图4.4：更换热那亚帆时，如果帆前缘卡在帆槽里，造成的混乱可能导致输掉整场比赛。

4.4 总结

有一些比赛，获胜的船长总会把胜利原因归结于卓越的逆风操船技术。但是，像绞盘缠绕、前帆的帆前缘卡住，以及类似的意外混乱，可能让胜利失之交臂，见图4.4。

逆风操船技术只是竞赛金字塔上的一小块砖而已。但是，你不要被它给绊倒。

第5章
热那亚帆的调节和控制

5.1 引言

5.2 热那亚帆的缭手

5.3 热那亚帆的力量

5.4 帆的选择

5.5 热那亚帆的控制

5.6 横风调帆

5.7 结语

第5章 热那亚帆的调节和控制

5.1 引言

热那亚帆的调帆是一个不断进行的过程；你要时刻留意它的缭绳和其他控制索具，以保持最优的帆形和速度。环境中的每个波动都要求有对应地调帆变化。但是不要指望速度会有飞跃性地提升。这里找出一倍船长的距离，那里再找到几英寸，就这样积少成多。优秀的调帆是所有微小调节的总和，它们会累加到一起发挥效果。

本章会先看一下前帆缭手在逆风操船中的角色。然后，我们再考虑热那亚帆的力量来源，以及正确地选择帆。下一步，我们讨论热那亚帆的控制。先从每个控制的初始设置出发，然后是让帆与环境（风、浪等）相匹配的精调方法，见图5.1。

在后续的章节，我们将探讨主帆调帆与掌舵。在后面第8章，我们还将探讨逆风速度的问题，并找到解决这些问题的办法。

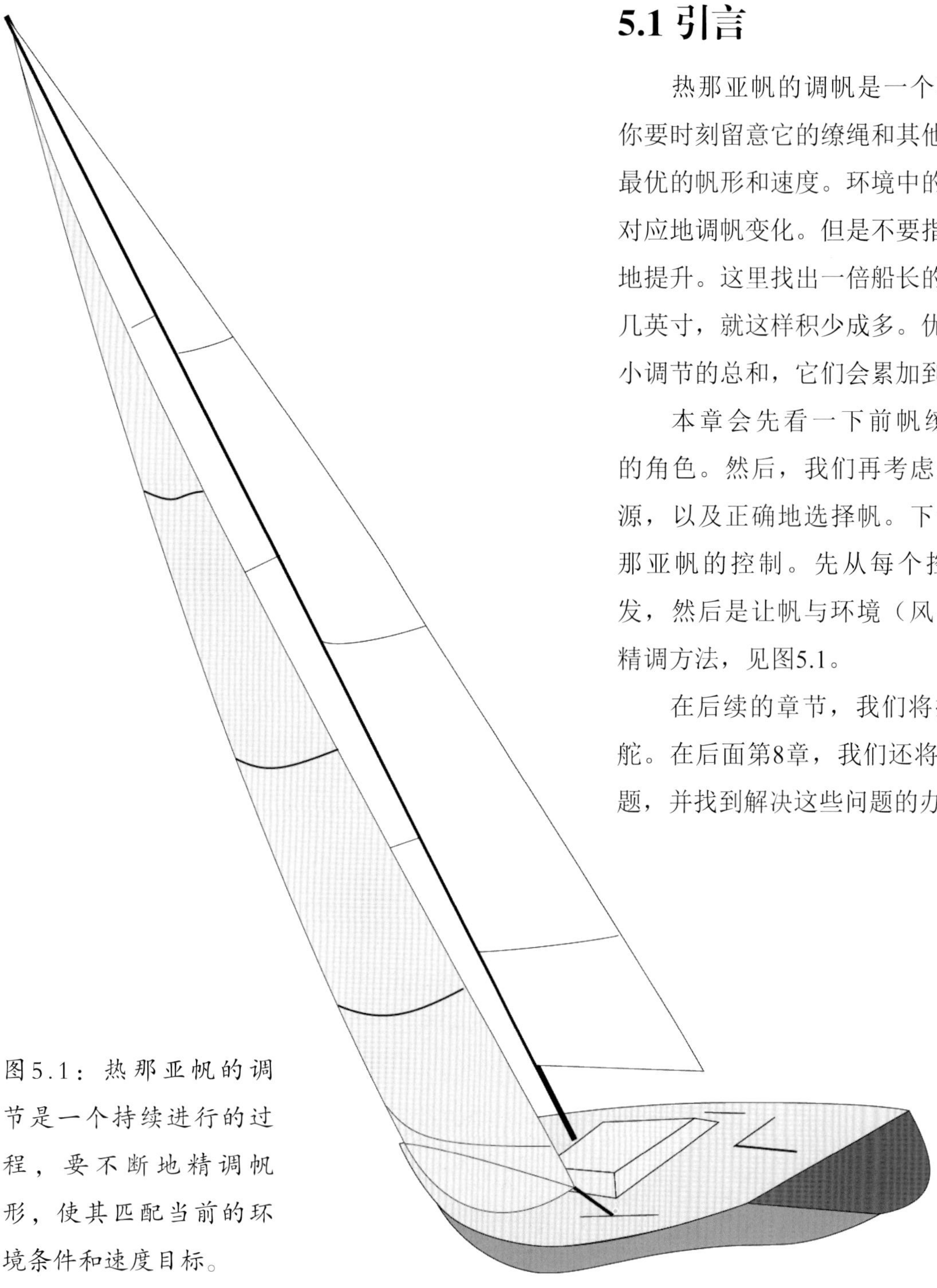

图5.1：热那亚帆的调节是一个持续进行的过程，要不断地精调帆形，使其匹配当前的环境条件和速度目标。

5.2 热那亚帆的缭手

　　热那亚帆的缭手引导着船迎风行驶。通过调帆，以及与舵手的交流，缭手引导着帆船实现最佳的速度与角度平衡。

　　热那亚帆的缭手使用以下方法，时刻检查船的速度：

　　•与其他帆船做对比。

　　•目标船速标准。

　　•之前的速度。（比如，与前一刻相比，现在速度怎样？）

　　•船感。优秀的缭手能够在损失速度之前，提前感知到帆力的减少。

图5.2：热那亚帆的缭手引导着帆船迎风行驶。在分析过速度表现之后，缭手会做出调节，以更好地匹配目标船速。

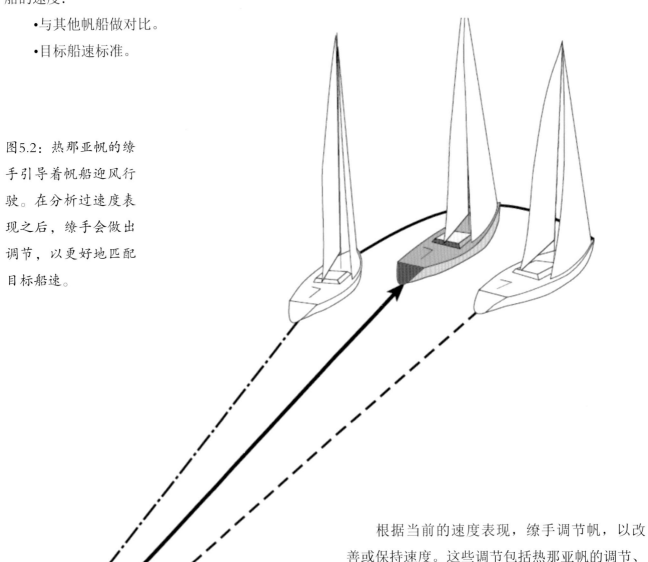

　　根据当前的速度表现，缭手调节帆，以改善或保持速度。这些调节包括热那亚帆的调节、主帆的调节，以及操舵风格的变化。缭手一定要同其他人交流当前的速度状态，给出改善的方法，然后汇报调帆的进度。随着我们进一步探索热那亚帆的调帆，我们还会看到在各种不同条件下，一些具体的调帆方法。

5.3 热那亚帆的力量

帆的力量有三种来源：迎角、帆形与扭曲。

迎角

热那亚帆首先从迎角中获取力量。把帆收紧，你就增加了帆力。把帆向外放，你就减少了帆力。转向上风也会减少迎角和帆力。见图5.3。

迎角是通过收紧缭绳，或者转向下风实现的。

帆形

更深的帆形会产生更大的帆力。平坦的帆形产生的力量较小（阻力也小）。热那亚帆的弧深有多种控制方法，包括前支索的凹陷、前缭滑车位置以及缭绳。见图5.4。

扭曲

封闭的帆后缘能产生更大的帆力。扭曲，或者说开放的帆后缘，则会泄漏风力。热那亚帆的扭曲是通过前缭滑车位置，还有缭绳控制，见图5.5。

开始，缭绳主要是影响迎角：把帆向里收，迎角增大。当帆接近收到最紧时，缭绳的拉力更多的是把帆向下压（而不是向里拉）。这时，缭绳的主要作用就是改变扭曲。见图5.6。

帆的合力，帆力的组成

缭手的工作是让帆产生正确的合力，同时让所有分力有正确的比例。

帆的选择和控制

每一个热那亚帆的控制调节方法都能从多个方面影响帆力。当然，最大的影响还是来自选择升哪一面帆。下一节将讨论帆的选择。后面的章节逐个讲解帆的控制方法。

图5.3a：迎角会随着缭绳的松紧和操舵角度而变化。下图中的船A的迎角更大，而船B，由于缭绳是放松的，迎角更小，帆力也更小。

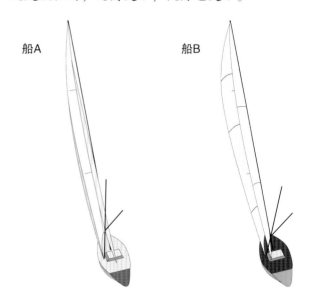

船A　　　　　　船B

图5.3b：转向下风以增加迎角与帆力。下图从左向右，船转向下风的角度越大，帆力就越大，它们分别从跑高角度（pinching）过渡到了低角度（footing）。放松帆或转向上风能减少帆力。

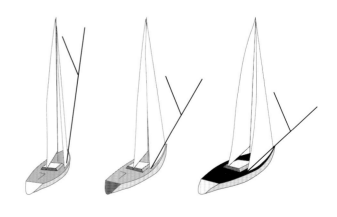

图5.4：帆形：船A拥有更深的帆形，帆力更大；船B拥有平坦的热那亚帆形，适合平静水域或大风。

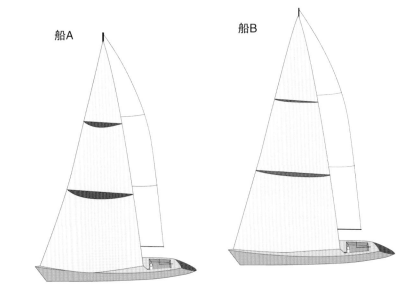

船A 船B

图5.5：扭曲：船C的调帆目标是获取帆力，扭曲很小；船D的热那亚帆是"开放"形的扭曲，能漏风卸力。

图5.6：扭曲与迎角：船E拥有更宽的迎角——整面帆都是开放的；而船F拥有扭曲——帆后缘的上部是打开的，但是帆的下半部分是收紧的。

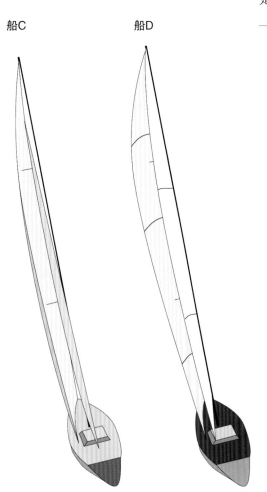

船C 船D

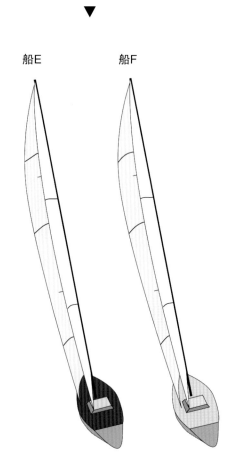

船E 船F

5.4 帆的选择

热那亚帆调节的第一步就是根据环境条件选择帆。每面帆都有其设计强度和性能范围。帆的最优安全风速可以从制帆商处获得；尽管现代材料制作的帆的强度，与尺寸和形状相比，已经不再是个问题。你不需要等到帆的强度受损，单从性度的角度看，使用不合适的帆本身就是不对的。（以上论述不能作为质量保证，不要把你的帆吹破。）当两面帆用哪一面都可以时（二者的适用风速重叠），一些次要因素会影响最终的决定。

海况

通常，在波浪或碎浪中，使用较大的帆获取额外的帆力。在平静水域中，尺寸较小、与主帆重叠更少的帆更佳，因为缭绳角度可以收得更紧，能跑出更高的角度。在大浪中，一些船长偏爱较小的三角帆（jib），因为这样能更容易地绕过大浪；而其他船只得依赖大帆的帆力驶过浪头。

环境的变化趋势

毫无疑问：如果风是在加强的，那么就使用较小的帆；如果风在减弱，使用较大的帆。注意，海况和风的变化趋势趋于同步。风在增大时，海浪可能还未来得及变大；风在减弱时，海浪可能尚未减小。

小心：不要因为你预期风力增大，就在起航时选用较小的帆。你要根据现在的情况选择正确的帆起航。只有在风已经处于新帆的工作范围之内，并且你预期风会继续增大时，才能使用较小的帆。

记录速度

随着你越来越熟悉船，不确定因素的范围会变得越来越小。保持良好的记录能加速这个过程。

有几个注意事项：

①良好的记录能在后续购买帆时帮到你。如果在某面帆的理论工作范围内，你却不得不频繁地升起另外一面帆——把这个情况报告给制帆商。这些信息能帮助他设计未来的帆。

②良好记录要从优质的信息开始。标定好各种调帆手段的设置，然后记录速度表现：船速、视风和真风、速度与角度、海况、压舷船员的数量、帆、前缭滑车的位置、后支索、缭绳（到达帆后角的英寸长度），帆到顶部侧支索的距离、到花篮螺丝的距离。

③当你知道每面帆的临界适用风速时，就到了换一条新船的时间了——这是一条普遍的规律。有时，你可以通过更新帆具，延后买船的日期。

测试

比赛之前，测试一遍所有的方案，然后再做出决定。提前一小时到达起航区域，测试不同的前帆。比照另外一条船，精调好两面帆，这个做法尤其很有价值。

更好的做法是，对照一条行驶很好的姐妹船做实际测试。你应该携带不同的帆组合来行驶，然后两船交换一下。当你弄清哪面帆行驶更快时，接着再让两条船使用同样的帆测试，进一步优化速度性能。见图5.7。

图5.7：根据风力、海况以及它们的变化趋势来选择帆。仔细做好记录，有助于理解怎样正确地选择帆。

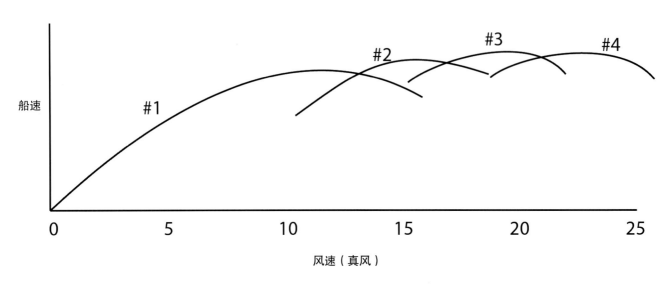

热那亚帆的选择

船速

风速（真风）

5.5 热那亚帆的控制

从初始设置出发，我们可以精调帆形，更好地适应环境条件。每种控制方法都可以进一步精调；同时在调节某一处时，你要兼顾对其他几处的影响。正如前边所讲，热那亚帆的调帆是一个持续进行的过程。

热那亚帆的缭绳

调节缭绳是控制帆形的主要方式。缭绳会影响迎角、弧深和扭曲。当缭绳调节正确时，热那亚帆会有平滑、均匀的形状，且平行于主帆。主帆可能会开始显现反受风（backwinding）的迹象。

初始调节

初始调节时，帆后缘的上部要离开侧支索几英寸的距离，而帆脚靠近侧支索。（显然，这只是一个大概的近似，具体情况因船而异）。调帆时，你会注意到船跑的角度更高了，而速度减小。

当进一步收紧无法改善行驶角度时，帆就收得过紧了。稍微放松一点，继续寻找角度与船速的最佳组合。时刻不停地调节缭绳，保持最优的速度和角度。

一两英寸的差异

凑合的调帆和良好的调帆，差异只在于缭绳的一两英寸长度区别。差不多正好是不行的。如果多收紧了2英寸，船就会很慢。如果太松，角度能力就会下降。

良好的调帆与优秀的调帆之间，差异在于努力。获得良好的速度，测试其他更多的调节方法。看能不能在不牺牲速度的前提下改善角度。如果速度受损，放松一会儿，重新加速，然后再次尝试。见图5.8。

热那亚帆的缭绳必须根据天气和速度的每一个波动而微调。遇到阵弱风，当船很慢时，缭绳应该放松。遇到阵强风时，缭绳可以开始先放松，随着船加速再收紧。

继续这样不断调节，记住——速度第一，然后是角度。

附加影响

每次完成其他调节或变化之后，必须检查一次缭绳的调节。

拉紧升帆索会使热那亚帆的帆顶上升，增加了帆后角到帆顶之间的距离。为了保持同样的帆后缘形状，缭绳必须放松。如果是升帆索放松，就要反过来收紧缭绳。

收紧前支索类似于收紧缭绳，只不过帆是在前缘方向上拉紧，而不是拉紧帆后角。为了保持原来的调帆状态，前支索收紧时，缭绳必须放松。如果缭绳没有放松，整面帆都会有被向里收紧的效果。（类似还有，前支索凹陷增加的情况）

调节前缭滑车位置会直接影响缭绳角度。滑车的移动必然要求调节缭绳。当滑车向前移动时，缭绳需要稍微放松；当滑车向后移动时，缭绳通常需要收紧。

绝不可心存侥幸

不要把前缭系住（夹住或系在羊角上），不要在下风舷闲逛。

前帆缭手应该是最后一个离开压舷的人。只要情况允许，前帆缭手要留在下风舷，认真调帆。当其他船员压舷之后，前帆缭手也应该压帆。但是不要把缭绳系住，把绳尾一并带过去压舷。这样可以不加延迟地松帆，而且缭手也不必离开船舷。

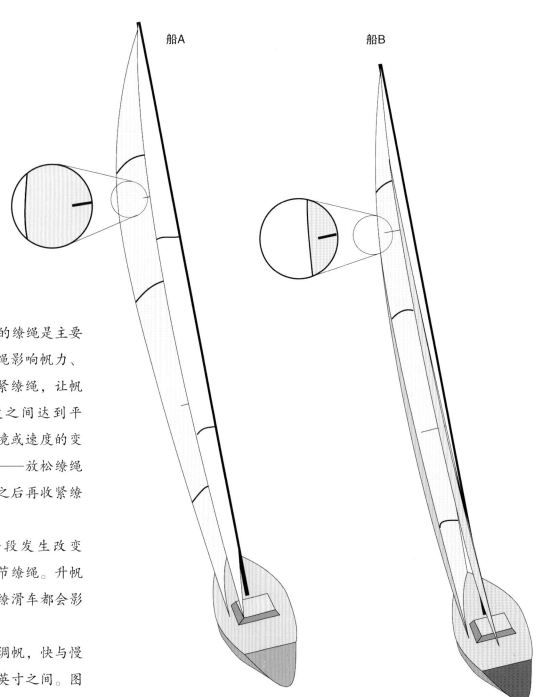

船A　　船B

图5.8：热那亚帆的缭绳是主要的控帆手段。缭绳影响帆力、帆形和迎角。收紧缭绳，让帆形在速度与角度之间达到平衡，并且随着环境或速度的变化，动态地调节——放松缭绳加速，速度起来之后再收紧缭绳跑高角度。

其他控制手段发生改变之后，要再次调节缭绳。升帆索、前支索或前缭滑车都会影响缭绳。

对于最终的调帆，快与慢的区别只在于几英寸之间。图中，船 A 放松缭绳来加速。船 B 缭绳收到最紧来提升角度。

升帆索

升帆索用来改变弧深的位置。从我们的初始设置出发，这是一个分成两个部分的过程。

初始调节

设置升帆索，除去前帆的前缘上的所有水平褶皱。在轻风到中等风天气下，最好让升帆索松一些——留下几道褶皱。大风天，则需要把升帆索收紧——除去所有褶皱。

维持弧深

随着风力增大，调节升帆索张力，以保持弧深位置不动。如果弧深被风吹得向后移动，增加升帆索张力，维持弧深靠前。如果风减小，放松升帆索以匹配帆上减少的受力。在当前的第一阶段，我们的目标是让弧深保持在设计位置。

弧深的精调

当我们能把弧深维持在设计位置之后，我们可以精调帆形，以匹配环境。收紧升帆索能够让弧深前移。这会让帆前缘产生更饱满的入角（entry angle），掌舵会更容易，尤其在有浪时。

放松升帆索会使弧深后移，产生更加平坦、"尖锐"的入角。这样的帆形入角更擅长跑高角度，但会使操舵的临界角度范围（steering groove）*变得更加狭窄。在容易掌舵的平静水域，升帆索更软（受力小）一些，船行驶的角度会更好。

注意，不要把入角（entry angle）与迎角（angle of attack）相互混淆。入角是帆前缘的形状。迎角是翼弦（chord）——从帆前缘到帆后缘的直线——与视风之间的角度。

在确定正确的升帆索张力时，我们要在"高角度"和"宽操舵容许角度"之间权衡。入角太小，操舵的容许角度范围太窄，我们会跑得很慢；饱满的入角更易掌舵，但是跑不了高角度，见图5.9。

测量和复制升帆索的设置

测量升帆索设置的最佳方法是在前支索上做一个标记，在帆上的对应位置也做一个标记。同在甲板上粘贴标有数字的布条，匹配升帆索上的标记相比，这种方法更简单、更精确。这样还能鼓励驾驶舱船员朝上看——升帆时朝上、朝前看，这是一个好习惯。

首先，在甲板上方高度6英尺以上的位置，在前帆帆轨上画一条一英寸宽的标记（这个高度便于察看）。如果画得好的话，这个标记不会沿着前支索上下移动。下一步，分别升起每一面前帆（在合适条件下），正确地设置升帆索张力。在每面帆上画一个标记，正好能对齐前支索上已经画好的标记。对应大风的前帆，你可能需要把

*译者注：Steering groove，操舵的临界角度。跑近迎风时，角度要求保持在一个非常窄的范围之内，高于此范围便是跑高，速度会折损；低于此角度，速度增加，但是角度有损失。这个非常窄的角度范围，就像是一个细槽（groove），本书译为操舵的临界角度。这个角度范围的宽窄是可以人为控制的。

图5.9：船A，靠后的弧深创造了更窄的入角角度，近迎风的容许操舵角度范围也更窄。

　　船B，靠前的弧深创造了更宽的入角角度，近迎风的容许操舵角度范围更宽。

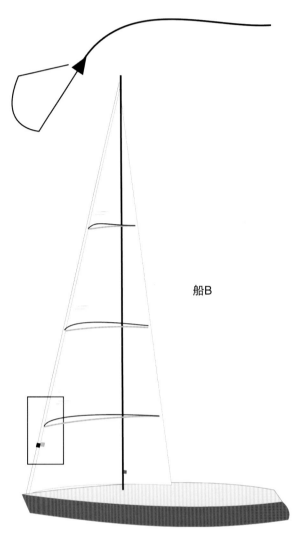

船B

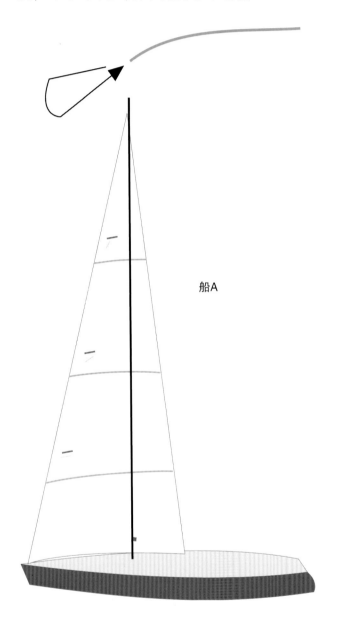

船A

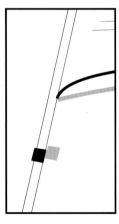

图5.10：根据帆上的标记和前帆帆轨上的标记来设置升帆索张力。

标记拉得稍微高一点；对应轻风的前帆，你可以让升帆索较标记拉得低一些，见图5.10。

　　在降球帆、升前帆时，这些标记格外有用。因为当前帆的缭绳收得很松、跑横风时，难

以判断正确的升帆索拉力。

　　还有一个技巧：稍微把帆升得过高一些，然后放松升帆索，对齐标记位置。这有助于保持整个帆前缘上的帆布拉力均匀。

前支索凹陷

前支索凹陷（headstay sag）控制着弧深，尤其是在帆的前半部分。同升帆索张力和弧深位置一样，弧深大小的控制也分为两个步骤。

初始调帆

用后支索或活动后支索来设置前支索的凹陷量。随着风力增大，我们必须增加前支索张力，才能保持住同样的帆形。类似地，当风减少时，必须放松前支索。

弧深的精调

前支索凹陷越大，弧深和帆力就越大；在波浪中就能获得更高的速度，和更好的加速。收紧的前支索会展平帆形。平坦的帆形在平静水域，可以跑得更快，角度更高。见图5.11a、b、c。

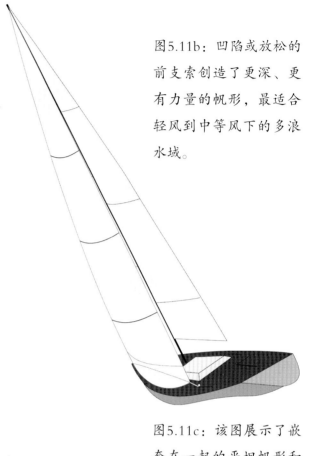

图5.11b：凹陷或放松的前支索创造了更深、更有力量的帆形，最适合轻风到中等风下的多浪水域。

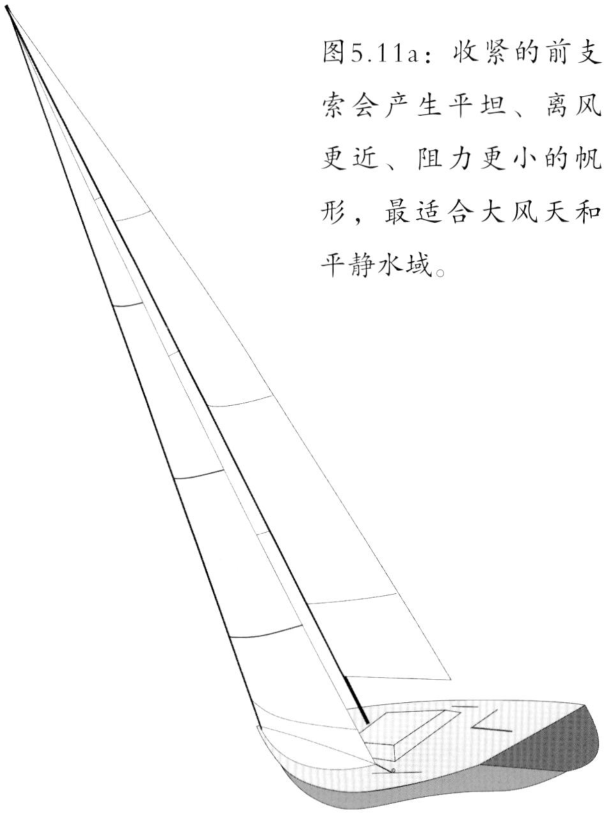

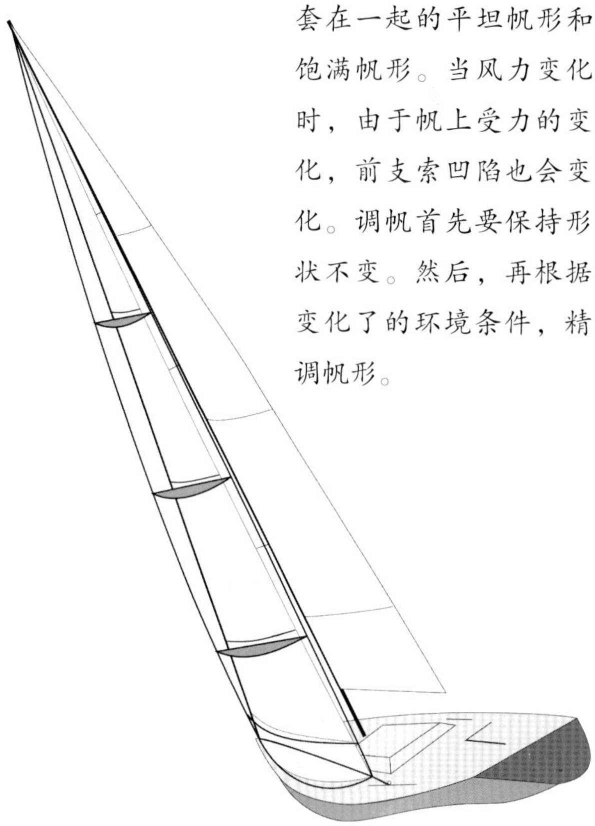

图5.11c：该图展示了嵌套在一起的平坦帆形和饱满帆形。当风力变化时，由于帆上受力的变化，前支索凹陷也会变化。调帆首先要保持形状不变。然后，再根据变化了的环境条件，精调帆形。

图5.11a：收紧的前支索会产生平坦、离风更近、阻力更小的帆形，最适合大风天和平静水域。

前支索凹陷的另一个影响就是它会改变入角形状，这与升帆索类似。凹陷越大，入角就越饱满；收紧前支索会使入角更平坦。结果就是，调节完凹陷之后应该跟着检查升帆索张力，以确保入角形状正确。

收紧前支索会展平入角；升帆索可能需要收紧一点，使帆前部的形状更饱满一些。放松前支索会使入角更加饱满。相应地放松升帆索能够防止入角变得过于饱满。

热那亚帆的滑车

移动前缭滑车会改变热那亚帆的形状和力量。初始调帆的目标是让帆实现设计的形状。然后在此基础上，继续精调。

初始调帆

设置好前缭滑车，使帆从上到下，具有平顺、均匀的帆形。当缭绳收紧时，前帆上的气流线应该是从上到下，依次均匀倒下。（当你角度跑高，高于近迎风时，顶部的气流线会稍早于底部气流线摆动。）前帆的后缘应当匹配主帆的形状。

真的！气流线不会同时倒下的。高处的气流线会先倒下，然后逐渐向下扩散。见图5.12。

帆力的平衡

前缭滑车能够平衡帆的上部和下部的形状。我们的目标是设置好前缭滑车，让从上到下的帆形，都能匹配风。当前缭滑车位置正确时，

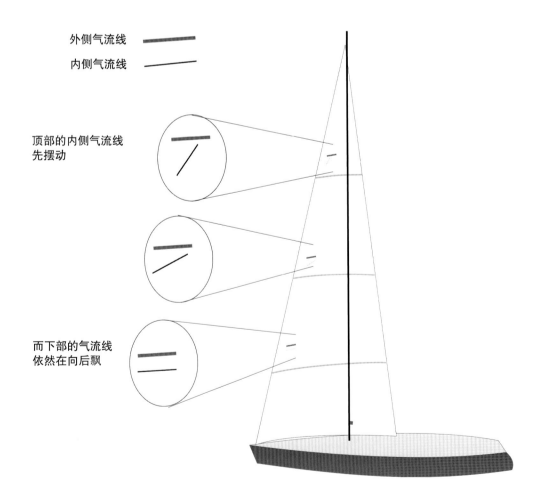

外侧气流线

内侧气流线

顶部的内侧气流线先摆动

而下部的气流线依然在向后飘

图5.12：前帆气流线不会同时倒下。帆顶部的气流线先倒下，然后从上向下气流线飘摆倒下。

内侧的气流线会从上到下，依次倒下。

前缘滑车向前移动，会使缭绳更多地把帆的上半部分向下压，把帆顶向船里拉。前缘滑车后移，会使缭绳向后拉动帆脚（底边），就像是一根后拉索一样，但不会对帆的上部有显著影响。

根据环境精调

在波浪和碎浪中，前缘滑车前移可以增加整面帆的力量。此时帆的顶部收到最紧，而帆脚会产生一个非常饱满、有力量的帆形。在中等风下，收紧了的帆后缘距离撑臂可能只有几英寸；而轻风下，这个距离可能达到1英尺。对于10英尺长的翼弦长度，帆脚位置的弧深可能达到2英尺。只有当滑车在最靠前位置时，整面帆的气流线才能同时倒下——所有的帆船基础教材都这样说。

在平静水域，前缘滑车应该后移，以打开帆后缘。这样，热那亚帆可以被收得更加贴近主帆，同时也不会阻塞二者之间的狭缝。此时帆脚是展平的。（与主帆）重叠的热那亚帆会被收紧到侧支索底座。顶部的气流线会先倒下，当顶部气流线倒下时，下部的气流线甚至可能还处于被收得过紧的状态。底部更平坦的帆形容许把热那亚帆收得更紧，因此能跑出更高的角度。

在帆力过大的情况下，前缘滑车后移，以展平帆脚，并使帆的上部漏风；从而减少整面帆的力量，见图5.13。

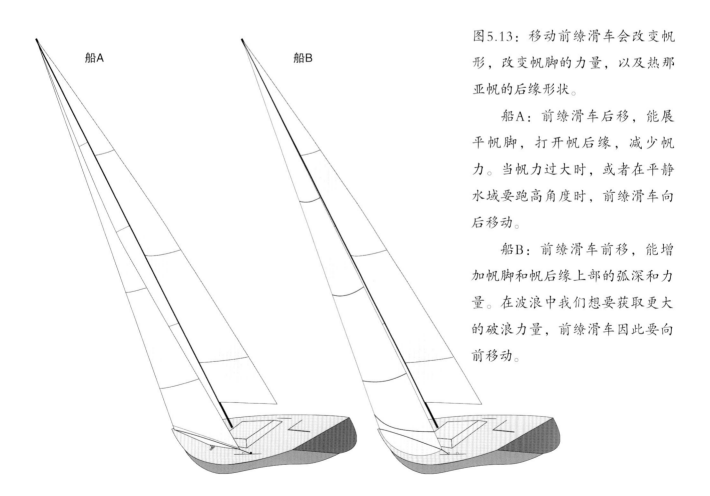

图5.13：移动前缘滑车会改变帆形，改变帆脚的力量，以及热那亚帆的后缘形状。

船A：前缘滑车后移，能展平帆脚，打开帆后缘，减少帆力。当帆力过大时，或者在平静水域要跑高角度时，前缘滑车向后移动。

船B：前缘滑车前移，能增加帆脚和帆后缘上部的弧深和力量。在波浪中我们想要获取更大的破浪力量，前缘滑车因此要向前移动。

可调的前缭滑车

可调前缭滑车系统能够改变受力状态下的前缭滑车位置。这样你就能根据变化的环境状态来调节滑车位置。比如，迎风换舷结束时，滑车可以前移，以便更好加速。当速度起来之后，再把滑车向后移动到正常位置。类似地，当即将驶入一道难以逾越的大浪时，滑车前移，以增加力量；或者遇到阵强风时，滑车可以放松后移。

前缭滑车的内外移动

滑车的内外位置调节，能够让船在理想的中等风、平静水域中，跑出更贴近风向的角度。当主帆和前帆同时收紧展平时，前缭滑车可以向里（朝船的中心线）移动几英寸距离。（用钩子钩住缭绳把它向里拉。）目标是改善角度，同时不牺牲速度。如果损失速度，要随时向外放松。速度第一，角度第二。先保持速度，然后再试着挤压角度。很多帆船，由于龙骨的限制，难以改善行驶的角度。

在大风下，靠后的前缭滑车可以减少帆狭缝的力量。当使用一面重叠热那亚帆，且主帆滑车放到最下风时，两帆之间的狭缝会被堵塞。此时向外移动前缭滑车可以重新打开狭缝，增加速度和减少侧倾。此时的危险是损失角度能力。在决定把滑车向外移动之前，先通过放松几英寸前缭来减少帆力，前缭滑车留在通常的大风位置（靠后位置）不动。只有在极端情况下，比如你应该换一面小帆时，向外移动前缭滑车才是有效率的。

在极端轻风下，向外移动前缭滑车可以防止堵塞狭缝，更有利于气流流动。滑车放在最靠外的位置，横风行驶加速。有了速度之后，再试

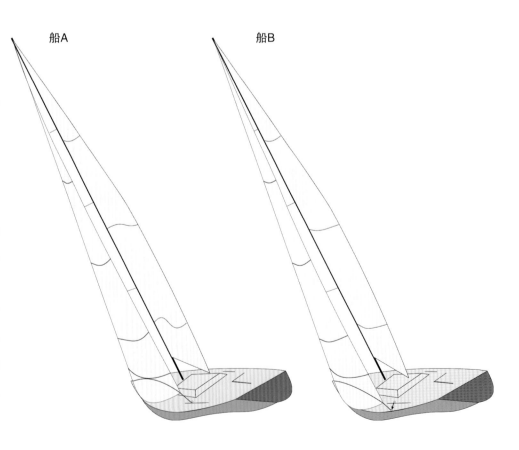

图5.14：在用三角前帆跑横风时，热那亚帆的前缭滑车必须跟着帆，向外和向前移动。

船A——如果滑车没有移动，前帆的帆脚会过于饱满，帆后缘会漏风。

船B——正确的滑车位置能防止帆顶漏风；把热那亚帆的帆脚底边向外移动，能让主帆更好地向外放。

着提高角度（再朝里移动）。还是那句话：速度优先。

5.6 横风调帆

帆后角很高的横风帆（reacher）或者前顶帆（jib top）专门设计用于不升球帆的横风行驶，它们的前部格外饱满和有力。如果没有这样的专用帆，横风时你不得不用标准的热那亚帆来凑合，尽可能地收紧。

前缭滑车的内外移动（barber hauling）

标准热那亚帆在横风行驶时，前缭滑车必须向外和向前移动。你的滑车要追着帆的后角移动。最好也把升帆索收紧，以保持弧深靠前，防止帆的后部变得过于饱满。见图5.14。

如果在松缭绳时滑车没有移动，那么帆的顶部就会扭曲张开，泄漏风力，而且帆的底部也会朝船里弯曲，产生过大的阻力。

在球帆和三角前帆之间的过渡区间

使用热那亚帆跑横风，有一个最低的角度限制，低于此角度之后行驶效率会降低。当你把前缭滑车向前推，努力让帆顶收紧时，这会使得帆脚更加饱满（弧深更大）。

当你到达有效横风调帆的最低角度极限时，就面对着两个选择：一是升球帆——尤其是你带着一面不对称球帆的话（因为不对称球帆横风效率比对称球帆更高）。如果对于球帆而言，角度还是太高（过于贴近风向）了，替代方法是稍微地朝上风转舵，重新让热那亚帆有效地工作。随着你跑的高度越来越高，后面可以再跑一个低角度，适合升球帆。正是在这种情形下，直

线行驶的速度，反而不如折线绕远跑得快。

专用的横风前帆

如果你携带一面高帆后角的横风帆（reacher）或者前顶帆（jib top），前缭滑车的准确位置取决于风的角度。前缭滑车选择一个非常靠后的位置，安装一个导缆钩（choke），把缭绳向下压。调节导缆钩的位置，使帆上下同时飘帆。这个配置要比固定的前缭滑车要更好，因为它能随着风的角度和速度变化而调节。见图5.15。

图5.15：横风帆专门设计用于横风行驶，它的帆后角更高，帆形更有力量。把它向后拉紧，同时（用另一根绳子）把缭绳向下压，来改变前缭的拉力角度。

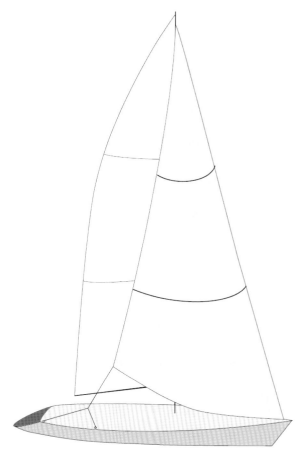

热那亚支索帆（Genoa Staysails）

尽管它们已经不再流行，J尺寸*很大的帆船依然能够携带热那亚支索帆。热那亚支索帆设置在三角前帆和主帆之间，组成一种双前帆的帆装。它的帆前角安装在J线上40%~50%的靠后位置，在主帆和热那亚帆之间，均衡地收紧。尝试一下这种帆；如果跑得更快，就留着用；如果速度变慢，再拿下来。（就这么简单！）

支索帆可以卷在一个微型卷帆器上，这样更方便测试它的效果：与其升起和降下，不如卷起和打开更方便。如果热那亚支索帆不是安装在卷帆器上的，这里还有一个诀窍能防止它在升起时，被向后吹到撑臂上：升支索帆时，把支索帆顶部8英尺长度的部分，绕过热那亚帆抛到前面。这样升帆时，支索帆会骑着前支索爬上去，而不会被吹回桅杆。（开始我对这个方法也很怀疑，但确实管用。）见图5.16。

零号帆

另一种介于热那亚帆和球帆之间的过渡帆型就是零号帆（Code Zero）。尽管被认为是不对称球帆，但是准确地讲，零号帆应该算是加强版的横风帆。零号帆一般是挂在船首护栏的外侧，然后用一根球帆缭绳控制。同横风帆（reacher）一样，你要有一个导缆钩来控制它的"前缭滑车"位置。在视风角度大于40°的轻风下，零号帆是有效的，而且这个角度还可以更大，零号帆通常也比横风帆速度要更快。零号帆的使用角度可以继续增大，一直增大到能升球帆的角度。

零号帆是按照球帆的规则丈量的，因此它的中央宽度（贴紧帆布测量）是帆脚长度的

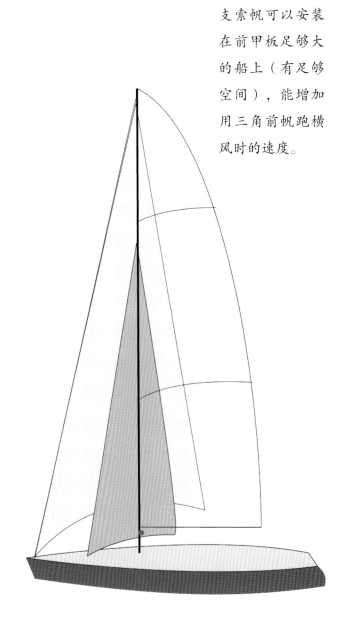

图5.16：热那亚支索帆可以安装在前甲板足够大的船上（有足够空间），能增加用三角前帆跑横风时的速度。

*译者注：J尺寸是船头前支索底座到桅杆基部的距离。Foretriangle，前三角，由前支索、甲板、桅杆组成的三角形。

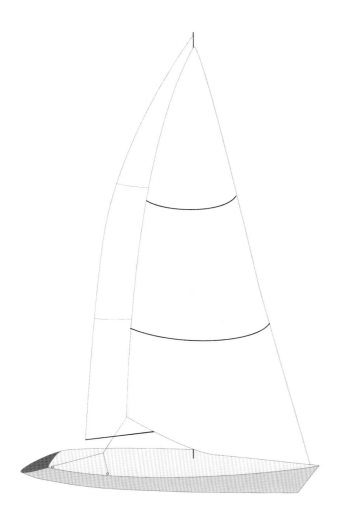

图5.17：尽管零号帆在丈量时被视为球帆，但是你应把它当作横风热那亚帆使用。相对于横风帆，零号帆增加了帆面积；对于安装桅顶球帆的分段支桅船，影响尤其巨大。

75%。因此，它的顶部有很大的帆面积，有时看上去会很不自然。帆前缘倾向于非常饱满，哪怕是升帆索已经绞得很紧（正常就该绞紧）。但是你不用担心外观的问题——只需看一下速度表。它的调帆类似三角前帆：不要让它的边缘卷起，保持飘扬。在强劲清风下跑横风时，放松主帆和零号帆，以保持舵效平衡。如果你发现需要让主帆飘帆拍打，才能保证船不被吹倒，这时要考虑缩主帆。

操作零号帆这种"野兽"是一种挑战。卷帆器让它更容易驾驭。如果没有卷帆器，升帆时使用绑帆绳（yarn stops）。降帆时，人手要多。一种高效的降帆方法是利用不受力的前缭绳，从横杆上方把帆拉下来（前提是主帆的帆脚不绑定横杆）。松掉帆前角，拉不受力的前缭，放松升帆索。

零号帆尤其在装有桅顶球帆的分段支桅式桅杆（fractional rig）上效果最好，因为把三角帆换成零号帆，增加的帆面积会非常大。如果你是在长距离竞赛，零号帆最适合用作三角前帆和球帆之间的过渡，见图5.17。

5.7 结语

热那亚帆的调帆是一场永远不会停歇的战斗，你要不停地根据当前的环境条件匹配帆形。前缭手带领着船驶向上风，引导舵手跑高或跑低（取决于速度）。

在后面第8章，我们会重新复习热那亚帆的调节，同时研究在各种航行条件下的逆风调帆解决方案。首先，我们先看一下主帆的调帆和逆风操舵。

第6章

主帆的调节和控制

6.1 引言

6.2 主帆缭手

6.3 主帆的力量

6.4 主帆的控制方法

6.5 横风和顺风调帆

6.6 结语

补篇：斜拉索控帆

补篇：全帆骨主帆

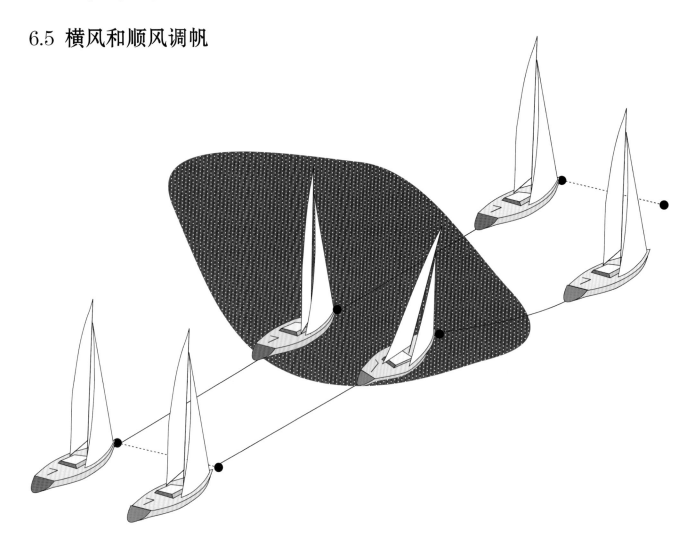

第6章 主帆的调节和控制

6.1 引言

前帆引领着船迎风前进；主帆跟随在后，提供了平衡和控制。正确的主帆形状必须能够配合前帆、平衡舵性，同时又能让船具备合适的行驶角度与速度。这段对主帆的描述，措辞是非常准确的。当帆调节正确时，舵手几乎不怎么需要掌舵——主帆缭手在驾驶着帆船。

主帆的控制手段要比热那亚帆的控制手段更多，而且我们对主帆要做更多的调节。毕竟我们拥有多面热那亚帆，但是只有一面主帆。拥有太多的控制方法是一把双刃剑，有时你很难知道什么时间该用哪个方法。当然你也不用害怕——如果调帆不起作用的话，就把责任推给战术师。见图6.1。

在本章，我们会看一下主帆缭手在逆风表现中担当的角色，以及主帆的各种力量来源。下一步，我们会分别考虑每一种主帆控制方法，以及它们对帆形和帆力的影响。还有逆风航行的初始调帆，以及针对各种情形的精调。横风和顺风调帆会有单独的一节来讨论。在后面第8章，我们会把各种情形下的主帆调帆、前帆调帆，还有操舵技术，整合在一起。

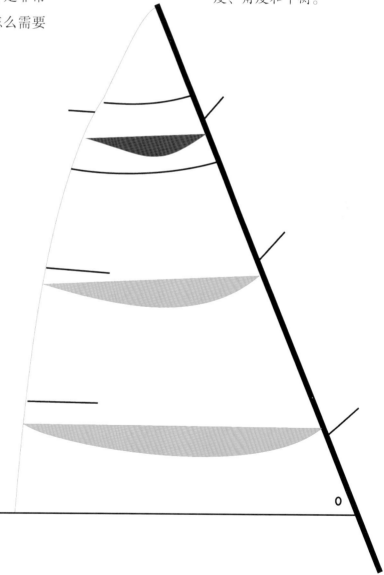

图6.1：调节良好的主帆能提供逆风行驶所需要的速度、角度和平衡。

6.2 主帆缭手

主帆缭手负责监视船的逆风速度，通过调帆保持船高速行驶，跑出高角度，而且舵性要平衡，见图6.2。

监视船的速度需要获取来自船上和船外的信息。相对于邻近的船的速度是一个关键输入变量。船速与视风角度提供了额外的信息。同样重要的还有船的舵性平衡、侧倾、船的对水航迹。比如，如果船出现纵摇，或者航向不稳，主帆缭手可以通过调帆来解决。

环境变化时，主帆的调节可以做出立即的回应，这与前帆调帆是不同的。前帆是持续地朝一个平均值去调节，是根据环境的变化，做出细微、渐进的调节。由于主帆调节起来相对更容易，而且它还影响舵性平衡，因此主帆的调帆更加激进。在阵风或多浪的情况下，尤其更是如此。

相较于前帆缭手，主帆缭手对帆形拥有更多的控制。在下一节，我们将探讨主帆力量的每个来源，然后再看一下它的控制方法。

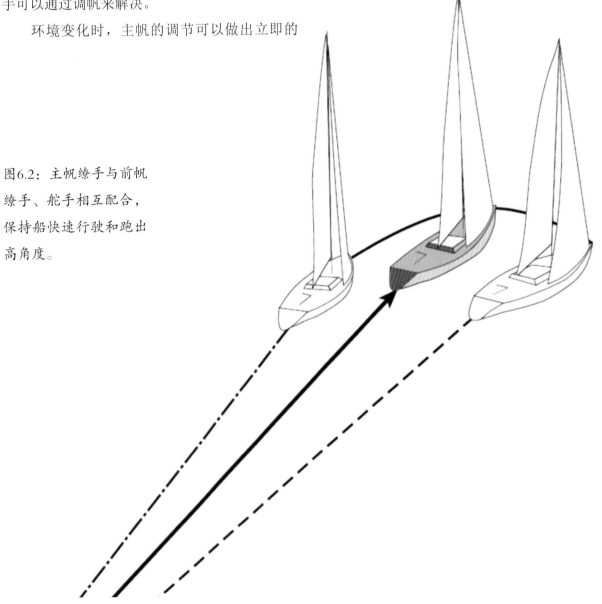

图6.2：主帆缭手与前帆缭手、舵手相互配合，保持船快速行驶和跑出高角度。

6.3 主帆的力量

与其他的帆一样，主帆的力量有三个来源：迎角、弧深与扭曲。

迎角

主帆首先从迎角中获取力量。收紧主帆，你就增加了帆力。把帆向外放，你就减少了力量。转向上风同样减少了迎角和帆力。

飘帆时，迎角为零，没有帆力。要增加迎角时，收紧缭绳，向上风拉动主缭滑车，或者转向下风，见图6.3。

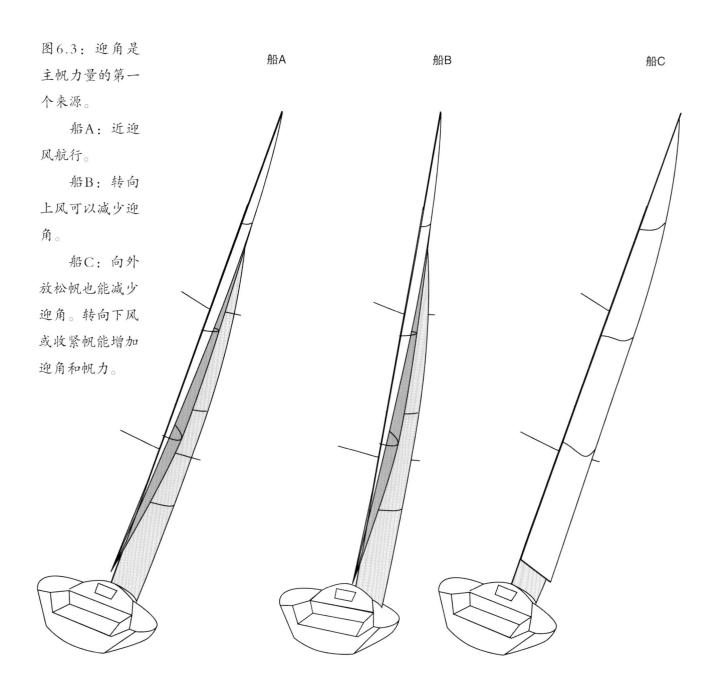

图6.3：迎角是主帆力量的第一个来源。

船A：近迎风航行。

船B：转向上风可以减少迎角。

船C：向外放松帆也能减少迎角。转向下风或收紧帆能增加迎角和帆力。

弧深

深度更大的帆能产生更大的力量。平坦的帆形产生的力量更小（但阻力也更小）。帆的深度通过多种控制方法来调节。主帆的弧深由桅杆弯曲和后拉索拉力来控制。见图6.4。

扭曲

封闭的帆后缘产生的帆力更大。扭曲，或者开放的帆后缘，会卸掉帆力。主缭是主帆扭曲的主要控制手段。见图6.5。

开始，缭绳主要是影响迎角，把横杆继续向里拉。当帆接近收得最紧时，缭绳更多的是把横杆向下压（而不是向里拉）。这时，缭绳主要就是影响扭曲。

控制

主帆缭手有众多控制方法可以选择，能够控制主帆力量的每个来源。下一节我们将逐一探讨这些控制方法。

图6.4：主帆力量的第二个来源是帆的弧深。

船D的主帆很深，力量很大。

船E的主帆平坦，产生的帆力更小（阻力也更小）。

图6.5：扭曲是帆力的第三种控制方式。

船F的主帆存在扭曲，后缘打开，能卸掉力量。

船G的主帆扭曲很小，后缘封闭，能提供最大的力量。

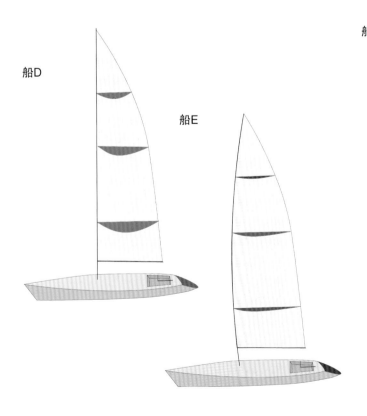

6.4 主帆的控制方法

本节，我们将复习每一种主帆控制方法，看它们怎样改变帆形，以及它们对帆的力量的影响。

主缭

主缭是主帆的主要控制手段。缭绳控制着扭曲和帆后缘张力，这又会影响帆力和跑角度的能力。收紧主缭还会改变迎角和整体的弧深。主缭应该收紧到使顶部的帆骨与横杆平行的程度，见图6.6。当横杆位于帆船的中心线上时，帆骨的末端应该笔直朝后，见图6.7。

帆后缘气流线

从这个初始设置出发，可以继续精调缭绳，使高处的气流线向后飘，只是偶尔出现气流分离。通常，这样的气流线模式能够实现角度与速度的最佳平衡。

在有些情况下，相较于上面的初调，稍微放松或收紧一下主帆，能改善速度。但是你只有先尝试一次才能知道。

如果缭绳稍微放松一点，那么气流线永远不会出现气流分离，这时，速度可能会增加，而且不牺牲角度能力。在另一些时候，缭绳收紧到让顶部气流线有一半的时间出现气流分离，这或许能让角度跑得更高，但是增加的阻力会损失速度。

辅助控制方法

在执行下面的辅助控制调节之后，你需要

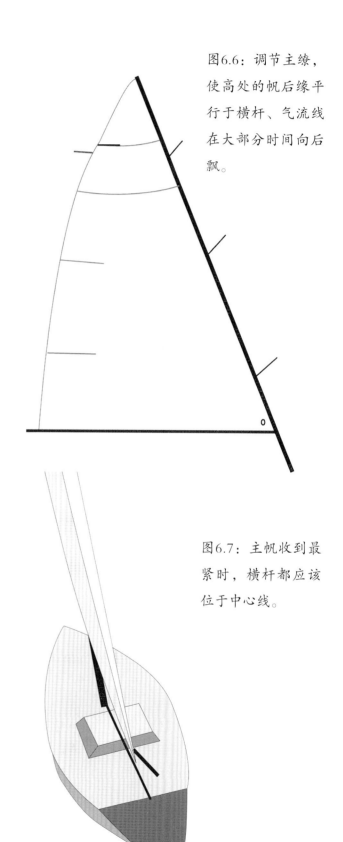

图6.6：调节主缭，使高处的帆后缘平行于横杆、气流线在大部分时间向后飘。

图6.7：主帆收到最紧时，横杆都应该位于中心线。

重新检查缲绳的调节。

千万不要偷懒。我们总是可以跑得更快。

关于主缲的更多知识

在轻风下，主缲收得过紧会使帆出现气流分离。我们争取让帆产生最大的力量。这就意味着，帆要调到刚好即将出现气流分离的状态。见图6.8船A。

在中等风的情况下，用力收紧主帆，达到部分气流分离的状态，这样可以跑出更高的角度。当然，对于帆能收到多紧，而不会牺牲速度，这也是有限制的。当船速慢时，缲绳应该放松到让主帆后缘的上部产生向外的扭曲。见图6.8船B。

在大风下，主缲收得过紧会产生额外的上风舵。主帆的前缘预期将会出现一定程度的反受风。不要因为些许的反受风而纠结——船依然跑得很快。见图6.8船C。

横杆斜拉索

横杆斜拉索是主要的顺风控制手段。逆风时，稍微收紧斜拉索，可以在桅杆的下半部分产生额外的弯曲。逆风时，收紧斜拉索可以控制扭曲。

在轻风下，收紧斜拉索会关闭帆后缘，使气流分离，对速度会有很大损害。

在下面的"横风和顺风调帆"一节中，我们会更多地讨论斜拉索。本节末尾，我们会还会讲述一种另类调帆技术，称为"Vang Sheeting（斜拉索控帆）"（见69页）。

图6.8：扭曲和帆力随着风速变化。

船A适合轻风，帆形更深，力量更大，有足够大的扭曲使气流顺畅。

船B的调帆适合中等风，帆后缘更紧，弧深中等。

船C适合大风，帆形平坦，有扭曲泄掉多余的帆力。

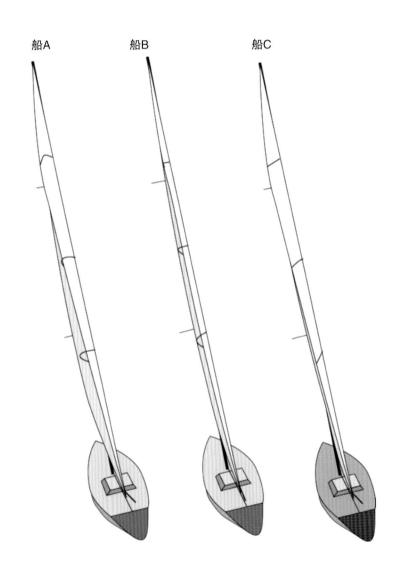

桅杆弯曲

除了主缭，桅杆的（前后）弯曲是第二强大的控制主帆形状的方法。桅杆弯曲用于改变帆的中部和上部的形状。桅杆弯曲由后支索和/或子支索（baby stay）、活动后支索控制。

桅杆弯曲能够增加帆前缘到帆后缘之间的距离，进而展平帆。风力增加时，弯曲可以用来减少帆力；在平静水域，可以减少阻力和增加速度。在多浪水域或顺风航行时，少用桅杆弯曲（采用笔直的桅杆）。见图6.9。

作为辅助控制手段，桅杆弯曲也能影响扭曲和弧深位置。桅杆弯曲改变时，同时也要重新调节主缭，重新调节帆后缘的张力；同时还要检查帆前缘张力。

后拉索

后拉索（outhaul）控制着主帆下部的弧深。后拉索拉得越紧，帆脚就会展得越平。有些主帆安装有"展平绳（flattening reef）"，你可以把这个展平绳当作后拉索的延伸，当后拉索收缩到达极限时，它会起到后拉索功能。

迎风行驶时，后拉索应该是收到一半。当风力从轻风增加到中等风时，后拉索应该是一直放到底的。帆力过大时，主帆的帆脚应该展平。在多浪水域，帆要更饱满，以产生更大的帆力；在平静水域，帆应该更平坦，以跑出更高的角度。见图6.10。

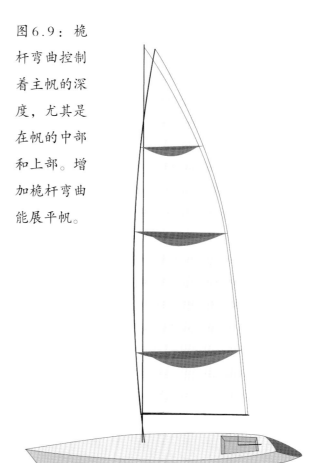

图6.9：桅杆弯曲控制着主帆的深度，尤其是在帆的中部和上部。增加桅杆弯曲能展平帆。

图6.10：利用后拉索控制主帆下部的帆形。

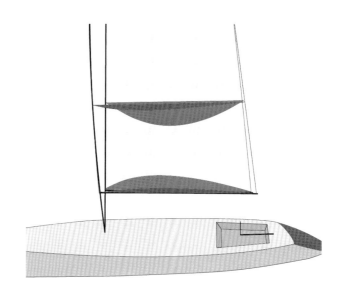

滑车

滑车控制着横杆的位置，进而控制着迎角。保持横杆居中（滑车可以放到上风舷），直到帆力过大，见图6.11。

随着风力更加，逐步地把滑车向下风舷放，以控制侧倾。开始时，1号帆对应的横杆位于中央。当到达1号帆的上界风力时，滑车需要向下风放大约1英尺。随着风力增加，滑车的调节范围也跟着增加。升3号帆时，横杆可能还会放在中央，但更可能情况的是，它要往下风放1英尺，或者放到尾舷位置。

遇到阵强风，滑车需要大胆地调节，以控制侧倾和上风舵。当帆根据平均风速调节好之后，接着用滑车来快速调节整面帆的力量，见图6.12。

帆力过大时，有时保持滑车不动，调节主缭、改变扭曲会更快捷。两者之间推荐采用哪一种方法，取决于以下几点。

● 海况

波浪大时，优先调节扭曲；在阵强风、平静水域，优先使用滑车。

● 船的设计

重排水量、小型龙骨、帆面积小的船对滑车的反应灵敏。轻排水量、深龙骨、帆面积大的帆船对扭曲的调节反应更灵敏。

● 易于使用

如果主缭和滑车有一个调节方便，另一个调节不便——我指的是

很困难，那么调节能用的那个手段，它就是跑得更快的方法——直到你修好那个不能用的。

图6.11：滑车控制着迎角。

船A：在中等风条件下，横杆的位置沿着船的中心线放置。

船B：在大风下，滑车放到下风舷，以控制侧倾并减少上风舵。

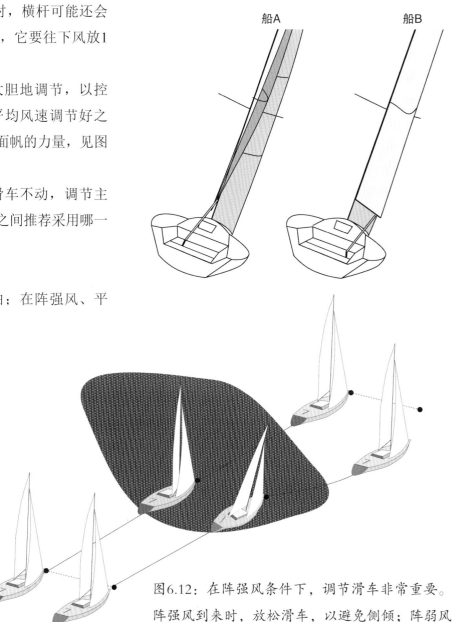

船A　　　　船B

图6.12：在阵强风条件下，调节滑车非常重要。阵强风到来时，放松滑车，以避免侧倾；阵弱风经过时，向上风收紧，以保持帆力。

● 实际测试

尝试两种调帆方法。在当天、当时的环境下，哪一种方法更有效呢？

帆前缘张力

帆前缘张力能调节弧深位置。增加张力使弧深向前移动。主帆升帆索和下拉索控制着帆前缘的张力。先使用升帆索，直到它到达级别规则要求的限制位置，然后接着用下拉索。见图6.13。

弧深位置与其说是控制帆力，不如说是控制阻力。如果弧深过于靠后，它会产生太大的阻力。当弧深向前移动时，阻力会减少，但也损失一些帆力。

弧深的位置大部分时间应该在帆中心的前方，一般在40%~45%弦长的位置。当帆力过大时，利用更大的前缘张力，把弧深向前拉。在轻风下的碎浪里，弧深靠后一些能增加帆力。

桅杆弯曲会把弧深向后推。因此在弯曲桅杆的同时，收紧一下帆前缘，作为补偿。同样，当你把桅杆立直时，不要忘记放松帆前缘张力。见图6.14。

图6.13：主帆升帆索和下拉索控制着前缘的张力和弧深位置。前缘张力越大，会把弧深向前拉；张力越小，弧深会后移。

帆A显示了我们想要的弧深位置——刚好在帆的中央前方。

帆B显示弧深过于靠前。这在风力下降时会发生，或者是在你转向横风时发生。要纠正这一点，需要放松下拉索或升帆索。

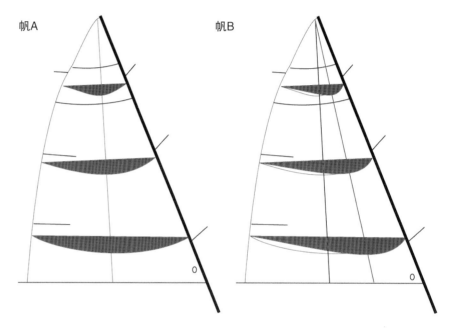

图6.14：风力增加或桅杆弯曲时，弧深向后移动。帆C是一个弧深靠后的帆。帆D增加了前缘张力，补偿了桅杆弯曲的影响。

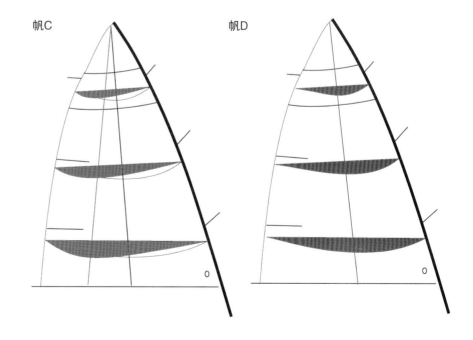

全长度帆骨同样也会影响弧深位置。关于弧深位置、前缘张力和帆骨之间的关系，参考本章后记。

扭曲与迎角

现在要减少帆力了——但是该怎么操作呢？放松滑车，改变迎角，还是调节主缭，改变扭曲？首先转向下风，根据当前的风和海况设置好弧深，然后使用滑车或主缭，针对变化的环境做出立即响应。但是，究竟该采用哪一个呢？见图6.15。

这是个很好问题。推荐哪一种方法取决于：

●帆的设计：带有很大的帆后弧（roach）的主帆对扭曲反应很好。

●船的设计：重排水量、小型龙骨、帆面积小的船对滑车的调节反应很好。轻排水量、深龙骨、帆面积大的船对扭曲变化最敏感。双体船使用扭曲。超级笨重的船使用迎角。

●海况：浪大时，优先调节扭曲，在阵风、平静水域，优先使用滑车。为什么呢？放松扭曲可以减少舵性的不平衡，让舵手能转向下风以避开特别大的浪。作为对照，在平静水域中调节滑车，能保持帆后缘上部坚挺，控制侧倾和舵性的同时，保持好角度能力。

●越过绕标航线多跑了距离：如果遇到这种情况，你需要转向下风来绕标，那么就使用扭曲。此时，你已经不需要跑高角度了。远迎风缓解舵性不平衡的最有效方法就是改变扭曲。而且要用力压舷！

●易于使用：如果某一种方法调节起来更简单，而另一个比较麻烦——我是说非常困难，那么你应该先用管用的那个方法跑起速度来——然后再去修理不管用的那个！安装一套配备滚珠轴承滑车、配齐控制绳索的良好滑车

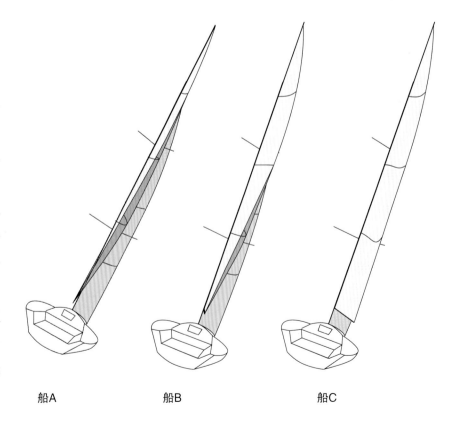

图6.15：当船A帆力过大时，船员可以扭过放松缭绳，增加扭曲来减少帆力，如图中的船B所示；或者是通过向下风舷放滑车，来减少迎角。哪一种方法更好？

第一次试验时，在主帆很大、排水量很小的船上，调节缭绳；在排水量中等的船上，试一下滑车。两种方法都尝试一遍，看哪种最适合你的船。如果问题来自有缺陷的器材，而它在受力情况下又无法调节，那么请阅读"第15章 桅杆系统的调节。"

船A　　　　　船B　　　　　船C

系统非常重要，还要有一个能承受巨大力量的主缭系统。

●实际测试：尝试两种方法。看哪一种在当天、当前环境下最好？

主帆的控制——结语

主帆的调帆目标是从主帆中获得合适的帆力——要与前帆平衡。我们还要寻求三种帆力来源的最佳组合——迎角、帆形和扭曲。主缭能够同时影响到全部三个因素，因此是整面主帆的主要控制方式。见图6.16。

图6.16：变化的环境要求改变主帆的形状。主缭是主要的控制方式。

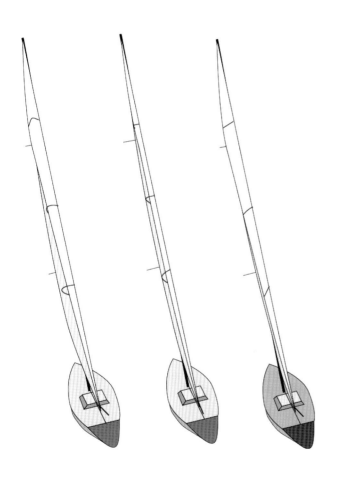

辅助控制方式影响了弧深、迎角，以及主帆的整体力量。调节某一种控制方式时，它也会影响其他的控制设置。

在第8章，我们将深入研究帆的平衡，以及帆的各种力量来源之间的平衡。

6.5 横风和顺风调帆

横风

逆风调帆要求在速度、力量和角度之间达到平衡。横风调帆要简单多了，因为你不用考虑角度。横风调帆要求帆有更大的力量。放松后拉索、后支索，以增加帆力。放松后拉索的时候不要做得过分——增加弧深的时候不能牺牲面积。

视风较小时减少帆前缘张力，让桅杆较迎风行驶更加笔直。用横杆斜拉索来控制帆的后缘。保持顶部帆骨平行于横杆，尽量保持帆后缘气流线向后飘。

调帆的范围是从太松飘帆，一直到太紧而气流分离。在飘帆和气流分离之间，你怎样得到最佳的速度表现呢？

在远迎风和横风时：

轻风下，收紧帆，直到刚好没有气流分离，以获得最大升力。

中等风下，同样如此，只不过受侧倾和上风舵的限制。只要能保证船侧倾不会太大，就尽量增加升力。还有，注意你的速度（无论是通过船感、速度计，还是其他船）。

调帆的第一条规则是先放松到飘帆，然后再收紧。无论何时你感觉到有气流分离，最好先松一下帆，然后重新收紧。主帆倾向于被收得过紧，尤其是在侧顺风时，因此不要忘记松帆。

在大风下，侧倾、控制、舵性的问题，

决定了帆应该放的有多松，必要时甚至可以允许帆部分飘帆，以控制侧倾和舵性。帆力过大时，快速放出斜拉索（增加扭曲），让帆后缘漏风，并且准备好快速放掉缭绳，以防止横船翻覆（broach）。如果横杆贴近水面，放松斜拉索，防止横杆触碰水面。当横杆触碰到水面时，它就无法正常向外放了。

尾风

尾风行驶时，不要忘记主帆。当每个人都在关心球帆时，主帆常常被忽略。放松主帆，直到飘帆；或者向外放到倚靠撑臂。这对帆或桅杆系统是没有伤害的——大胆地向外放。由于在尾风行驶时，帆上没有空气流动，因此不必担心桅杆系统会干扰帆形。放松后支索，使桅杆笔直，产生力量强大的帆形。稍微放松后拉索，让帆形更深一些，同时不牺牲帆面积。斜拉索的设置要正好让顶部的帆骨平行于横杆。如果顶部帆骨出现向里弯曲的情况，放松斜拉索；向外弯曲时，收紧斜拉索。见图6.17。

6.6 结语

主帆对于船的调帆和平衡都很重要。利用主帆保持舵性的平衡。当存在过度的上风舵和侧倾时，减少主帆的力量。当船没有力量、动不起来的时候，增加帆力。舵手和主帆缭手必须协调合作来优化速度，因为舵手完全受主帆缭手的摆布。

下一章讲述操舵。之后我们再把主帆、前帆和舵手整合成一个完整的调帆方案。

图6.17：横风与尾风

尾风时不要忽略主帆。主帆向外放，直到飘帆，然后再收紧。保持气流线向后飘。尾风时，帆向外放到倚靠桅杆系统。

斜拉索：顶部帆骨平行于横杆，保持气流顺畅。

后拉索：放松以增加帆力。

桅杆弯曲：笔直以获取帆力。

前缘张力：放松——弧深在50%位置。

滑车：向下风舷放。

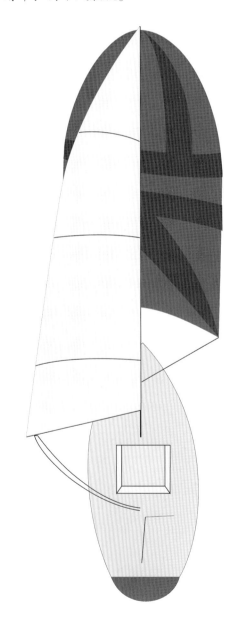

补篇：斜拉索控帆

斜拉索控帆（vang sheeting）是一种替代性的主帆调节方法。

传统的调帆

传统的调帆中，主缭控制着迎角和扭曲，即主缭能向里拉横杆、向下压横杆。当帆接近收到最紧时，重点就变成了主缭向下的分力——调节扭曲。此时滑车控制着向里向外的移动——达到理想的扭曲时，继续通过滑车使横杆朝船的中心线移动；或者在遇到阵强风时，用滑车控制横杆的内外移动。这些技术并不把横杆斜拉索当作是一种逆风调帆工具。

斜拉索控帆

在斜拉索控帆技术中，横杆斜拉索代替了主缭的控制横杆上下移动的功能，主缭只负责向里、向外调帆，而在传统的逆风调帆中，这个功能本来是由滑车负责。因此这种另类配置不需要滑车。

斜拉索控帆要求配备一个强大的斜拉索，能够完全应对整个帆后缘上的拉力。该技术尤其在双人小帆船和其他没有后支索的帆船上流行。没有后支索时，斜拉索同时控制着桅杆弯曲和帆的扭曲。（斜拉索把横杆向下压，同时把它向前推。横杆向前的推力使得桅杆弯曲。）

斜拉索控帆在其他地方的应用

横风中，我们都会用到斜拉索控帆。在使用传统调帆方法的船上，迎风时，缭绳放松之后，斜拉索负责控制扭曲，缭绳把横杆向里和向外移动。迎风调帆时，斜拉索控帆也是利用这种调帆方法。

补篇：全帆骨主帆

全帆骨主帆是面好帆

全帆骨主帆（fully battened mainsail）改善了主帆的性能和比赛寿命。全帆骨主帆改变了我们的一些控帆和调帆技术，通常它是让主帆更易于调节。

全长度的帆骨消除了一些我们对弧深位置的控制。帆骨的宽度变化（两端变细）影响着弧深的位置，帆前缘张力的影响变得更小了。同时，帆骨能防止弧深位置的不当移动，这也减少了我们的控帆工作。我们仍然可以利用增加前缘张力的办法使弧深向前移动，但是桅杆弯曲时，弧深不再那么喜欢后移。

帆顶部的收尖形的帆骨使得帆具备了自我修正弧深位置的能力。当帆受力增大时，弧深开始向后漂移，而帆骨柔软的前分部分会先弯曲，使得弧深前移。

帆骨再不会戳帆了！

长期困扰主帆设计的一个问题就是帆骨会戳帆——短帆骨朝向帆内部的尖端会在帆上戳起尖锐的褶皱和突起，尤其是帆顶部的帆骨。全帆骨消除了这种帆骨突起。顶部的帆后缘的突起消失了，变成了平滑均匀的形状，见图6.18。

全长度帆骨还能为主帆提供一个更加稳定的平台，减少了飘帆和拍打造成的磨损。由于全帆骨帆不会拍打，因此竞赛主帆的寿命也得到了延长，这足以补偿安装收尖形帆骨的额外成本。

安装一根还是两根全帆骨?

不是所有的帆骨都需要是全长度。取决于主帆的大小和后缘弧度,一般只有最顶部的一根或两根帆骨需要采用全长度。既然你决定安装全帆骨,务必要安装那种两端变细、收尖的帆骨。安装两端逐渐变细的收尖帆骨,从成本上来说绝对划算。

长帆骨的替代选择

全帆骨的一个替代方案是安装长度较长,但是没有延伸到帆前缘的长帆骨。这样可以避免全帆骨在帆前缘上产生挤压的力量。长帆骨是一个值得考虑的替代方法,尤其是在采用帆滑块的主帆上,尽管它们无法提供全帆骨的所有好处。

帆骨塞得不要太紧

一些水手抱怨全帆骨主帆很难展平。这种情况大多数是因为帆骨塞得太紧造成的。插入帆骨袋的时候,全长度帆骨应该是刚好能消除帆骨袋上的褶皱,没有或几乎没有压缩的力量。

另一个调帆困难的原因是帆骨太软。使用坚硬、两端逐渐变细的帆骨。

结语

同你的制帆商交流一下,看全长度帆骨是否适合作为你的下一面主帆。

传统风格的帆骨,以及帆骨戳帆形成的突起

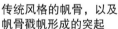
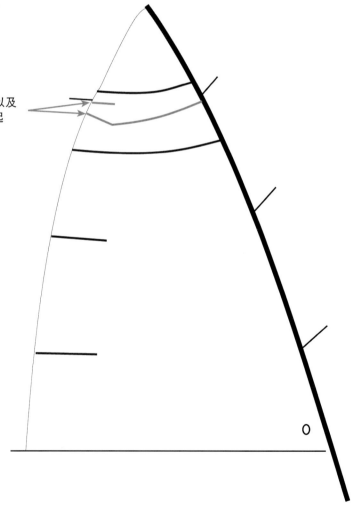

图6.18:相较于传统主帆,全帆骨主帆能够更好地保持帆形,调帆更容易,而且消除了帆骨戳起帆布的现象。

不仅如此,他们还克服了帆骨戳布的老问题——顶部帆骨的内端在主帆上拱出一个突起褶皱。而且全帆骨主帆的寿命更长。

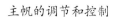

主帆的帆力

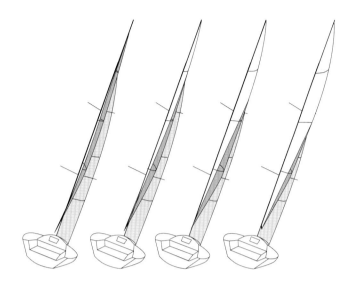

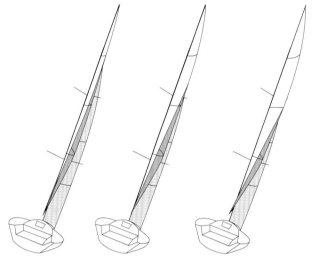

放松缭绳：

　　缭绳收紧时，帆后缘封闭；放松缭绳时，帆后缘扭曲打开，横杆朝下风摆动，减少帆力。

增加扭曲：

　　放松缭绳，滑车放到上风可以保持横杆位于船的中央，并打开帆后缘顶部，漏风卸力。

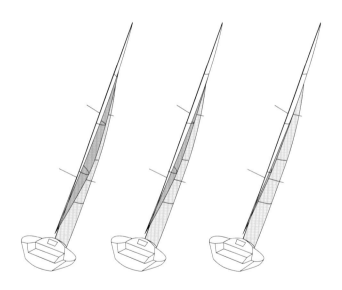

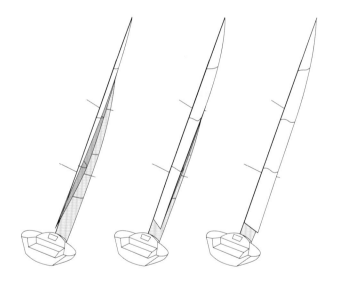

减少弧深：

　　从饱满到平坦，使用桅杆弯曲和后拉索，减少帆力。

减少迎角：

　　滑车向下风放，整面帆都向下风舷移动，减少了帆力。

第7章
逆风操舵

7.1 引言

7.2 输入的是垃圾

7.3 逆风操舵

7.4 舵手呼喊缭手

7.5 目标船速

7.6 起航时的操舵

7.7 逆风操舵——结语

第7章 逆风操舵

7.1 引言

操舵技术（helmsmanship），是最重要，也是最难以感知的船速要素。经验和集中注意力是重要的速度要素。在慌乱的时刻保持镇定的能力是另外一个影响速度的特质。真正优秀的舵手不仅能快速地行驶，还能根据舵感向缭手喊话。舵手通常也是船长。担任这个角色时，舵手必须让值得信赖的船员围绕在自己身边。舵手必须信任自己周围的人，这样他才能够集中精力快速开船。

本章中，我们将讨论各种情况下的逆风操舵技术。我们还会看一下起航时的操舵。后面第13章，会讲解顺风操舵。

7.2 输入的是垃圾

要想成为一名优秀的舵手，你必须首先能够感受到船的速度。当你知道这些信息之后，就可以做出反应、改善速度。值得参考的信息来源有很多种，每个来源的重要性，也因不同的情况而有差异，见图7.1。

舵手的信息……

船速

船速是最重要的一条信息。最佳的来源是同附近的帆船做对照。但是在多个级别的混合比赛中，这通常是不可行的。我们必须凑合着使用仪表上的读数，或者与类似级别的帆船做对照。

当然，如果船速太慢，你需要做一些事情。舵手的第一反应就是跑低角度。后面，我们会探讨造成船速低的可能原因。

图7.1：舵手坐着不动凭直觉掌舵：船速、前帆气流线、风和前方的海浪，还有缭手和船员传递的信息，这些信息引导着舵手。

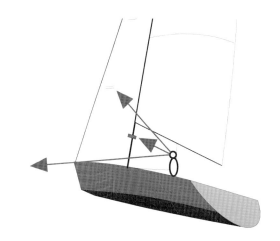

角度

如果速度尚可，但是角度不行，那么需要调节一下帆。作为舵手，你或许能够根据船感，帮助缭手判断需要怎样调帆。

直觉上的"船感"

如果你感觉船呆滞、缓慢、反应不灵敏，可能是帆收得太紧。你还应该能够在船减速之前，提前感觉到帆力的减小。你可以快速做出反应，重新获取帆力：放松帆，必要时转向下风。

风的感觉

作为一种直觉，舵手通常能够在风影响到船速之前，提前感觉到它的变化。遇到阵弱风，你会预期帆力和速度会下降。重新根据轻风调帆，尽可能地保持最佳速度。

舵上的感觉

上风舵是一个重要的调帆参考。在轻风到中等风下，近乎平衡的舵性可以让船跑得很快。大风下，大部分船能够承受8°的舵角，而不会让舵与水流分离。（注意：在装有舵柄的船上，舵角是5°时，1英尺长的舵柄需要移动1英寸距离。例如，对于4英尺长的舵柄，5°的舵角对应的移动距离是4英寸。在装有舵轮的船上，你需要测量轮盘的转动角度与舵角之间的关系，如图7.2所示。）

侧倾角度

当船拥有充足的帆力时，侧倾角度（angle of heel）就变成了一个重要的速度参考。操舵和调帆，保持一个固定的侧倾角度。侧倾过大意味着过大的舵性（上风舵）和风压差（船的横移）。

前帆气流线

前帆上的气流线是很有价值的调帆和操舵辅助工具。你能以不同的方式来使用它们。最常见的方法是把气流线的行为，与操船技术联系起来，比如加速、跑高角度。下一小节我们会更详细地讨论。

使用气流线的第二种方法是反过来用气流线指导操舵。当船速度良好时，观察气流线。操舵保持气流线的行为不变，无论它具体是怎样的形为模式。

但是前帆气流线也有一个问题，就是一些舵手过于依赖它们，而忽视了这里讲到的很多其他因素。

图7.2：在轻风到中等风下，近乎中性的舵性让船跑得很快。大风下，稍强一些的上风舵是可以接受的。你可以这样大概估算，对于×英尺长的舵柄，×英寸的上风舵对应着5°的舵角。

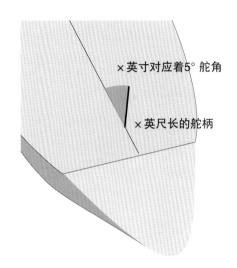

×英寸对应着5°舵角

×英尺长的舵柄

来自缭手的信息

这里讨论到的很多信息是你亲自收集的，还有一些信息是缭手告诉你的。例如，你不应该亲自盯着其他的船来对比评判船速——船员应该收集这个信息并把它告诉你。与其从多方听取杂乱的信息，不如指定一两个人来汇总传递来的所有信息——比如指派前帆缭手或主帆缭手，或者战术师。

来自压舷船员的反馈

压舷的船员报出即将到来的阵强风和波浪。他们还可以提供关于其他帆船的重要信息。当然，鉴于现今的船员水平，你要抱着怀疑态度去参考这些信息。

7.3 逆风操舵

你在处理这些速度信息的时候，需要对所有看起来不正常的事情做出回应。前帆气流线能帮助你精准操舵、改善速度。

利用前帆气流线操舵

逆风速度的重要参考是热那亚帆的气流线。热那亚帆的气流线可以用作调帆参考，也可以用作操舵参考。当缭手把帆设置成正确的帆形时，舵手可以精调航向，以满足船的需求。这不只是保持气流线向后飘这么简单，见图7.3。

全速模式

参照的基准就是全速行驶、气流线向后飘。这样的航向能够保持全速行驶，见图7.4。

加速模式

加速模式要比全速航向的角度更低一些（相对于风），外侧的气流线会"跳舞"。通过向下风"压"前帆，船能获得更大的力量。这样增加的帆力能够带来加速效果，用于结束迎风换舷或者穿过碎浪，见图7.5。

角度模式

跑得角度比全速模式稍微更高一点，这被称为角度模式（point mode）。此时，内侧气流线会抬升起来（但不是拍打）。我们的目标是保持稍微高一点的角度，但不牺牲速度。当刚开始出现减速的迹象时，最好回到全速模式。事实上，在你失去速度之前，你已经能感觉到船失去了帆力。现在立即转向下风，回到全速模式。如果你反应太慢，情况就会变得更糟，你要朝下风转到加速模式，才能重新加速，不得不放弃你在角度模式下得到的一切，见图7.6。

跑高（pinching）和临界跑高（feathering）

跑得比角度模式更高，称为跑高（pinching），此时内侧的气流线会拍打。如果你迫使船转向上风，并且损失速度，这就是跑高。操舵中，跑高导致的时间损失和速度损失，要比其他任何单一因素都多。不要这样做！

但另一方面，临界跑高（feathering），是可行的。气流线的行为同跑高是一样的——内侧气流线跳舞。区别在于，临界跑高是一种在大风下减少帆力的方法。如果你没有损失速度，那么你就是临界跑高。如果损失速度了，就是跑高。见图7.7。

成串的气流线*

成串的气流线（gentry tufts）是代替单独一根气流线（帆的下部）的一串丝线。它们能提供关于帆上气流更为细微的信息，你能看清哪里的气流贴附着帆面。利用它们，你能够更精确地找到操舵的临界角度。例如，如果你发现前方的丝线拍打，而靠后的丝线向后飘时，船的速度和角度就达到了最佳平衡，那么操舵时就要维持这一

---

*译者注：成串的气流线，丝线从帆前缘成串地排列到帆后缘，这样你不仅能看到前缘上的气流，还能看到帆的中间部位和后部的气流。

现象，见图7.8。

迎风换舷

开始时缓慢地平稳转向，靠速度惯性转向逆风；剩下的一半转舵动作更快。立即稳定航向，稍微偏向下风几度，以便加速。与缭手合作，让船尽快恢复速度，同时保持平稳操作。

在波浪中，你需要快速转向，把船头摆过来。首先找一个平静的地点。朝着一个波谷，开始转向。当你船通过浪峰时，船头会向上弹跳一下，然后在下一道波浪到来之前穿过风向（希望如此）。这样，下一道波浪就能帮助你完成迎风换舷，而不是把船头推回原来的受风舷。（见第4章 逆风操船的插图。）

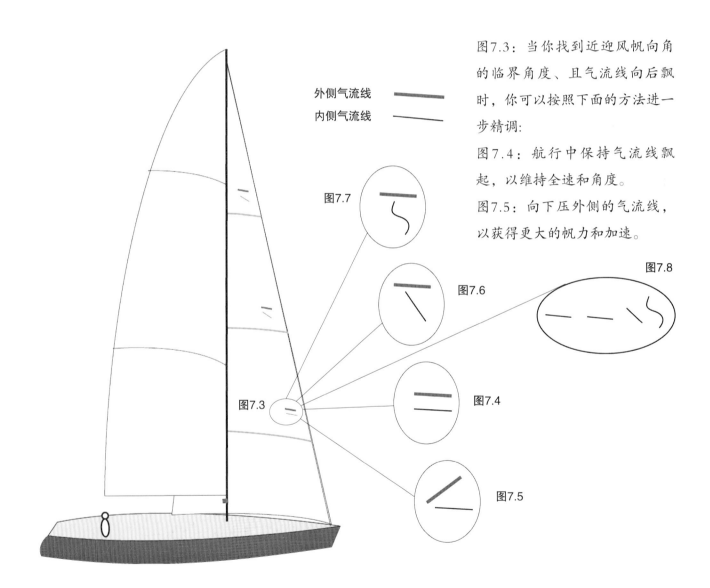

外侧气流线
内侧气流线

图7.7

图7.6

图7.8

图7.3

图7.4

图7.5

图7.3：当你找到近迎风帆向角的临界角度、且气流线向后飘时，你可以按照下面的方法进一步精调：

图7.4：航行中保持气流线飘起，以维持全速和角度。

图7.5：向下压外侧的气流线，以获得更大的帆力和加速。

图7.6：在平静水域为了提高角度，偶尔让气流线提升起来。

图7.7：帆力过大时，转向上风，临界跑高（feathering），让气流线飘摆，以减少帆力。

图7.8：气流线也可以前后排列成一串，帮助你更精确地找到操舵临界角度。

7.4 舵手呼喊缭手

仅仅是跑得快是不够的。良好的舵手还能向缭手提供反馈，帮助改善调帆。

舵手对于船的表现有着最直接的感受。他必须给出船感的细节，帮助调帆。操舵的临界角度范围太宽还是太窄？有没有足够的力量破浪？是否感觉船还应该跑得角度再高一点？舵是否平衡？

为了保证缭手正确调帆，舵手和缭手必须相互交流，并且理解缭手、舵手和速度之间的关系。

临界角度范围是宽还是窄

如果操舵的临界角度范围（steering groove）*很窄，气流线难以稳定下来，那么前帆可能就是收得过紧，或者相对于当前的环境条件来说太平坦（或者相对于舵手的操舵水平）。放宽操舵临界角度的方法就是把缭绳放松一两英寸。你还可以收紧升帆索，或者是增加前支索凹陷，形成一个更圆、更宽的入角（entry angle）帆形，见图7.9。

当然，如果你跑得又快、角度又高，谁还会担心船难以稳定呢？忍受它便是了。

如果操舵临界角度很宽，而船的航行角度又不好，尝试一下平坦的帆形和更窄的临界角度。收紧缭绳，收紧前支索，并且/或者放松升帆索。在平静水域，相较多浪的水域，你能够行

驶一个更窄的临界角度范围（船头摆动更小），见图7.10。

正确的帆力

如果帆船感觉很迟缓、缺乏破浪的力量，舵手必须要求更大的帆力。反过来，如果船的舵角太大，说明船的帆力过大。

改变船的帆力有很多种方法——改变每一面帆的帆形、扭曲和迎角。在第8章中，我们将看一下怎样平衡每一种力量。

上风舵

在轻风到中等风下，近乎中性的舵效是跑得最快的；而在大风下，8°的舵角也不会导致水流与舵面分离。为了减少上风舵，你可以展平帆、增加扭曲，或者通过放松滑车减少迎角。（究竟该选哪一个呢？参考第8章。）

风与浪

风浪大时，我们希望船能始终待在水里，防止它拍击海面。这种情况下，事实上不需要人为掌舵穿过波浪。只需把帆调好，船会自己在波浪中找到最佳路径，见图7.11。

面对每一道浪时，可以利用上风舵使船转向上风。与其靠舵让船转向上风，不如把船调节到拥有足够的上风舵，让它在面对每道波浪时能自动转向上风。要想转向下风，需要先把上

---

*译者注：steering groove，操舵的临界角度。我们知道，近迎风是"最贴近"风向的航行角度。但是这个"最贴近"的角度并不是一个准确的数值，它是一个很窄的角度范围（2°～3°），因此它看起来像是一个很细的沟槽（groove）。而且这个临界角度范围，受帆形的影响，还可宽可窄。

图7.9 图7.10

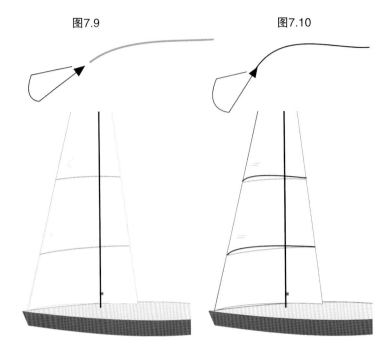

图7.9：放松升帆索、用力收紧缭绳，帆会有一个更窄的高迎角。

图7.10：绷紧升帆索（放松缭绳）能够产生一个更宽的迎角，更容易在多浪条件下操船。

图7.11：正确收紧的主帆几乎能够自己控制方向、自动穿过波浪。收紧帆，产生足够的上风舵，使船头随着每一道涌浪转向上风。这种方法在碎浪中不管用。碎浪中只能增加帆力，把船头向下压，碾过碎浪。

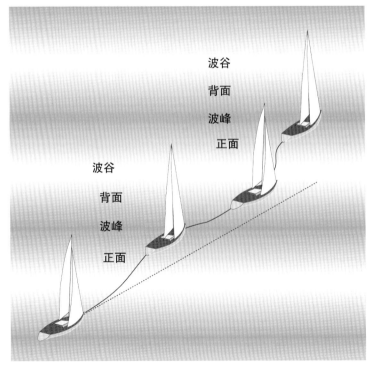

波谷
背面
波峰
正面

波谷
背面
波峰
正面

风舵减少一些，比如向下风放置滑车，或者放松缭绳。要想转向上风，把滑车向上风拉，或者收紧缭绳。利用帆或者是船本身的上风舵来控制方向，这要比推舵更加迅速。

侧倾角度是在这种环境下控制方向的绝佳参考。正确的侧倾角度能产生合适的上风舵，匹配好波浪的大小和周期。

在短急的碎浪中，把船头对准每一道波浪是不可行的。这时候应该增加帆力，把船头向下压，碾过碎浪。

"增压"航行

跑更高的角度，而不牺牲速度！享受一下"增压"航行（turbo sailing）的乐趣吧！

在平静水域，近迎风行驶时，船员坐在船舷压舷，把船的角度跑高。这是可行的，不会损失速度。在理想的航行条件下，增压航行的效果最好——即水面平静，但是风力足够让船员完全压舷，同时又不会帆力过大。让船以正常的速度和角度行驶，然后稍微地转向上风。一旦看到有速度减少或帆力减少的迹象，就立即停止增压航行；立即转向下风、增加帆力，重新恢复速度。试验一下调帆，看看稍微地增加缭绳张力，或者展平帆形，能否让你跑出更高的角度。而且要小心阵弱风和碎浪。在不适合增压航行的条件下"增压"航行，速度会奇慢无比。

在特殊条件下，增压航行能够改善速度。下一次你在平静水域上逆风比赛时，船员压好舷，你就可以试一下增压航行。但是在条件不适合的情况下，不要强求。见图7.12。

图7.12：增压航行就是把帆用力收紧、展平，跑一个稍微高的角度，而不牺牲速度。它只能在理想的平静水域、中等风力的条件下做到。

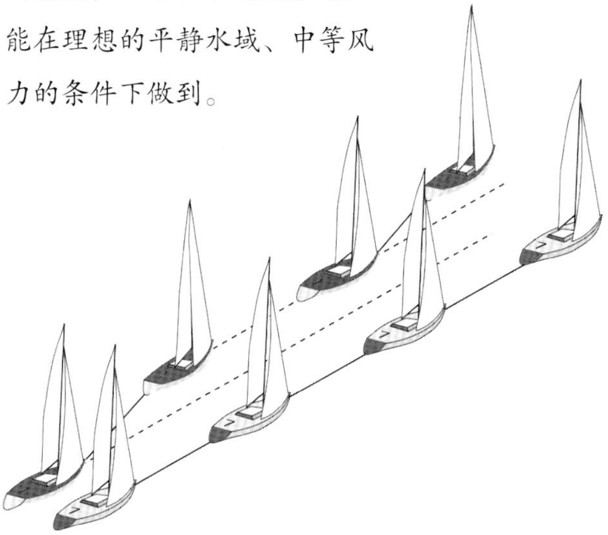

7.5 目标船速

在龙骨船上，集中船员注意力和优化速度的最佳方法之一就是选择一个目标船速行驶。

目标船速是一个基于真风速度的预测船速。换句话说，每一个风速都对应着一个目标船速。迎风行驶时，你要同这个目标船速对抗。目标船速可以通过计算机建模计算出来，也可以通过记录船的真实速度得到。

目标的价值

目标船速提供了速度性能的一个参考基准，防止你骄傲自满。目标船速提供了船速的稳定参考，就像是参加一场统一级别的帆船赛一样。除了在某个给定风速下的目标船速，还要有一个目标风向角度。

目标能够让缭手和舵手有一个聚焦点和共同的目标。这个共同的目标经常同这个数字本身一样具有价值。

当速度低于预期目标时，每个人都可以共同来朝这个目标努力。等到高速行驶时，你可以再改善角度。如果速度太快，你知道这时可以牺牲一些速度来换取一点角度。如果跑得等于或高于目标速度和角度，你可以表扬一下自己，或者是检查一下仪表的校准……

目标的要求条件

目标要求你有精确的仪表。为了评估速度，你首先必须能够精确地测量它。如果船速、风速或风的角度测量不准确，那么目标船速练习就没有多少价值了。

目标不能做什么

目标能够告诉你速度在什么时候不对，但是无法告诉你怎么去解决问题。不要低估至少知道自己跑得慢的价值。没有目标的话，你很容易会误认为速度良好。现在你至少能知道有哪里不对劲。但是究竟该怎么办呢？你需要自己找到原因——目标本身帮不到你多少。

如果速度很快，但是角度很低，那么你就知道应该牺牲一点速度，换取一点角度。对于新手，这意味着缭绳要收得更紧一些。类似地，如果你跑得又高又慢，那么就放松缭绳，跑低角度。在这些例子里，我们只是沿着速度曲线移动。另一方面，如果你跑得又慢又低，或者无法同时达到目标角度和目标速度，那么你面临的挑战就更大一点。这需要对调帆进行一次更彻底地评估。见图7.13。

目标什么时候管用

无论何时进行逆风或顺风比赛，你都可以使用目标船速。在一些条件下，你或许不得不对目标速度进行大脑中的修正。例如，如果面对风

力减小、但碎浪很大的情况，那么你可能无法跑出理想速度和角度。（重点放在速度上，永远记住，速度第一，角度第二。）类似地，在极端的风力梯度或者风力切变情况下，桅顶的风要比甲板高度强很多，方向变化也很大，你需要对目标进行心理预期上的修正。

在持续稳定的风下，目标速度效果最好，在这样的风下，船速（相对于战术）是比赛胜利最重要的关键要素。在波动很大的风下，目标速度也有好处，它能告诉你何时应该"换挡"，见表7.1。

更多关于目标的内容，参考第16章 航行仪表。

表7.1 Fantasy 40：逆风目标速度

真风	船速	真风角度	视风角度
3	2.8	46	30
4	3.6	45	30
5	4.4	44	30
6	5.0	43	30
7	5.6	42	30
8	6.1	41	30
9	6.5	40	29
10	6.9	40	29
11	7.0	40	28
12	7.1	39	28
13	7.1	39	27
14	7.2	39	26
15	7.3	40	26
16	7.3	40	26
17	7.4	40	26
18	7.4	40	26
19	7.3	40	26
20	7.3	40	26

表7.1：这张目标船速表显示了，从3节到20节风速的目标速度和角度。对照目标船速需要有精确的仪表。

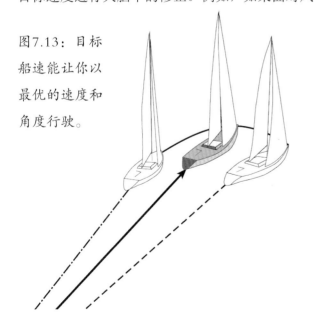

图7.13：目标船速能让你以最优的速度和角度行驶。

7.6 起航时的操舵

起航是混乱的。起航时的掌舵要求你关注影响起航的因素。你应该知道起航之后，要朝哪里走，还有起航线的哪一端有利。你需要预测船群的行动，避开船群。

你需要占据正确的位置，以应对最靠近你上风的船；还需要在下风舷留出空间；需要拥有清风，正确地判断到达起航线需要的时间、速度和距离。你的团队可以帮忙提供信息，见图7.14。

制订计划

你需要制订一个起航计划，船员则需要准备将计划付诸实施。你必须在起航线上选择一个位置，选择好一条能让你到达这个位置的进场路线。

起航要求随机应变地掌舵。你永远都不知道下一刻即将遇到什么。组织良好且准备充分的船员能够让你抓住稍纵即逝的机会。

驾驶好自己的船

不要被周围的狂热分散注意力。驾驶好自己的船，不要与其他船讲话——把这份差事分配给其他人。驾驶好你的船。不要迟到，不要胆怯，不要担心船群。与你的缭手合作，驾驶好船。

战术师应该观察前方，告诉你哪里有船正在扎堆，下一个30秒或者1分钟将要发生什么事情。他还应该朝后看，警告你后面的船只。

前甲板船员应该报出起航线，示意到起航线的距离。缭手应该保持船全速，要避免常见错误——比如在脏风和杂乱波浪中把帆收得过紧。

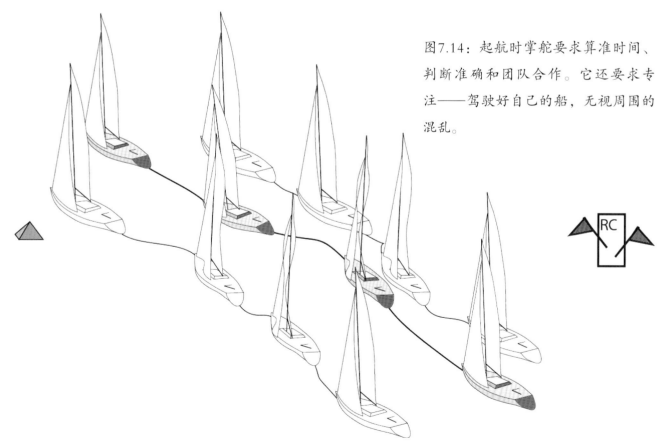

图7.14：起航时掌舵要求算准时间、判断准确和团队合作。它还要求专注——驾驶好自己的船，无视周围的混乱。

日常演练

起航难以练习，因为你很难凑出足够数量的帆船，模拟一个真实的起航。对于起航，有几个练习可以用于日常训练。

停船和起步

在近迎风航向上，飘帆，靠惯性停船，然后收紧帆，加速到全速。整个过程需要多长时间？驶过多少距离？当然，答案会因风力和海况而异。见图7.15。

停船起步时收紧帆，最好先收前帆，再收主帆。如果先收紧主帆，它倾向于把船头推向顶风，那么你就不得不再用舵把船头拉向下风，这样会很慢。先收前帆能保持船头指向下风，这样更利于加速。

停船—起步练习的变形

熟悉停船—起步练习之后，你可以尝试下面的变形：

贴近风向收帆，仿佛下风舷还有另一条船。还有起步—停船—起步练习。从全速，尽可能迅速地停船——主帆向外推，当作空气刹车——然后再重新加到全速。这是一个消磨时间的简单方法，或者是用于打破与下风船相联，接着再从它的后方钻过去。

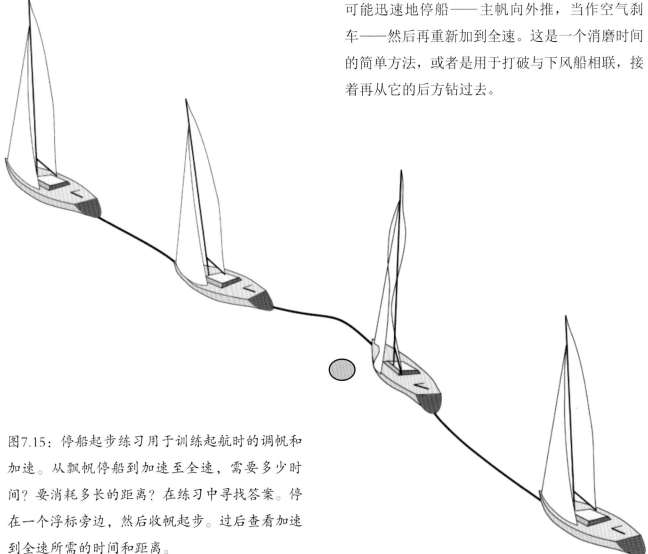

图7.15：停船起步练习用于训练起航时的调帆和加速。从飘帆停船到加速至全速，需要多少时间？要消耗多长的距离？在练习中寻找答案。停在一个浮标旁边，然后收帆起步。过后查看加速到全速所需的时间和距离。

进场练习

选择一个浮标作为你起航点，然后练习各种进场方法。在远距离上，猜测需要花费多久时间才能到达。稍加练习，你就会非常精通这个技巧，这在起航时非常有用。

更多的练习

尝试360°转圈，看需要多少时间。最后能回到原地吗？

还有，假装你提前起航了，兜个圈再重新起航。

7.7 逆风操舵——结语

操舵技术是一种需要练习和集中精力的微妙技巧。要想感受到船的状态，你需要拥有放松但又敏锐的感觉。为了提高敏锐度，可以闭着眼睛掌舵。通过手、坐姿、头发、脚和内耳（平衡感）来感受船。大胆地试，别怕出丑，但是一定要去做。

最佳的舵手是被优秀船员围绕的舵手，这样他们可以集中精力掌舵。如果你想要担任舵手、战术师和缭手，那么就玩单人比赛。如果你想观察一下四周，做一点战术上的事情，那就离开掌舵位置，见图7.16。

如果你想得到关于逆风速度的最复杂问题的答案——翻到下一页！

图7.16：最好的舵手会把自己的全部注意力放在掌舵上，信赖自己船员去负责所有其他事情。卓越的舵手需要卓越的船员！

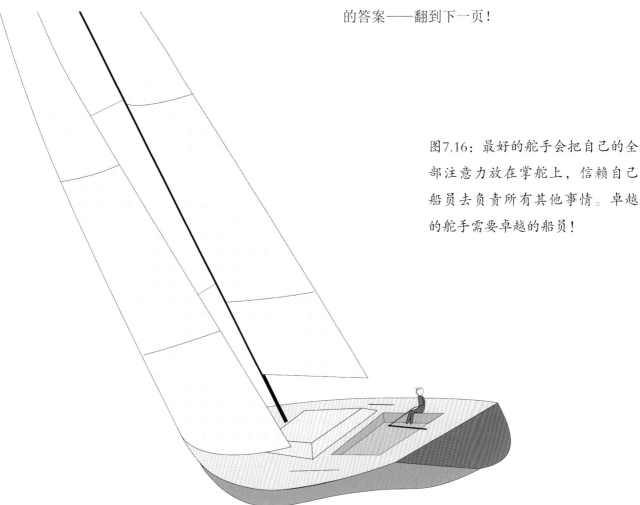

第8章

逆风调帆解决方案

8.1 引言

8.2 总帆力的调节

8.3 中等风下的调帆

8.4 轻风下的调帆

8.5 大风下的调帆

8.6 调帆和战术

8.7 调帆的解决方案

8.8 过多的选择

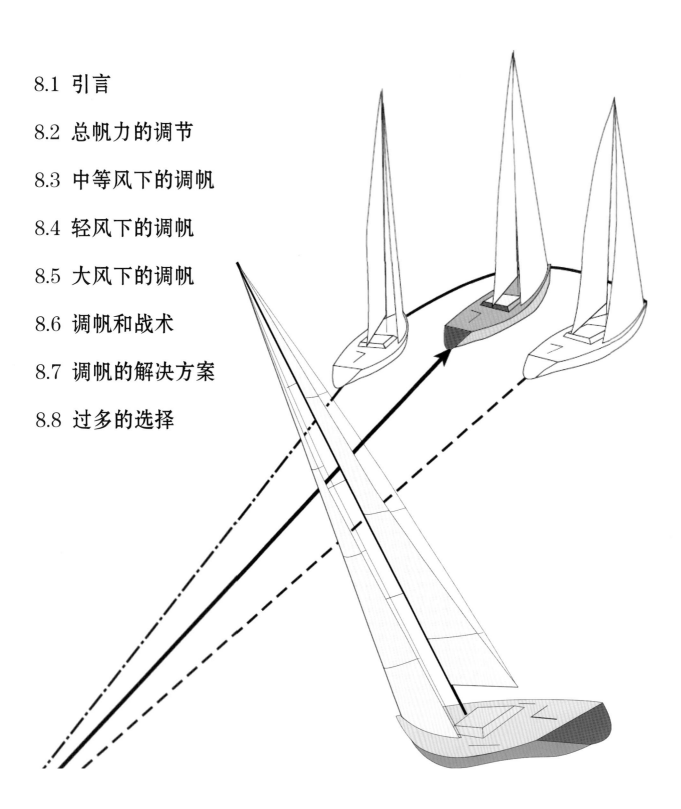

第8章　逆风调帆解决方案

8.1 引言

本章我们将了解一下各种航行条件，以及在这些条件下怎样调帆和操舵。我们的目标是把前面三个章节（热那亚帆、主帆和操舵）的思想汇总到一起。

首先，我们将详细论述提高速度的方法，我们称之为总帆力的调节（total power trim）。总帆力的调节考虑到了各个帆，以及每面帆的三个帆力来源，还有产生的合力。我们的目标不仅是产生正确的总帆力，还要有正确的帆力组成配比。

然后，我们把总帆力的调节扩展到中等风条件下。之后，再考虑轻风和大风，以及各种海况，以及每种条件下怎样改变调帆。结束之后，我们还会考虑特殊战术情景——比如起航和遇到脏风，以及怎样相应地调帆。最终，我们来总结一下各种速度问题和调帆解决方案。

8.2 总帆力的调节

总帆力是主帆和前帆的帆力总和。我们将会看到，来自每面帆的力量又细分为三种来源：迎角、帆形和扭曲。

迎角

对于帆船初学者，这是帆力的第一种来源。把帆收紧，帆力就增大了；向外放帆，帆力就减少了。把帆向外完全放到底，这就是飘帆。

把船转向风向，船就会停下来。

增大迎角能够增加帆力。迎角可以通过收紧缭绳、向上风拉动主缭滑车、向舷内移动前缭滑车来增大。迎角还可以通过转舵来改变。转向下风能够增加迎角和帆力；转向上风减少了迎角，也减少了帆力。

迎角是我们的第一种帆力来源，见图8.1。

帆形

弧深更大的帆能产生更大的帆力。平坦的帆产生的帆力更小（阻力也小）。帆形可以通过多种控制方法调节。主帆形状会受桅杆弯曲和后拉索张力的影响。对于前帆，前支索凹陷和滑车位置控制着帆的弧深。

帆形是帆力的第二种来源，见图8.2。

扭曲

封闭的帆后缘产生的帆力更大。扭曲或者开放的帆后缘则会卸掉帆力。主缭和前缭是控制扭曲的主要手段。开始，缭绳主要影响迎角。随着帆收到接近最紧，缭绳会更多地把帆后角向下压，而不是向里拉。这时，缭绳的主要作用就是控制扭曲。（这里假设横杆斜拉索在迎风时没有受力。）对于同样大小的前缭张力，前缭滑车的位置也会影响扭曲。桅杆弯曲、前支索张力，和帆前缘张力也会影响扭曲，只不过影响程度相对更小。

扭曲是帆力的第三个来源，见图8.3。

总帆力的调节

良好的调帆会随着环境而变化。在中等风下，我们调帆是为了使速度最大，角度最佳。调帆的变化通常会牺牲某一个去换另一个。

轻风下，我们调帆是想获取最大的帆力。此时的制约因素是，微弱的风难以保持贴着帆面流动。此时气流很容易与帆面分离，失去帆力。

大风要求减少帆力，以获得正确的总帆力和帆力配比。帆力的配比包括主帆和前帆的力量平衡，还有每面帆的不同帆力来源（迎角、扭曲和帆形）的平衡。

在我们探讨细节之前，一条常用的调帆注意事项是，匹配好你的帆。当你改变一面帆的调节时，应该对另一面帆也做出类似的调节。弧深大、扭曲的前帆，搭配平坦、帆后缘很紧的主帆，效果不会太好。

帆力的三种来源

图8.1：迎角是帆力的第一个来源。

船A在近迎风行驶。若想减少迎角、帆力和侧倾力量，可以转向上风（如船B），或者向下风放滑车（船C）。

图8.2：帆形是第二个帆力来源。

船D有很深的帆，动力更大。船E的帆是平坦的，帆力更小，阻力也小。

图8.3：扭曲是第三个帆力来源。

船F的帆后缘很紧，扭曲很小，帆力最大。船G有开放的帆后缘，或者说扭曲很大，这会卸掉帆力，气流更顺畅。

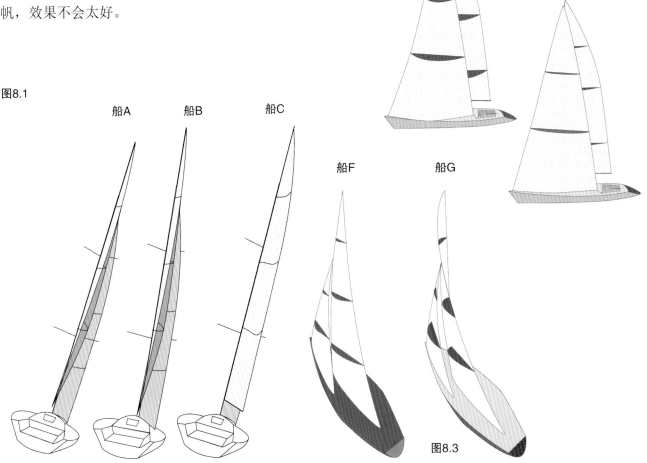

图8.1

船A　船B　船C

图8.2

船D　船E

船F　船G

图8.3

8.3 中等风下的调帆

我们这里把中等风，定义为强度足够能让船员全部去压舷的风。对于一些帆船，这可能只是7节的小风。对于其他帆船，这意味着达到10节的风。这时，调帆就变成了权衡与折中的游戏。当船获得全部所需的帆力时，你可以通过改变帆力的配比，用一个帆力来源，来替换另一个来源，进一步精调帆力。

调帆

与前面一样，我们要操纵帆力的来源。在中等风下，横杆要调节到船的中心线，迎角由舵手管理，我们下面将会看到。

缭手调节帆的弧深和扭曲，它们影响着船的速度和角度能力。第一步是把帆收紧到接近出现气流分离，以最大化升力。主帆后缘的气流线在大部分时间都应该向后飘，偶尔会有气流分离。前帆相对于主帆要收紧，直到主帆出现稍微的反受风。从这个起点出发，我们再继续精调。

若继续收紧缭绳，这会进一步关闭帆后缘，使帆出现气流分离。为了保持气流通畅，需要采用一个更加平坦的帆形。这样，我们就通过绷紧的帆后缘（扭曲更小）增加帆力，同时利用更小的弧深来减少帆力。平坦、后缘封闭的帆形可以改善角度，但是会伤害速度和加速能力。

换一个思路，我们也可以调出一个更深的帆形，扭曲也更大。增加的深度会增大帆力，但增加的扭曲却又减少了帆力，这就导致总帆力不变，但是帆力的组成比例却变化了。更深的帆形可以增加在破浪和加速时的力量。

我们也可以尝试扭曲很小、弧深更大的帆形。这样的帆形有可能使气流分离、减少升力，

或者产生过度的侧倾和舵性。类似地，我们还能尝试平坦、开放的帆，这样产生的总帆力更小，可能会损害速度和角度。

图8.4：在中等风下，我们把帆调到一个很窄的迎角——跑高角度，横杆放到中心线。帆的弧深、扭曲的变化，控制着帆力的组成：平坦的帆形、封闭的帆后缘适合平静的水域；弧深大、扭曲大适合多浪水域。

船A：在平静水域，调帆时展平帆，扭曲很小。

船B：在碎浪中，增加弧深以增大帆力，增加扭曲，使船在波浪中纵摇时，帆力能保持稳定。与船A有着同样的总帆力，但是组成不同。

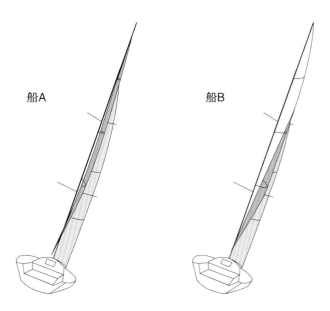

在整个中等风力范围内，随着风力增加，调帆的选择也变得越来越多。在中等风力范围的上边界（大风），你可以占尽全部好处——全速行驶、角度良好。此时，调帆要求创造足够的弧深，以保持船员全部压舷、帆后缘封闭、气流刚好要分离，这样能获得最大的角度能力。

弧深和扭曲的最优组合取决于海况。碎浪

越大，弧深就要越大；而平坦、收紧的帆后缘，在平静水域能提供全速和良好的角度。类似，结束迎风换舷时，更深一点的帆形能帮助船加速，也需要更大的扭曲来防止气流分离。达到全速之后，帆可以展平，帆后缘可以再次关闭，使得行驶角度更加贴近风向。见图8.4。

操舵

中等风下的操舵就是在不损失速度的前提下，通过一系列的细微努力，尽可能地跑高角度。舵手操纵迎角，试图带着速度跑高角度，同时敏锐地应对任何的帆力损失。当帆力减少时，舵手把船头朝下风压，以扩大迎角、重建速度和保持速度。舵手必须全神贯注地感受帆力的损失，在真正损失速度之前就做出反应。

舵手靠船感和前帆上的气流线引导掌舵。

前帆的气流线

中等风下的近迎风临界角度，可以细分为加速、全速和高角度三个范围，见图8.5。

加速是最低的角度范围。当船速太慢时，舵手把船向下风推，形成更宽的迎角和更大的帆力。迎风换舷结束时，或者要冲过几道大浪时，舵手会让内侧气流线向后飘、外侧气流线跳舞。通过向下风压，直到外侧气流线活跃（但是没有出现气流分离），你就获得了最大的帆力。除了跑一个低角度，这种模式下的缭绳可以稍微放松。

当你接近全速（最高近迎风速度）时，舵手把船稍微地转向上风。缭绳此时应该完全收紧。气流线笔直向后飘，船将保持全速。

到达全速后，舵手可以偷偷地把船朝上风转成角度模式。内侧的气流线会抬高，船会失去一些帆力。如果帆力损失不是很大，你可以继续在更高的角度上保持全速。如果不能，那就向下回到原来的全速模式，然后再次尝试。在角度模式下，不要太贪心。你可不想真的损失速度，结果被迫要一直向下回到加速模式来重新加速，或者是损失刚刚获得的角度。

如果内侧气流线开始跳舞和打转，那么你就不是在跑角度模式——你就是跑得太高了（pinching）。停止这样做！

图8.5：全速航行，气流线需要向后飘。要想提高角度，内侧的气流线可以抬升。要想增加帆力，转向下风，直到外侧气流线开始跳舞。

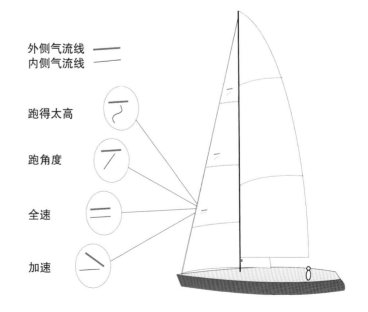

8.4 轻风下的调帆

在轻风条件下，船员坐在船内，我们寻求尽可能大的帆力。在稍微大一点的中等风条件下，缭手可以指导舵手，帮助进行细微的改进，这就是良好速度和优秀速度之间的区别。

在轻风下，舵手带路，缭手跟随，缭手根据航行角度、真风角度和视风角度进行调帆，这些变化舵手很难追得上。

操舵

我们的第一个目标是速度，风越小，舵手就要越激进地增大迎角、增加帆力。只有先跑低角度，建立速度之后，你才能再提高角度。

轻风下，应以全速模式靠气流线行驶，两侧的气流线都要向后飘。不要试图跑角度。低角度加速模式很容易导致气流分离。在你转向下风时，最好先放松帆，否则会导致帆的下部气流分离。在风不稳定的条件下，不要去追逐风。保持平滑、稳定的航线，让缭手去追逐风。过度转舵会导致停船！

调帆

风越小，我们的调帆技术就越似乎有悖常理。同样，迎角是帆力的第一个来源。取决于风有多小，缭绳可以较中等风力放松一英尺或者更多。你确定是放松缭绳？

是的，虽然放松缭绳能够减少帆力，但是我们无法从微弱的气流中获取力量，而收帆过紧只会导致气流分离。因此帆要放松，让气流顺畅流动。另外，当舵手跑低角度，跑大迎角时，需要放松缭绳，以匹配舵手的航向。我们的目标是先建立速度，而这一点最好通过先跑低角度来实现。先跑出速度来。通常，我们会说，"速度第一，角度第二"。但是在轻风下，"速度第一，速度第二，然后才是角度"。

风的速度和角度在轻风下是不稳定的，缭手需要不断地调帆、追赶风的变化。目标是要在保持气流流动的同时，最大化帆力。收得过紧的帆会出现气流分离，失去气流。

帆力的第二个来源是弧深，我们需要弧深。轻风下，我们总是在试图加速，较深的帆形最适合这种情况。当帆力不足时，弧深能够提供最强的帆力。但是在极端小风的情况下，如果帆弧深太大，气流是无法贴着帆流动的。这个时候，放松后支索让桅杆笔直，凹陷前支索，放松后拉索，增加帆脚的弧度，让帆脚的形状至少同帆中部的形状一样深。前缭滑车向前移动，以增加帆脚的弧深，这类似于放松后拉索。同样应该放松升帆索，在帆前缘的上部留下几道水平褶皱。升帆索张力太大会使弧深前移，更难以建立气流。

缭绳放松、迎角变大、大弧深增加帆力之后，最后一个变量就是扭曲。为了增大帆力，我们希望扭曲要小，这样就出现了一个看似矛盾的地方。实际上，我们最终会以非常大的扭曲行驶，原因有多个。首先，额外的扭曲能促进气流畅通，没有气流，就什么都没有。其二，轻风下，风力梯度现象要比强风更显著。即桅杆顶部的风要比甲板高度的风强很多。高处的强风会导致一个更宽的视风角度。因此调帆需要有更大的扭曲，以匹配这种视风角度，见图8.6。

扭曲要有多大呢？要足够使气流线飘起。为了实现最大帆力，我们希望扭曲要尽可能地小，但又同时能保持气流顺畅。尽可能地收紧帆，同时保持气流线向后飘。

图8.6：轻风下，高处的真风通常要比低处的真风强很多，这导致顶部的视风角度更大。调帆加入扭曲，以匹配风力梯度、保持气流流动。

图8.7：轻风下，使用较深的帆形来产生帆力，要有足够的扭曲来防止气流分离，宽迎角便于加速。随着速度增加，转向上风的同时收帆，以减少扭曲和保持迎角。

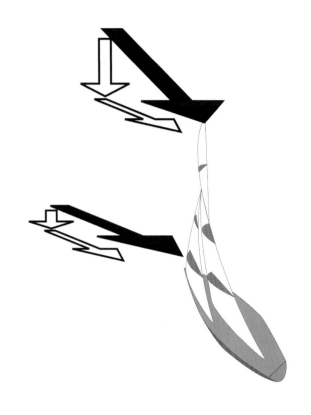

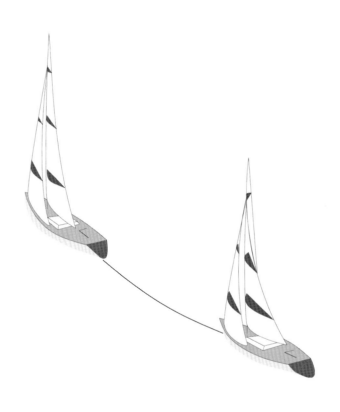

随着速度增加，你会发现，此时可以收走大部分扭曲。更快的船速带来了更快的气流，这样扭曲即使小一些，空气也能保持贴着帆流动；更快的船速还能减少巨大的视风风力梯度的影响，同样，这也会减少一些扭曲。

因此，起步要采用较宽的迎角、较深的帆形、足够的扭曲。等速度起来之后，再试着提高角度。调帆去除扭曲，以保持帆力。但是要小心，务必要维持气流贴着帆流动，见图8.7。

极端轻风下的调帆

随着风从轻风变成极端轻风（extremely light air），这就需要更平坦的帆形。你没看错。在极端轻风下，需要平坦的帆，因为风的强度不足以贴附非常深的帆形。正如我们利用扭曲来促使轻风贴着帆面流动，我们也用扭曲和平坦的帆帮助极端微弱的气流开始贴着帆流动。船速稳定之后，保留扭曲，再增加弧深。有了弧深之后，然后开启轻风航行模式，同前边我们所讲的方法一样。或者干脆回去打高尔夫。

8.5 大风下的调帆

强风，是指超过了帆船全速行驶所需的风，它对逆风速度的改善很微弱。事实上，风很

大的话，逆风速度还会随着风的增加而减小，因为风阻会增加，海浪也会变大。当我们具备充足的帆力之后，速度就完全取决于怎样减少阻力。

对抗阻力

大弧深的帆、飘帆拍打的帆，还有收得过紧的帆都是阻力的来源。平坦、收紧但恰好不飘帆的帆产生的阻力最小。

反受风（backwinding），这与飘帆不同，它并不是一个问题。有时候，主帆有超过一半的面积会鼓起"泡"。与调帆消除鼓泡、产生过大的侧倾力相比，我们宁可保留这个鼓泡。当你面对这样的选择：究竟是让主帆拍打飘帆，还是承受过度的侧倾和上风舵？这时选择更小的帆面积反而效率更高。尝试引入很大的扭曲，比如把前帆缭绳滑车向船外移动，直到你找到一次换帆或者缩帆的机会，见图8.8。

过度的上风舵会在舵上产生很大的水流阻力。类似地，过度的侧倾也是阻力增加的一个原因。

总帆力

正确的总帆力可以通过几种方法获得。随着风力增大，帆力需要减小。首先，试着展平帆，其次增大扭曲，最后，减少迎角，见图8.9。

对于给定的风速，调帆的平衡取决于海况。在平静水域，平坦的帆配合封闭的帆后缘，能实现最小的阻力、最佳的速度和最高的角度。但在多浪条件下，需要有更深的帆形来提供破浪的力量。更大的扭曲能够增加近迎风行驶的临界角度范围，防止帆力过大。

正确的调帆需要测试才能知道，尽量维持环境所能容许的最大速度和最大高度（角度）。如果角度很差，可以试着收紧帆，尤其是主帆。如果船纵摇（pitching）很厉害，最快的解决办法是跑更低一点的角度，同时增加帆形和扭曲。

试着在不减少迎角的情况下实现正确的帆力。重点先是把帆展平和改变扭曲，之后是把主缭滑车向下风放（或者是把前缭滑车向外放）。减少迎角通常会导致行驶角度更低。保持对船的控制，同时跑出一个高角度，见图8.9。

图8.8：减少大风下的帆力

展平帆，滑车向下风放，必要时放松缭绳来增加扭曲。主帆可以反受风——宁可让一半的帆反受风，也要好过帆力过大。

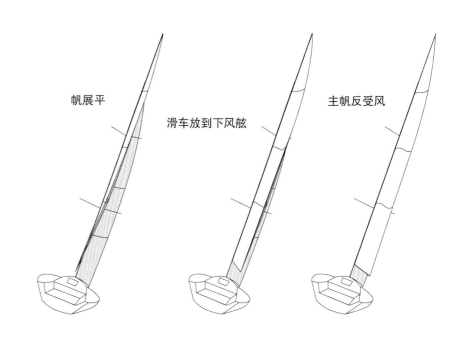

帆展平　滑车放到下风舷　主帆反受风

在一些船上，用扭曲减少帆力，船会跑得更快些；而在另一些船上，最好使用迎角减少帆力。关于两者的区别，参考"第6章 主帆的调节和控制"，第66页关于扭曲和迎角的讨论。

操舵

大风下的操舵，重点在于控制帆力和保持速度。帆力可以通过侧倾角度来衡量。行驶一个能提供充足帆力的侧倾角度，并且有中等的上风舵。这要比观察气流线的活动更加重要。前帆的内侧气流线可能会站立起来，甚至是摆动。船员压舷：压舷的力量越大，速度就越大，见图8.10。

如果很难控制住船的方向，说明调帆不对。下一节的调帆解决方案部分列举了多个操舵问题，以及可行的解决办法。

缩帆

当你已经做完了所有能减小帆力的事情，然而帆力还是过大，那么就要缩帆。但是该怎么做呢？在缩主帆之前，最好先换上一面较小的前帆，有以下几个原因。首先，小前帆/大主帆的组合能让你更快捷地控制帆力，因为我们可以在遇到阵强风时，把主帆滑车向外放。第二，大前帆/小主帆的配置会带来角度问题。第三，小前帆要更易于操控。绞盘手总是更喜欢小前帆……

缩帆的一大优势是，它更易于实现。

图8.9：在大风下，我们会减少帆力：先是展平帆，其次通过扭曲，最后减少迎角。每个来源的帆力的具体平衡取决于船的特点和海况。

船A有平坦的帆，很小的扭曲。随着风力增大，扭曲也要增加，以卸掉帆力，如船B。

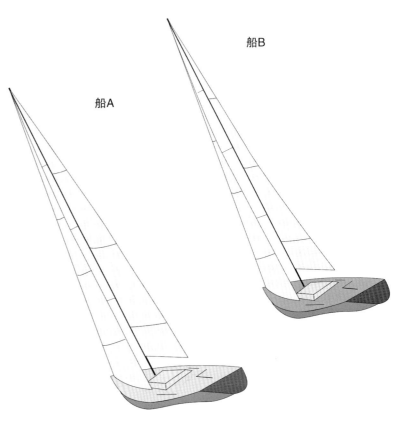

图8.10：不要只是坐在那里。向外压舷！控制侧倾角度能减少上风舵和阻力。这会换来速度。

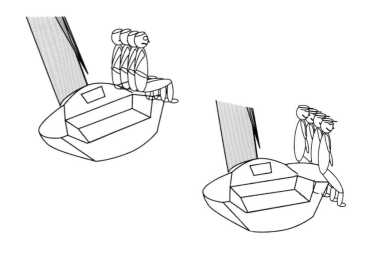

8.6 调帆和战术

在很多场合下，根据战术环境，你需要对直线迎风行驶的最佳调帆进行一些改变。下面，我们讨论几种场景。

起航

杂乱的气流、多碎浪的水面、变化的船速，所有这些都需要增加帆力。更深的帆形能够给予你力量，而增加的扭曲可以助你加速。当船已经达到全速、脱离了起航线、获得了清风，这时平坦、扭曲更小的帆形能提供更好的角度，同时也能保持速度，见图8.11。

跑高模式（pinch mode）

很多时候，高度变成了优先事项，这可能是因为下风有一条威胁你的船，也可能是你想把船朝上风挤。

收紧绕绳，但是不要展平帆。弧深大、后缘封闭的帆能跑出更高的角度，然而会牺牲速度。（是的！在全帆力条件下，平坦的帆阻力更小，较更深的帆形有着更高的角度潜力，但是如果帆形当前已经正好适合当天的环境，你再增加桅杆弯曲、减少前支索凹陷，这会打开帆后缘——这会损害角度。）帆收得更紧一些，这能增加帆力。与其通过展平帆形来获得平衡，不如减少帆的迎角——跑高角度！你的速度会减慢，但是角度依然很高。见图8.12。

脏风

跑低角度摆脱脏风（bad air）时，你感兴趣的是速度，而不是高度（角度）。在转向下风时，增加扭曲、增加弧深，以补偿更微弱（杂乱）的风，见图8.13。

图8.11：起航调帆需要额外的帆力。弧深更大，扭曲更大，这样的帆形最适合加速。

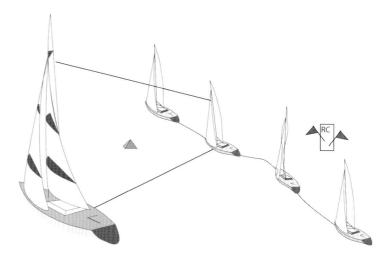

图8.12：船A，要想跑高角度，收紧绕绳，减少扭曲。

图8.13：船B，要想跑低角度摆脱脏风，增加扭曲和弧深。

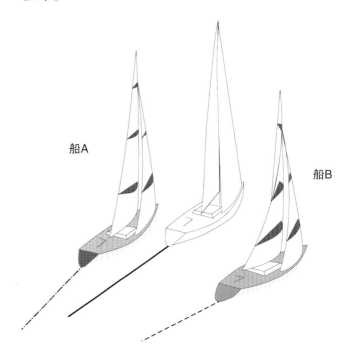

船A

船B

8.7 调帆的解决方案

下面是解决速度问题的指导。你需要对付的变量有很多；这里的具体答案或许是不对的，但是我们希望思路是对的。你要不断地尝试，不断地测试，不断寻找最适合航行条件的方法。找到之后，祝贺自己一下，长舒一口气，然后回去继续工作。环境说不定已经又起变化了。

如果你遇到这样的问题……

船速慢，角度尚可，但是跑得不快

那就试着增加深度来增加帆力，或许可以加入一些扭曲，便于气流畅通……

或者尝试采用很深的帆形，缭绳收到最紧。这是最大帆力设置。调好之后，让船跑一个接近使主帆气流分离的角度。通常，任何能够增加帆力的因素，对船速都是一种改善，但前提是你能控制它。110%的压舱在这里很有用，小心地沿着临界角度行驶也是如此，只需让船全速行驶，帆力不用更大了，见图8.14。

船速慢可能是由于帆的弧深太大，导致阻力太大。展平帆，缭绳收得更紧一些，这样或许能给你同样大小的帆力，但是阻力更小些。

试着让前帆的受力更大一些，前缭再多收紧一些（或许同时可以把前缭滑车稍微向外放）。然后贴着临界角度范围的下边缘行驶。朝下风压，直到帆外侧的下部气流线开始跳舞。前帆的力量增大后（通过增加迎角），主帆或许需要减少帆力。必要时，减少主帆深度或增加扭曲。

在轻风下，跑低角度先增加速度，然后再转向上风。

船A

船B

船C

图8.14：船速太慢？

船A的速度慢。

船B通过增加弧深，增加了帆力。它或许也需要增加扭曲。

船C正在尝试把前帆收得更紧，主帆更松。

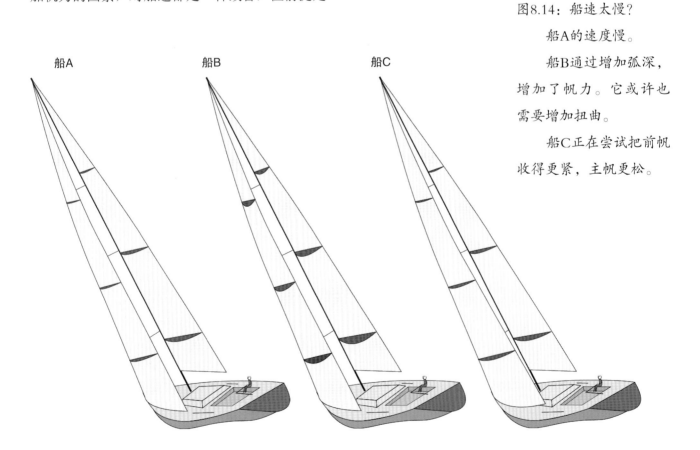

角度太低，跑不了高角度

那就把缭绳收得更紧一些——扭曲太大了。在消除扭曲的同时，你或许还需要展平帆形。

尝试让主帆力量更大、前帆力量更小。帆力过大时，常见的做法是向下风舷放主缭滑车，以此卸掉帆力。此处的危险是损失跑角度的能力。更好的做法是保持主帆收紧，沿着临界角度的上边界行驶；或者在保持主帆后缘收紧的同时，减少前帆力量。当主帆突然不受力时，龙骨相对较小的帆船尤其容易遇到角度问题。在阵强风条件下调节滑车非常有效，但是你要确保每个阵强风吹过之后，重新把主帆收紧。见图8.15。

换成更大的热那亚帆。在热那亚帆适用风速的下边界，你可以保持住速度，但缺乏跑角度所需的帆力。换大一号的热那亚帆。

船速慢且角度低

重新再调一遍帆。通常这是帆收得过紧，或者帆面积不够的征兆。解决这个问题的第一步就是获得速度，先跑出低角度、高速度。然后再改善角度。先放松缭绳来跑出一点速度。增加整体的帆力。换成更大的热那亚帆。

或者在清劲风下，帆的弧深可能太大，前缭滑车可能过于靠前，导致阻力过大，见图8.16。

船底是否清洁？舵手是不是一边指挥着升球帆，一边还要负责战术？

图8.15：跑不出角度吗？

扭曲小一些应该有所帮助。收紧缭绳。在减少扭曲的同时，你或许也需要展平帆形。

或者尝试让主帆力量更大，前帆力量更小。主帆收得更紧一些，或者把滑车拉到上风舷；行驶时让前帆气流线更"软"一些。

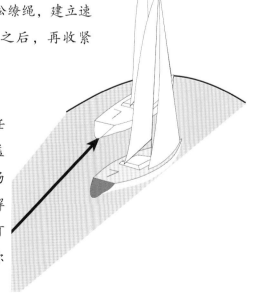

图8.16：速度慢且角度低？

如果速度慢且角度低，你需要重新开始调帆。尝试所有的方法！

首先解决速度慢的问题。速度第一。放松缭绳，建立速度。有了速度之后，再收紧帆，跑高角度。

（没有任何示意图能涵盖所有的可能场景。当你找到解决方案之后，可以在这里放上你自己的插图。）

船转向上风

当帆力过大时，使用某一种方法来减少帆力。减小的帆力来源取决于你在两次转向上风之间的速度和角度。

对于新手，扭曲要大些，因为扭曲能立刻减少舵上的力量，见图8.17。

船对舵的反应迟钝

增加速度和帆力。舵反应迟钝时，往往很难跑出角度。松帆获取速度，然后收紧。增加帆的弧深，直到接近让主帆飘帆。如果主帆真的出现了气流分离，增加一点扭曲，促进气流畅通。见图8.18。

如果你有一面更大的前帆，那就换上它。

如果速度良好，即使船感不好，那就忍受这一点。

图8.17：船A帆力过大，失去控制地转向上风。船B，扭曲更大，可以控制。

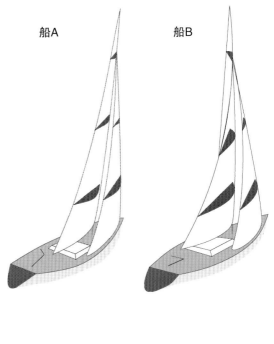

船A　　　　　　船B

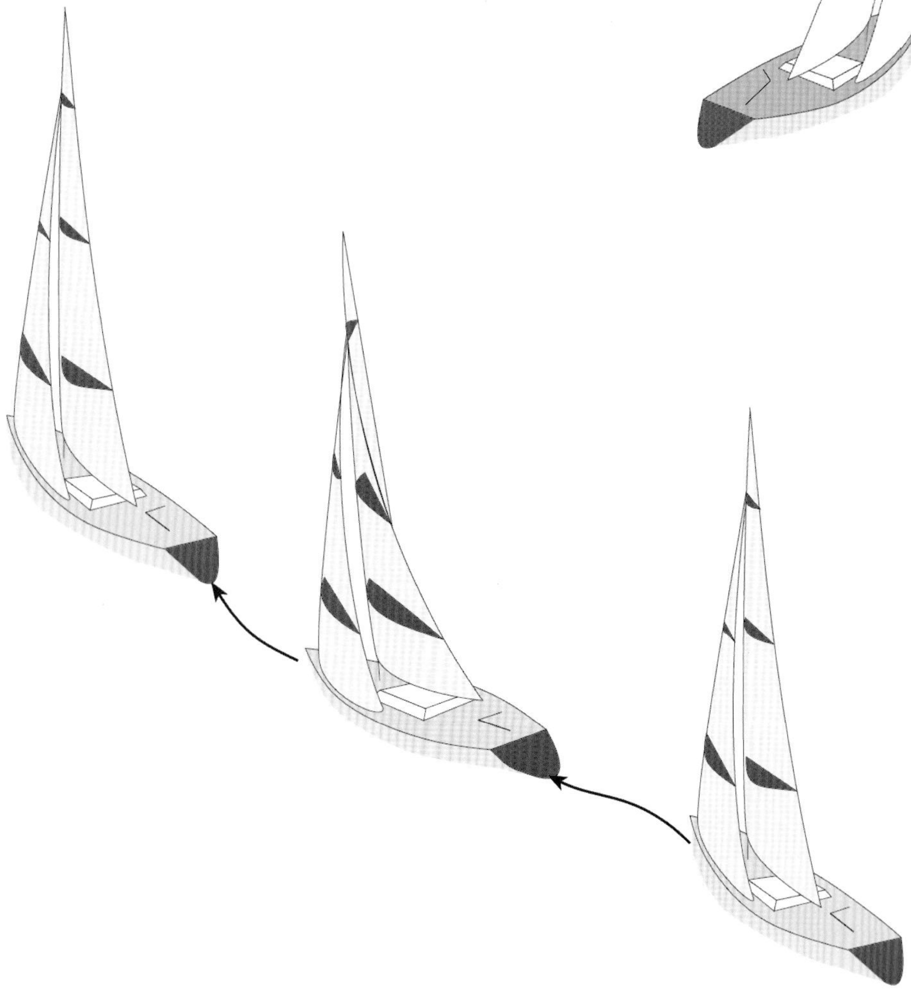

图8.18：舵反应不灵敏。

增加帆力。轻风下，增加侧倾有所帮助。或者，如果速度良好，那就忍着吧。（欢迎参加J-Boat帆船竞赛！——这种问题常出现于J-Boat帆船上。）

超临界角度（hyper critical groove），一会儿内侧的气流线打转，一会儿外侧的气流线跳舞

通常有两种方法来扩宽操舵临界角度。教科书上的解决方案，是收紧升帆索，把弧深向前拉，使入角饱满，见图8.19。

通常，更有效的一个解决办法是，放松若干英寸的热那亚帆缭绳。前支索凹陷也能帮忙。当然，如果你跑的角度很高，速度也很快，或许可以考虑另一种替代方法：忍受这一点。

超临界帆力。船一会儿被风压倒，一会儿又直立飘帆？就是无法稳定在一个恒定航向和侧倾角度上？

那就尝试更多的扭曲。现在的情况是整面帆同时吃风、同时泄风。增加扭曲可以让帆更缓和地受力和卸力。前缭滑车向后移动，放松主缭，同时把滑车向上风拉。

在阵强风条件下，激进的调节缭绳和主缭滑车也能产生影响。有时遇到阵强风，单是热那亚帆的面积就有些过大了。尝试更换一面更小的前帆和更强大的主帆；然后在阵强风中调节主帆，见图8.20。

如果当时条件下更换前帆不方便，尝试引入特别大的扭曲：前缭滑车放到最靠后，让热那亚帆的顶部完全打开。

图8.19：超临界角度。

如果你无法让船稳定行驶临界角度，可以放松几英寸的热那亚帆缭绳，收紧升帆索，凹陷前支索。（或者更换更好的舵手。）

船A：更窄的操舵临界角度。　　船B：宽的操舵临界角度

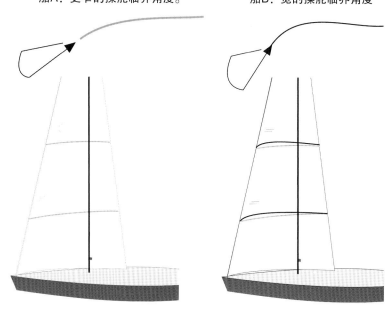

图8.20：超临界帆力。

船一会儿是直立且速度慢，一会儿又朝下风歪倒？试着增加扭曲。扭曲能让帆力逐渐地增加、减少，而不会陡然变化。如果扭曲不够，就会造成要么帆力过大，要么完全没有帆力。

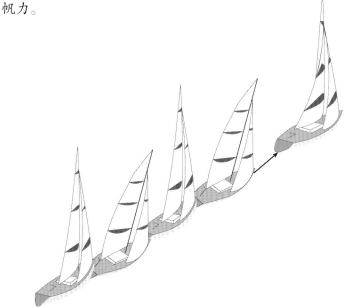

纵摇（Pitching）

这时候你需要更大的帆力。你跑的角度太高了，或者是帆太平坦。跑低角度，增加速度是破浪前行的最佳方法。增加帆的弧深，让帆力更大；扭加扭曲，让操舵的临界角度更宽，并且控制好侧倾。我们这里假设你已经把船的末端上的重物都已经搬走了——尤其是船头和桅杆上。船头是不是还放着锚和帆？不要紧……见图8.21。

船遇到波浪拍击水面

尝试增加扭曲，使船的所有运动都更有力量，并且试着移动船员的重心位置。船员应该聚在一起，密集地坐在船舷上。船员改变坐的前后位置。通常，船员重量靠前能保持船头不离开水面，减少与水面的拍打（pounding）。另一些时候，船员重量靠后，能改变船的纵摇力矩，减少拍击水面，见图8.21。

图8.21：纵摇和拍击水面

当船在纵摇时，你需要增加帆力来驶过波浪。你需要用向前的力量，来克服上下的力量。这或许需要先跑一个低角度，跑起速度来。扭曲能让船在整个运动周期中，都能得到稳定、持续的帆力。当纵摇导致船击打水面时，船可能会完全停止。这时你需要调动所有能够获得的帆力。还有，移动船员重心位置能改变船的纵摇力矩。把所有人聚拢在一起，作为一个整体，前后移动重量。

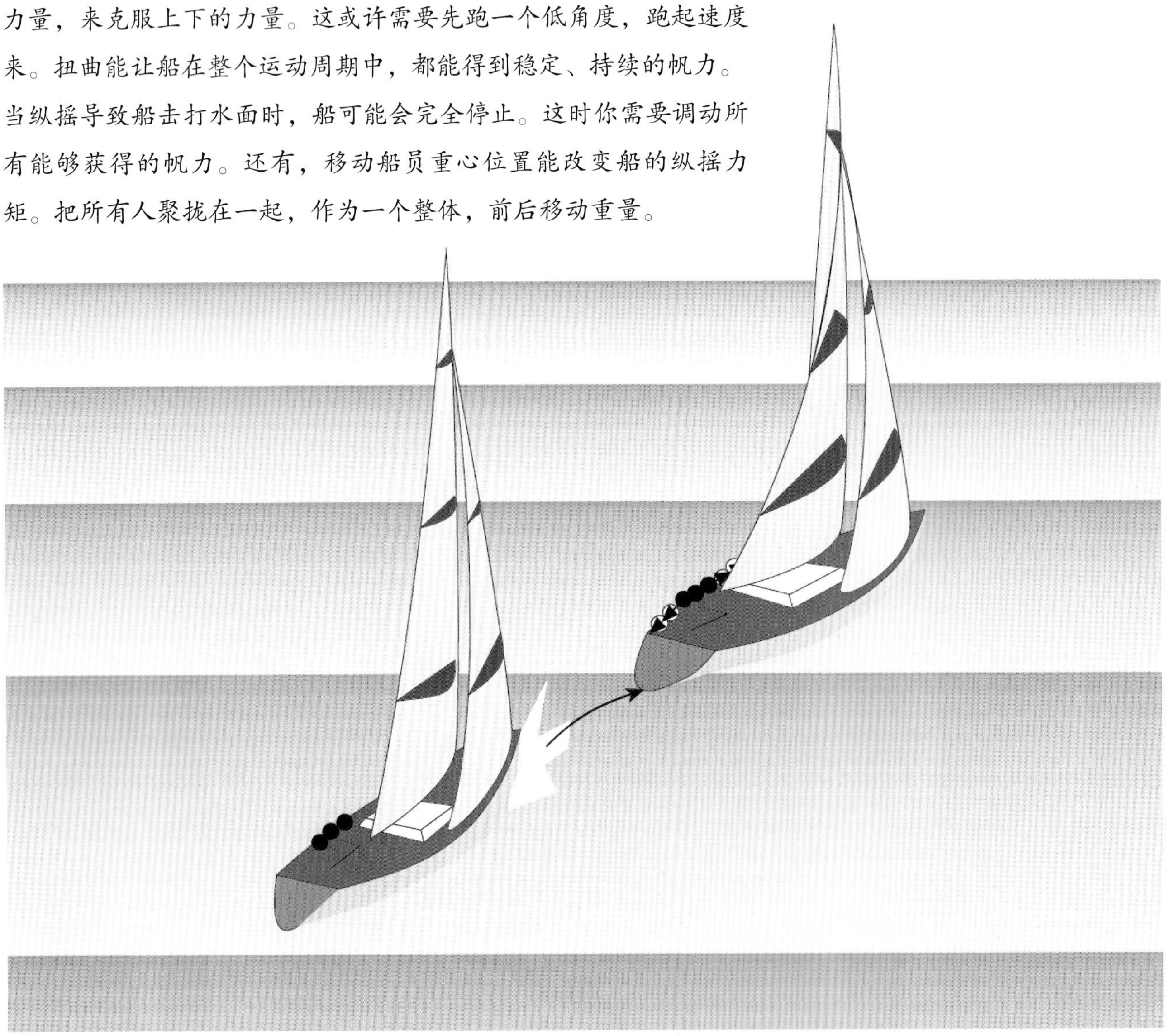

无法在正对船头的波浪中跑出角度

通常，波浪并不是垂直于风向传播过来。但有些时候，在某个受风舷，你会遇到正对船头的波浪，而在另一个受风舷，是船横正对波浪。这两者的调帆是不一样的。

通常，在多浪条件下，你需要利用扭曲来保持帆力、克服纵摇。绷紧的帆后缘的工作角度范围太窄。而扭曲的帆可以应对不断变化的视风角度——因为船在波浪中的运动会改变视风角度，见图8.22。

对于船头浪导致的跑不出角度，一种解决办法是利用速度。调帆时加入扭曲，并且保持好速度，或许就能解决角度问题。如果波浪的波长足够的长，那么在上一道波浪的背上，转向下风并且建立速度，然后再冲过下一道波浪。然而，事实的真相是，这个方法很少管用：因为海浪的波长通常太短，无法容许这样掌舵。这种技术，在书上见到的次数要比在现实中用到的次数多。

上风舵可以帮助你在波浪中跑出角度。当你无法突破每一道浪时，这时你希望船能够自己控制好方向。调帆正确的船能够在波浪中自己找到最佳路线。其中的技巧就是调出足够的上风舵，让船自动转向上风的力量，与波浪推着船头朝下风偏转的力量，相互平衡。

这样即使你无法驶过波浪，但是也可以利用调帆通过波浪。调节滑车（或者主缭，如果足够迅速的话）来控制船的方向。你希望在驶近每一道浪的正面时，船能够产生上风舵，来抵消波浪把船头朝下风压的力量。在两道波浪之间，放松调帆，减少上风舵，跑低角度并且建立速度（和帆力）。你可以利用调帆的方法，驶过波长太短、难以掌舵通过的碎浪。

另一种解决方案是，完全不再顾虑角度。

快速行驶，碾过波浪。你可以利用额外的速度，来补偿额外行驶的距离。

遇到船横方向的波浪，船无法跑出角度

当波浪从船横方向或者接近船横的方向过来时，船头倾向于随着每一道经过的浪朝下风偏转。为了保持船头贴近上风和维持角度能力，你要增加上风舵。上风舵能保持船头指向上风。你可能过增加帆力——尤其是主帆的力量，来增加上风舵。更大的弧深或者更紧的缭绳应该可以起到作用。在轻风下，额外的侧倾可以增加上风舵——让船员靠里坐，减少压舷。等到帆力足够时，只通过调帆产生上风舵，船员全部去压舷，获取所有你能控制的帆力，见图8.23。

在某一个受风舷上速度快，但是另一个受风舷速度慢

对于新手，我们假定你的桅杆系统的精调是左右对称的。测量桅杆的顶端和底座，检查在两个受风舷上的桅杆弯曲和横向弯曲。详情参考"第15章 桅杆系统的调节"。

如果两个受风舷上的区别无法归因于不同的波浪角度，正如前文提到的，那么原因也可能是风切变现象（wind shear）。

风切变是指高处的风向与低处的风向有差异。（风力梯度现象是风速上的差异，高处的风总是更强——梯度现象在轻风下要比强风更加明显。）

风切变大部分时间发生在冷水之上。检查是否存在风切变，观察两个受风舷上的测风仪的角度读数。如果测风仪在一个受风舷上显示接近顶风，而在另一个受风舷上却显示横风角度，那么你现在就遇到了风切变。

图8.22：在船头对浪时，调帆要有足够的扭曲和弧深。扭曲是为了让你船在纵摇时保持帆力均衡，弧深是为了提供足够的力量来抵抗波浪。

图8.23：在船横对浪时，调帆的扭曲更小，尤其是主帆。你必须保持拥有足够的上风舵，以防止船头被每一道经过的波浪朝下风推。

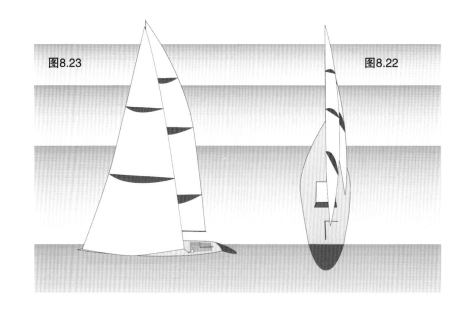

图8.24：如果两个受风舷上的速度差异很大，这可能是由于风切变现象造成的，即高处的风向与低处的风向不同。当高处的风向是在前方时，调帆不要有扭曲；当高处的风是从后方吹来时，调帆要有非常大的扭曲。从战术上讲，朝着高处的风向行驶是有利的，因为它最终将占据主导地位。

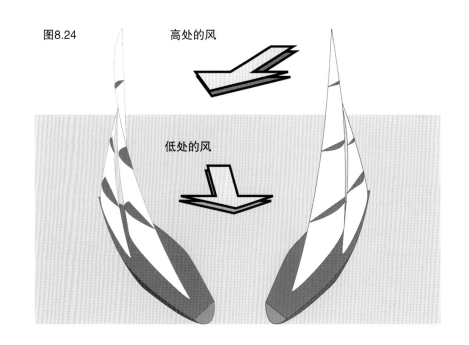

在风切变中，整体的船速会有损失，但是如果能在每个受风舷上分别调帆，情况则会大为不同。

在桅顶接近顶风的受风舷上，调帆要消除扭曲。主帆缭绳要额外收紧，前缭滑车要靠前放置。在高处的风更靠后的受风舷上，加入大量的扭曲；滑车放到上风舷，放松主缭；前缭滑车向后放，并且放松前缭。

从战术上讲，行驶桅顶受顶风的受风舷是有利的，因为这个受风舷能够让你朝着新的风向（未来的风向）行驶，见图8.24。

船刚才速度很快，现在变慢了

多年以来，我一直不断向我的船员允诺会更换一条新船。我们自认为已经完全精通了旧船，已经学会了所有能学到的知识。新船将会是一条火箭飞船。只是我们现在还不知道该怎么开……

不同的船要求采取不同的技术。一些船最好携带一面大的热那亚帆，在比你的预期更大的风中航行；而另一些船最好早早地换上更小的帆。

类似地，在一些船上，遇到阵强风时，最好通过调节滑车来控制侧倾和上风舵，而在另一些船上，改变扭曲更有效。

做好努力长期学习的心理准备。你可以借助外界的帮助、对新的想法保持开放的心态，这样或许能进步更快一些。多尝试一些新东西。反正几乎所有的调节都能重新改回来，所以放心大胆地尝试吧……见图8.25。

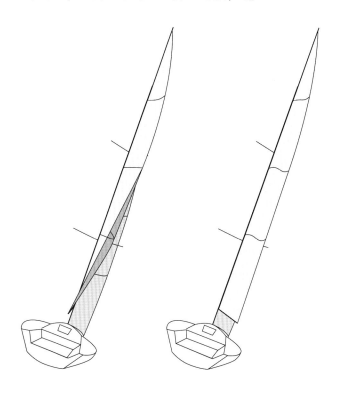

图8.25：不同的船型设计会对不同的操作技术做出响应。例如，一些船最适合通过改变迎角来控制侧倾，而另一些船改变扭曲更有效。

8.8 过多的选择

本次练习的目的之一，就是针对特定的船速问题，给出特定的解决方案。我想传达一个更普遍、更长久的信息：容许操作的变量实在是太多了，你要不断地去尝试。记住，你不只想要正确的总帆力，而且还想要正确的帆力组成配比，见图8.26。

图8.26：啥？这么多的选择，什么时候该怎么调节哪一个，这太难记忆了。谁能知道哪个会管用呢？你只需要记住：每面帆都有三种改变帆力的方法，你可以改变主帆和前帆之间的平衡。而且你能改变操舵的风格。不要畏惧。不断去尝试，直到找到答案……

第9章
顺风操船

9.1 引言

9.2 升球帆

9.3 球帆顺风换舷

9.4 球帆降帆

9.5 球帆先升后降换帆

9.6 三根升帆索系统

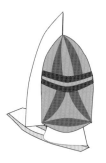

第9章　顺风操船

9.1 引言

没有什么比操作球帆更能考验团队合作和熟练程度了。本章讲解操控球帆这个"野兽"的技巧和方法。后面的第11章，我们会探讨怎样调节球帆。

本章专门讲解传统的球帆（spinnaker），即使用球帆杆的对称球帆。下一章讲解要用船首斜杆（sprit）撑起的不对称球帆。阅读完本章节后，你或许也想换一下球帆。

在整篇讨论中，我们使用与操船类似的"分而治之"的方法：一组船员利用现有的帆驾驶帆船，同时另一组船员操作升帆、换舷和降帆，见图9.1。

注意：下文的内容非常准确和完整，以致于不需要练习。你只需大声向船员朗读相应的章节，然后就可以出发了。

球帆缭绳

高科技绳索的强度非常大，而且重量轻，唯一的限制因素就是你能不能握住绳子。对于装有两根缭绳和两根牵绳（guy）的球帆，两根绳子引到同一个卸扣。因为牵绳的重量很轻，轻风下，你大可放心地扔掉，而且这样省下了安装第二个卸扣的额外重量。牵绳的末端应该做一个绞接绳环。绳子用双合结（cow hitch）系在卸扣上。你也不用担心少用一个卸扣节省下来的钱花不出去——购买高科技绳索会把这笔钱消耗掉。

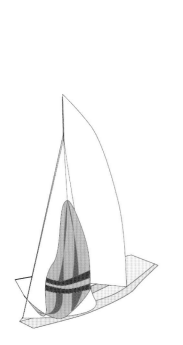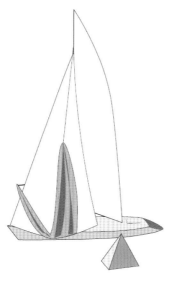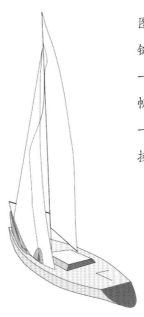

图9.1：成功操船的关键是"分而治之"：一组船员利用现用的帆驾驶帆船；同时另一组船员操作升帆、换舷或降帆。

9.2 升球帆

升球帆要从认真地打包和正确地挂帆开始。大部分对称球帆都可以这样打包：在塞进帆包的同时，捋顺帆前缘带，确保帆没有扭曲。大

型的热那亚帆和大风球帆可以分段升起。每一段用橡皮筋或者细绳绑住，每段相隔3英尺。球帆用橡皮筋绑住，穿过一个球帆"炮筒"，或者是无底的套桶，再塞进帆包，见图9.2。

无论怎样打包球帆，帆顶和两个帆角应该留在帆包的开口。每次升帆之前，再三检查，确保升帆索和缭绳没有缠在一起或打结，见图9.3。

转向下风升帆

转向下风升球帆是最简单的。在你近迎风驶近标志时设置好球帆杆，转向下风到达横风，然后升帆。

大部分帆船上，球帆可以从前甲板的舱口里升起来。其他替代方法是从下风舷的船舷、侧支索的前方，或者是从舱梯口升帆。不要从船头升帆。在船头升球帆，会导致船头承载过多的船员和器材重量。

从前甲板舱口升帆有以下好处。首先，球帆缭绳和牵绳可以在比赛之前就挂好，航行中升帆时只需连接升帆索。其次，在大风浪下，放在下风舷的帆容易被冲出帆包。如果你偏爱从帆包中升帆，那么在风浪大时，把帆包钩在前甲板的中间，而不是船舷。

图9.2：认真地打包球帆。大风球帆应该分段升起，这样能防止它们在升起时过早吃风。可以把球帆做成直线分段，也可以像"青蛙腿"一样分段。

图9.3：把球帆打包在深帆包或者箱式帆包里，帆顶和帆后角要留在最上层固定。

预装配

在比赛之前，计划好你的第一次升帆。如果你想从舱口升帆，球帆缭绳和升帆索要放在正确的一侧，并且系好缭绳和牵绳。对于舱口升帆，牵绳钩在帆前角上，缭绳卸扣同时扣住帆后角和帆顶。是的。后面我们会讲为什么要这样做。

球帆杆也要预装配好*。球帆杆应该放在船头上，系好牵绳、吊索和下拉索/前牵绳（foreguy）。

球帆杆还可以安装在桅杆滑轨上，只要桅杆滑轨能够一直延伸到甲板，这样就不会干扰迎风换舷。否则，球帆杆可以固定在侧支索上。见图9.4a、b。

预装配好牵绳，只需把绳子穿过球帆杆的钳口，确保绳子没有扭曲，或者缠在求生索上。

下拉索预装配时，留下一定的松弛量，这样等你拉起球帆杆、收起松弛时，球帆杆会处在一个适合升帆的高度上。

预装配好球帆杆吊索，连接到球帆杆上，向后收紧，顶住桅杆，这样在迎风换舷时就不会妨碍前帆。绳子穿过球帆杆靠近船内的钳口，把球帆杆固定住。如果球帆杆的内端没有钳口[比如降杆式配置（dip pole rig）]，那么就要再想个办法把球帆杆吊索向后拉。你可以用一个卸扣、尼龙搭扣带，或者绑帆绳。避免使用钩子，因为它容易钩住吊索以外的东西。

升帆

舱口升帆

挂帆需要以最快的速度进行。如果你已经提前装配好，舱口升帆时，你只需挂上球帆的升帆索。在你的倒数第二个受风舷上，驾驶舱船员应该把升帆索尾巴拉到船舷上，这样等到需要放松时，船员基本不需要移动。前甲板船员把升帆索连接到帆顶。但是等一下，既然帆在前舱口的下方，你怎么能抓到帆顶呢？

这里有诀窍：在你预装配缭绳时，已经把帆顶和帆后角都钩在同一个缭绳卸扣上了。现在你可以拉动缭绳，顺着绳子抓到帆顶。升帆索钩住帆顶，然后打开缭绳卸扣，重新把缭绳卸扣只系在帆后角上。注意不要搞混。

在你迎风换舷时，存在热那亚帆缠住球帆升帆索的危险。为了防止这一点，升帆索的松弛量需要很大。在迎风换舷之前，抓住松弛的部分，防止升帆索缠住撑臂。迎风换舷的同时，松弛的升帆索会向下风舷凹陷，从而避开热那亚帆。

下风船舷升帆

如果你不从舱口升帆，那么你需要把球帆带上甲板，帆包钩在船舷上，然后挂上缭绳、牵绳和升帆索。球帆器材应该提前装配好，这样你就不需要船尾的水手来帮忙。如果你不得不呼喊舵手或缭手来放松球帆器材，就该更改一下你的预装配方法。分而治之的原则不能忘。见图9.5a。

尚在迎风行驶的时候，就连接好球帆缭绳和升帆索。通常这意味着，对于右舷升球帆，你要在最后一段左舷风时就系好缭绳和升帆索。在连接缭绳的同时，连接好升帆索。这里有一个危险：在你迎风换舷时，热那亚帆会触碰球帆升帆索，最终把球帆从帆包里拉出来。为了防止这一点，升帆索的松弛量要非常大。在迎风换舷之

---

*译者注：各种绳索的功能和配置方法，参考书末词汇表的插图。

前，用手拉住松弛部分，防止升帆索缠绕撑臂。在你迎风换舷时，松弛的升帆索会向下风舷凹陷，从而避开热那亚帆。

在风浪较大时，在驶近标志的过程中，帆可能会从帆包里颠簸出来。可以试着把球帆包系在前甲板的中央，或者是桅杆的底座上，让它保持远离水面，并且在帆挂上索具之后，把帆包重新系紧。在转向下风升帆时，再打开帆包。

图9.4a：预装配好球帆器材。对于舱口升帆，系上缭绳和牵绳，把升帆索放在准备升帆的位置。球帆牵绳穿过球帆杆的末端，球帆杆连接吊索和下拉索，然后固定在侧支索的基座位置（图9.4a），或者是在桅杆滑轨的底部（图9.4b）。注意下拉索的松弛量正好等于球帆杆升起的初始高度。

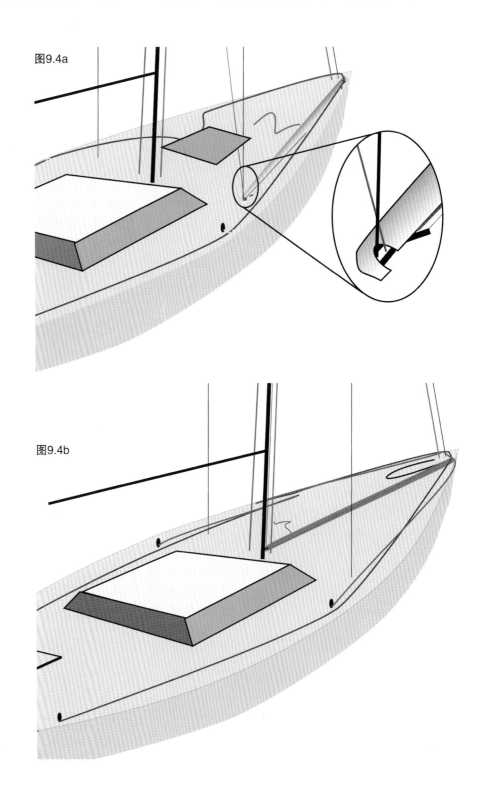

图9.4a

图9.4b

图9.4b：在安装双缭绳和双牵绳的船上，每一对缭绳和每一对牵绳都应该系在同一个卸扣上。在准备下风舷升帆时，绳子要预留足够的松弛量，这样就不用再呼喊船尾的水手放出绳子。在这张图上，我们看到球帆杆已经预安装在桅杆滑轨上，前牵绳已经松弛，预留了正确的初始长度。

升起球帆杆

在绕标航线上迎风换舷时，不要立即升起球帆杆。如果时间允许，向外压舷（或者躺平不动），直到船达到全速，然后再升球帆杆。到达全速之后（而且确保能够正确过标），前甲板船员可以走上前，升起球帆杆。驾驶舱船员，坐在船舷上操作球帆杆吊索的绳尾，收起吊索的松弛部分。没有必要让船员离开船舷去操作吊索的绳尾。在你上一个受风舷行驶时，就把绳尾拉到船舷上。当球帆杆升起后，打开舱口，把球帆的三个端角拉到前甲板上。见图9.5b。

有几个额外的细节值得提一下：升帆时每个人需要做什么，为了稳妥起见，最好先复习一遍；确保前帆的升帆索是解开的、摆好的，随时能降前帆。

升球帆

你要准备好在标志处升球帆。在帆放松、船直立的时候升球帆，除非是战术师要求推迟升帆。船员继续压舷，以保持驶向标志的速度，一直等到升帆。不要站在船上"预备"等待升帆。

除非是在大风天，在驶近标志时，提前拉动球帆牵绳。升帆时，牵绳必须拉紧到靠近球帆杆的位置，以防止帆在升起时拧转。见图9.5c。

球帆缭绳的松弛部分也要收起来，防止帆拧转，但是不要收得太紧，以至于球帆提前吃风，必须等到升到顶，球帆才能吃风。接近升到顶时，牵绳可以放到一个远离前支索的位置，与风向垂直。升帆过程中，主帆和前帆必须放松，以保持正确的调帆和船速。见图9.5d。

升起球帆之后，要降下前帆。在轻风到中等风下，在球帆升到顶的时候，热那亚帆应该是在下降的。大风下，帆船正在使用工作前帆航行时，先放松前帆缭绳，等到船在球帆之下稳定之后，再降前帆。当船受控之后，船员向前走到船头，降下前帆，但是也可以让前帆继续飘扬，发挥支索帆的效果，以增加船速！关闭舱口。见图9.5e。

如果升球帆时发生了延迟，继续用主帆和前帆行驶，尽可能减少损失。

换舷升帆

当球帆赛段与绕标是相反的受风舷时，采用换舷升帆的方法。例如，左舷过标之后是左舷受风的球帆赛段。换舷升帆要比转向下风升帆更困难，因为你无法预先设置好球帆杆，你必须要等到顺风换舷。成功的换舷升帆，还有其他几个关键细节。

我们假设标志是在左舷。我们将以右舷受风驶近标志，转向下风，然后换舷之后再以左舷侧顺风行驶下一赛段。

在船首护栏的后方、右侧的船舷上，挂好球帆。球帆杆应该设置在前支索的左侧——用于跑左舷风——球帆杆的吊索、下拉索和牵绳也分别就位。小心不要让牵绳缠住什么东西。吊索可以安装在前帆缭绳的下方——在做赛前准备时，它一般在这里。另一种方法是，如果吊索足够长，可以安装在前帆的外侧，在左舷。

在你绕标、转向下风到达侧顺风的同时，开始升球帆。同时，拉缭绳（右舷侧），力量刚好足够让球帆的两个帆后角分开。暂且不要收紧球帆吃风，先等待球帆已经升起来，牵绳也已经收紧。下一步，顺风换舷。确保让前帆顺利换舷，并且放松原来的（左舷）前缭，这样你就能够升起球帆杆。

图9.5：转向下风，从舱口升球帆

a：在以最后一个受风舷驶向标志之前，挂上球帆升帆索。你之前已经把帆后角和帆顶一同系在了缭绳上。顺着缭绳找到帆顶，系上升帆索，从帆顶上卸下缭绳卸扣，缭绳卸扣只扣在帆后角上。注意升帆索要多留松弛量，这样能防止前帆缠住升帆索。

b：如果时间允许，先让船结束迎风换舷，恢复到全速，然后再设置球帆杆。驾驶舱船员应该坐在船舷上操作球帆杆吊索的绳尾，这样就不必离开船舷去升起球帆杆。打开前舱口。

c：当船头到达标志时，预先把牵绳拉到球帆杆位置。

d：不要收紧球帆缭绳，要先等待球帆完全升到顶。务必要适当放松主帆和前帆（不是完全放掉）——利用现有的帆继续快速行驶。

e：在轻风到中等风下，球帆升到顶之后，立即降下热那亚帆。在大风下，放松前帆缭绳，但是不要立刻降帆。不要冒险，要先等船完全受控。关闭舱口。

图9.5：转向下风升球帆

前帆换舷之后，升起球帆杆，同时继续升帆。球帆杆升起后，收紧牵绳，使球帆杆与风向垂直。升帆索到顶之后，立即收紧缭绳，降下前帆。见图9.6。

7名船员换舷升帆的例子

换舷升帆要求船员之间细致紧密合作。在这个过程中，很多船员身兼两个任务。练习是必不可少的。下面是一张7名船员换舷升帆的示例清单。警告：有些细节取决于船的具体布局，你的升帆方法可能与此不同。

前甲板船员：检查帆已经准备好。顺风换舷时，拉动前帆辅助过帆，然后把球帆杆升到位置。最后，降下前帆。

桅杆船员：用横拉的方法收紧球帆升帆索。帮忙收拢前帆。

驾驶舱船员：升起球帆，降下前帆。

左舷缭手：在转向下风的同时，放松前缭，顺风换舷时把它抛出去。操作球帆杆吊索的绳尾。

右舷缭手：顺风换舷时收紧前帆——这个很重要。升帆时，拉球帆缭绳，让两个帆后角分开，升到顶之后收紧缭绳。

主帆缭手：放松主帆，然后让主帆顺风换舷。待球帆杆升起之后，收紧牵绳。

舵手：操舵。顺风换舷，然后稳定航线。瞭望过往船舶。

不带球帆杆？

你可以不带球帆杆，直接顺风换舷升球帆。有时这样操作更快捷、更简单，尤其是在很晚才做出顺风换舷的决定时。这时你没有足够时间保证球帆杆能够利索地升起。

采用这种变形升法时，前甲板船员充当球帆杆，用手举起牵绳，伸向船外，直到桅杆船员挂起并设置好球帆杆。大风天不推荐使用这种方法。

迎风换舷升球帆

迎风换舷升帆类似于顺风换舷升帆，它们都不能让你在升帆前充分准备。迎风换舷绕标时，球帆杆必须要等到换舷结束之后才能升起。见图9.7。

按照往常的方法准备球帆，挂上球帆杆，但不升起来。在桅杆上设置好球帆杆的"脚"端，但是"鼻"端放在甲板上，这样前帆能在它的上方过帆。绕标时，协调好同时升起球帆杆和升起球帆。指派前甲板船员举起球帆杆，同时指派牵绳的缭手操作吊索的绳尾。牵绳上的拉力会阻碍球帆杆提起，所以必须等到升好球帆杆之后，再拉牵绳。同时，桅杆船员可以横拉收紧升帆索，同时驾驶舱船员操作绳尾。

在升球帆的同时，用主帆和前帆建立速度，这对于成功的迎风换舷升帆非常重要。正确的调帆可以防止你被全速驶向标志的其他帆船超越。

船头工作的技巧

在船头操作时，有很多的细节可以让你的工作更加安全和简单。下面是其中的几条。

降下热那亚帆：前甲板船员应该沿着帆前缘把帆向下拉，这样帆能降得更快。桅杆船员应该坐在前甲板上，压住帆脚的中间，往船上聚拢帆。如果帆后角挂在了救生索外边，你也不用担心。等你把帆的主体拉下来之后，再把它拽到船上。

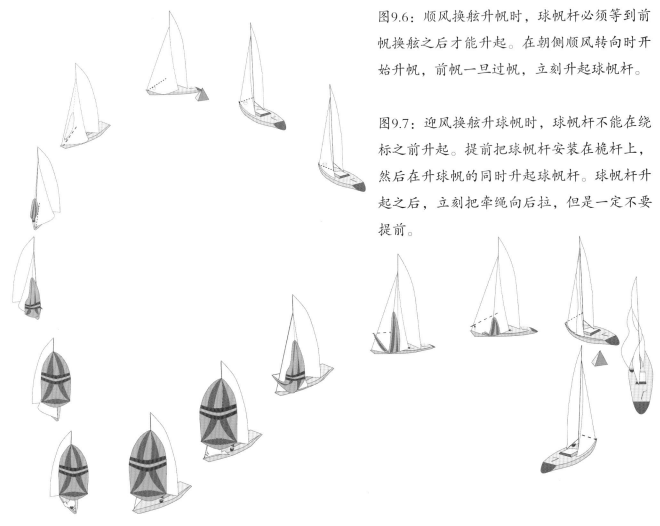

图9.6：顺风换舷升帆时，球帆杆必须等到前帆换舷之后才能升起。在朝侧顺风转向时开始升帆，前帆一旦过帆，立刻升起球帆杆。

图9.7：迎风换舷升球帆时，球帆杆不能在绕标之前升起。提前把球帆杆安装在桅杆上，然后在升球帆的同时升起球帆杆。球帆杆升起之后，立刻把牵绳向后拉，但是一定不要提前。

升起热那亚帆：即将要升帆之前，把帆后角盖在下风舷的救生索上。当帆升起来之后，它会飘帆不吃风，便于升帆。如果你把帆后角留在救生索内侧，帆就会吃风受力，抵在救生索上，让你升帆更慢。

9.3 球帆顺风换舷

练习！练习！练习！

有两种基础的球帆顺风换舷技术：两端颠倒顺风换舷（end-for-end jibe），用于小型帆船；降杆顺风换舷（dip-pole jibe），用于较大的帆船。对于过渡尺寸的帆船，还有第三种方法。

我们还是采用"分而治之"的思想来分析顺风换舷。调帆团队的工作——操舵和在顺风换舷时调帆——从技术上讲，区别不大；然而前甲板小队的工作——让球帆杆换舷——则变化很大。当出现问题时，前甲板团队常常备受责难，但是大部分情况下，是调帆团队的工作成就或者毁掉了一次顺风换舷。首先我们来看一下舵手和缭手的作用。然后，我们看一下前甲板船员在让球帆杆顺风换舷时使用的技术。

无论是哪种方法，培养流畅、协调的顺风换舷技术的关键是练习。正如前文提到的，如果你认为自己没有时间去练习，那么只需向你的船员大声朗读本书的相关章节，这就足够了。

顺风换舷过程中的调帆和操舵

舵手必须让转弯配合船员的工作；船员必须在船转弯的同时，转动球帆，把它自由放飞。这意味着要在船转向下风时，收紧原来的牵绳，放松原来的缭绳。

操舵

舵手应该从侧顺风到另一舷的侧顺风，做一个平稳的转弯。转弯必须配合正在围绕船转（摆）动的球帆。

不要让船对准正顺风。顺风换舷之前保持一个侧顺风航向，然后流畅地换到另一个侧顺风，同时让主帆过帆。避免把主帆放到中央，也避免行驶一个正顺风航向。保持气流是沿着一个方向流过球帆。

调帆

当船从一个侧顺风转到另一个侧顺风航向时，球帆必须围绕船转动。顺风换舷中的这种调帆动作称为"转动"（rotation）。你必须在船转向的同时，让球帆围绕船转动。球帆必须始终保持在船的下风舷。这意味着你在转向下风时，要收紧牵绳和放松缭绳。最佳做法是收得过度一些，即让球帆多转一些角度，然后再修正。如果你转的角度不够，或者球帆收得不够，球帆就会塌下来（不吃风，垮塌）。

过度转动球帆，直到帆后角靠近前支索。让帆转过船。然后在操作球帆杆的同时，向后拉球缭。

你可以这么考虑：无论怎样，球帆最终都会到达船的下风舷。你可以让球帆从船的前方绕过来，也可以让它从前支索底下被风吹过来。你控制着球帆到达下风舷的路径……见图9.8ab。

图9.8a：正确的调帆是良好的顺风换舷的关键。球帆必须跟随船的转弯，转动到新的下风舷。最好转过多余的角度，然后再收回来。

图9.8b：如果球帆没有转动，它就会塌下来，从前支索的下方被吹过船。无论如何，最终它将会出现在下风舷。

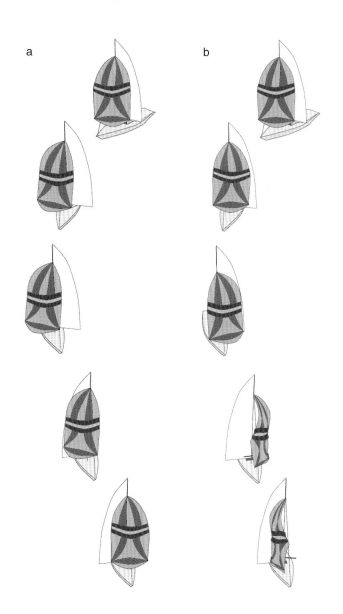

指责的政治学

如果在顺风换舷的过程中，球帆塌了下来，通常这表示帆的转动没有追得上船的转向。要么是缭手收帆太慢，要么是舵手转得太快。结论取决于你询问谁。当船后面的人无法判断是谁要负责时，他们就会妥协，一起指责船头的船员。

广为流传的谬误

通常你会听说，你应该把球帆保持在船的前方，操船时要让船位于球帆的正下方。这些建议是有误导性的。你不需要非得让球帆位于船的前方。实际上，你的目标是让球帆保持在船的下风舷。球帆唯一应该在船的正前方的时候是正顺风。

还有，尽管你经常会听说：顺风换舷时，船应该保持正顺风行驶。事实上，这是错误的，而且很危险！船处于正顺风姿态时，气流会绕到主帆的后方，可能导致球帆绞缠。正顺风行驶还会导致船横摇，使得操舵和船员工作非常困难。在大风下，正顺风航行还可能导致翻覆（broach）。见图9.9。

顺风换舷练习

在练习中，船员应该不带球帆杆地放飞球帆。调节两个帆前缘的卷曲，保持球帆饱满吃风。如果帆离船太远，收紧球帆的两条边；如果球帆被拉得太紧，放松两条边。球帆保持在船的下风舷，饱满吃风。这里顺带说一句，前甲板船员格外喜欢这样的演练。

成功顺风换舷的关键是协调好调帆和转弯。只要做到这一点，船头具体怎么操作都无所谓。见图9.10。

图9.9：顺风换舷过程中，不要让船保持在正顺风。当船处于正顺风姿态时，空气会绕过帆的两侧流动，可能导致球帆绞缠在前支索上。正顺风行驶还会导致船横摇，使得操舵和船员工作都很困难。

图9.10：取下你的球帆杆，不带杆地练习，练习、再练习。如果你能很好地协调好调帆和操舵，就不需要使用球帆杆。要想保持球帆饱满吃风，过度转动多余的角度。

图9.9

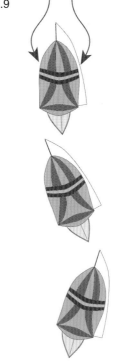

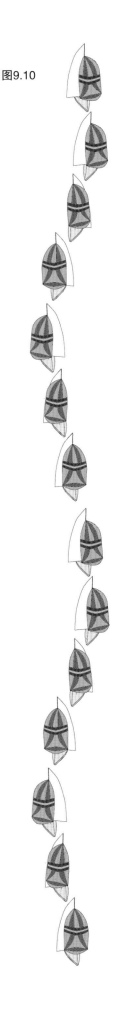

图9.10

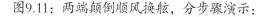

过度转动角度

再重复一遍：顺风换舷时保持球帆饱满吃风，过度转动球帆的角度，到达新的下风舷。这样在舵手平稳地转到新的侧顺风时，气流能够重新从帆前缘向帆后缘流动。

两端颠倒顺风换舷

不需要众多的船员，而且最快捷和最简单的顺风换舷方法，就是两端颠倒顺风换舷（end for end jibe）。驾驶舱船员驾驶船，并且飘扬球帆，前甲板船员让球帆杆换舷。

前甲板的操作技术既要求敏捷，也要求力量。只要技术良好，船后面的人稍加配合，两端颠倒顺风换舷其实非常简单。见图9.11。

两端颠倒顺风换舷中，经常会用到球缭下压索（twings）。下压索用来把球帆缭绳向下压到船舷中间的一个导缆滑轮上。这是一根一端安装有一个滑轮的绳子。球帆缭绳穿过这个滑轮。每根缭绳都安装一根下压索。上风舷的下压索把球缭向船舷压低，以改善牵绳的工作角度。下风舷的下压索放开不管，或者是向下压一半，以产生一个合适的缭绳牵引角度。顺风换舷时，两根下压索都可以向下压，以控制球帆，便于船员抓到牵绳。

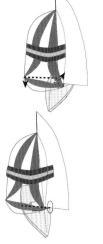

图9.11：两端颠倒顺风换舷，分步骤演示：

1）在船转向下风的同时，缭手应该开始转动球帆，收紧牵绳，放松缭绳。

2）收紧下压索，把球帆缭绳向下压，球帆杆吊索或者下拉索放松大约1英尺长度。

3）前甲板船员选择一个能够背靠桅杆的位置站好，站在球帆杆的上风。

4）当船转到正顺风时，把球帆杆从桅杆上解下来。解开的最佳时机是球帆刚好转到上风舷的那一刻，此时球帆杆完全不受力，也更容易操控。而且在这同一时刻，球帆也同样更易于不带球帆杆地飘扬。

5）球帆杆从桅杆上卸下来之后，打开靠近船外侧的钳口。同时，扭转、抬起球帆杆的内端，使外端脱离牵绳。同时，船后部的某个人让主帆过帆。

6）抓住新的牵绳，把它放进球帆杆钳口里。正确转动球帆的话，船员应该可以轻松抓到新的牵绳。

7）把球帆杆向外、向前推，把新的一端安装在桅杆上。再强调一遍，要站在新的上风舷，防止球帆杆打滑时捅到人。如果前甲板船员难以把桅杆套进桅杆环，缭手可以通过快速松一下（新的）缭绳来帮忙。

8）若对于两端颠倒换舷来说，帆船太大，又遇到了大风，这时指派第二名船员操作球帆杆可以提高换舷速度。一名船员负责把球帆杆从桅杆上取下来，装上新的牵绳；另一名船员负责取下原来的牵绳，然后两人一起向外推球帆杆，把钳口套进桅杆上的环里。

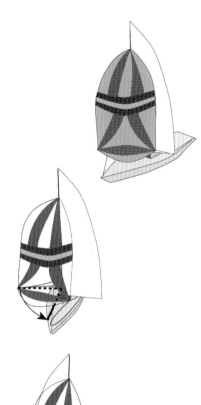

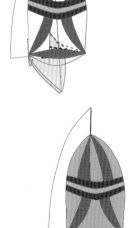

图9.12：降杆顺风换舷，分步骤演示：

1）顺风换舷之前，必须先准备好不受力的球帆索具。不受力牵绳的尾巴绕在下风舷的主绞盘上，只绕一圈，前方要留下足够的松弛部分，能让前甲板船员抓住绳子带到船头。把不受力缭绳抛搭在球帆杆的上方，这样它就不会在降杆的时候被困在杆的下方。（球帆缭绳位于球帆杆的上方时，缭绳可以缠在工作牵绳上，这样它就不会掉下来，一直到换舷。）

2）听到命令"准备顺风换舷"时，舵手把船转向下风，同时缭手放松缭绳和牵绳，把球帆转动到上风舷。前甲板船员拿起不受力牵绳向前走，面朝后站在船首护栏上，同时桅杆船员把球帆杆的内端（桅杆端）举起，这样外端就能从前支索下方摆动过去。

3）在船转弯和转球帆的同时，球帆会转到上风舷，这样就对球帆杆没有任何的挤压力量。在这一刹那，桅杆船员从球帆杆上（松开钳口）卸下原来的牵绳，驾驶舱船员降下球帆杆吊索。

4）桅杆船员然后可以抖一下前牵绳，让横杆摆过甲板。（不要使用球帆杆的脱扣绳*（trip line）来摆动球帆杆——这会卡住钳口。要么是拉动前牵绳，要么是在脱扣绳的位置，在球帆杆上系一根捆帆绳，用这根捆帆绳摆动球帆杆。）

5）在球帆杆摆过甲板同时，前甲板船员把新的牵绳卡进球帆杆的末端，小心不要让绳子扭曲。避免扭曲可以让牵绳能从牵绳滑轮直接进入球帆杆钳口。不用担心从球帆杆到球帆的那一段路，尽管这一部分的牵绳看起来好像方向是错的。

6）当前甲板船员喊出"系好了"的时候，拉新的牵绳，球帆杆就被升了起来。确保在升起球帆杆之前，杆是朝后的。如果没有收紧牵绳就升起球帆杆，它可能在球帆上戳出一个洞。在收紧新的牵绳的同时，放松原有的缭绳。

7）从旧牵绳到新缭绳的过渡，可以在任意时刻进行。有时，最好在从旧的牵绳上卸下球帆杆时，同时收紧缭绳，这样能防止原来的牵绳缠在球帆杆上。在另一些时候，等到顺风换舷结束，再交换绳子更好。

*译者注：脱扣绳是沿着球帆杆的一根绳子，拉这根绳子，球帆杆的钳口就会打开。

降杆顺风换舷

一些大型帆船的球帆杆难以操控，因此只能诉诸降杆顺风换舷（dip pole jibe）。正确的降杆换舷要求配备两套球帆缭绳和牵绳。球帆航行时，下风缭绳和上风牵绳是工作状态，而下风牵绳和上风缭绳是不受力的。球帆杆安装有内部控制机构，所以船员在桅杆处操作时，就可以松开外端的牵绳。

顺风换舷过程中，固定在桅杆上的球帆杆末端保持不动，而外端"低头"通过前支索的下方，从一侧船舷摆到另一侧船舷。

注意事项、细节和常见问题

问题出现在第3步，在你开始顺风换舷时，新的缭绳被压在了球帆杆的下方。发生这种情况时，呼喊"分开（split）"。用旧的牵绳保持球帆飞扬，让新的缭绳完全放松。前甲板船员需要把缭绳从球帆杆末端绕出来，然后喊"分开了（clear）"，然后才能继续使用。

在第6步——"系好了"——前甲板船员不应该把球帆杆推走。最好他能控制着球帆杆，利用牵绳收紧的力量，把球帆杆向后压。如果在收紧牵绳之前，就把横杆向后推，松弛的牵绳可能会缠住球帆杆。

桅杆上的球帆杆高度标记，以及球帆杆吊索上的标记，能够帮助你在顺风换舷时正确地设置球帆杆"低头"的角度。同样重要的是，顺风换舷时，备用升帆索要放在前方。前帆升索帆应该时刻留在前方的帆前角位置，防止在顺风换舷之后被困在桅杆位置。

通常，两根前帆缭绳是系在一起的，放在吊索的上方。这样，当球帆杆放低时，前帆可以无阻碍地在球帆杆上方过帆。问题在于，在降杆顺风换舷时，前缭容易从球帆杆的末端滑落，或者更糟，掉进开放的球帆杆钳口里！前缭要避开球帆杆吊索。把前缭从桅杆位置，挂在球帆杆的上方。这样使得前缭位于吊索的下方，但是在球帆杆的上方。球帆降下之后，球帆杆降下，吊索需要清理到前缭的后方。如果吊索足够长，它可以保持在松弛状态，这样如果在降帆之后需要接着迎风换舷，它可以绕过前帆的后缘。

前牵绳和下拉索*

前牵绳（foreguy）和下拉索（downhaul）这两个词经常是可以混用的。尽管功能一样，但是它们并不是同一个东西。严格来讲，下拉索用于两端颠倒顺风换舷的球帆杆，杆上装了一根拢头绳。下拉索是安装在前甲板中部或者后部的某个导缆滑轮上，把球帆杆的某一端向下压。前牵绳是用于降杆换舷的球帆杆上。它是直接系在球帆杆的外端，引到前帆的帆前角安装组件后方的一个滑轮上。因此前牵绳会把球帆杆向前拉，而相反，牵绳（guy）会把杆向后拉（准确地来讲，这应该算"后牵绳"）。当收紧或者放松牵绳时，前牵绳也需要相应地调节。

混合型顺风换舷

不受力牵绳/两端颠倒顺风换舷，适合很多船型，能同时兼有两种方法的优点。

传统上，小帆船球帆是两端颠倒顺风换舷，而大帆船使用降杆技术。只要球帆杆是可以操控的，球帆不是很大，两端颠倒顺风换舷更快

---

*译者注：前牵绳、下拉索的配置见词汇表中插图。

捷。随着球帆杆变大，难以抓握，太长难以控制，笨重难以操作，这时就要换成降杆式顺风换舷。近年来，从两端颠倒换舷到降杆换舷的过渡尺寸越来越大，一般是在30英尺到40英尺船长之间。松弛的缭绳/牵绳技术也用于一些中型、大型的帆船，比如 J 35、New York 36、Mumm 36、One Tonners，甚至是Swede 55。为什么尺寸限制会变化呢？还有这些技术怎样应用于更大型的帆船呢？

新材料，新科技

在大型帆船上，两端颠倒换舷法得到推广的原因可以归结为很多种。这种变化的部分原因是碳纤维球帆杆的推广，它们比被代替的铝杆要更轻盈。另一个原因在于前三角（foretriangle）的大小变化。分段支桅式桅杆的复兴导致球帆越来越小，球帆杆越来越短。即使桅顶支桅式桅杆系统（masthead rig），也设计有相对更大的主帆，更小的前三角（相较于早期的同等长度船型）。另一个因素是新船的重量更轻。更小的受力也使得帆更易于操控，球帆杆也变得更小和更轻。最后一个原因，当小帆船水手更换到大帆船上时，他们会把小帆船上的技术也一并带上去。这种技术转移不仅仅局限于球帆操作。摇船换舷、摇帆、对重量和平衡的关注，这些小帆船技术也会用在大船上。

不受力牵绳/两端颠倒顺风换舷（lazy guy end for end jibes）

在中等大小的帆船上，两端颠倒球帆顺风换舷很困难，尤其是风大的情况。抵抗牵绳的压缩力量，把球帆杆从桅杆上卸下来很有挑战。同样困难的是把球帆杆再装回桅杆，完成

顺风换舷。随着球帆杆的钳口越来越靠近桅杆上的孔洞，阻力也会越来越大。这类顺风换舷的困难在于：受力的球帆牵绳，会给球帆杆施加压缩的力量。

不受力的缭绳和牵绳可以消除两端颠倒换舷时的压缩力量。该技术背后的原理借鉴自降杆顺风换舷：你借助一组绳子飘扬球帆，同时用另一组绳子让球帆杆换舷。前甲板船员不再需要对抗受力绳索的力量。通过在不受力的绳子上完成球帆杆操作，可以更容易地顺风换舷。

不受力缭绳和不受力牵绳技术（lazy sheet and guy technique）

缭绳和牵绳的配置按照降杆换舷的方法来做，球缭向后引，牵绳引到船舷最宽的位置。在右舷升球帆时，球帆杆连接到右舷的牵绳上，左舷的缭绳用来收紧球帆。此时，右舷的缭绳和左舷的牵绳是松弛的，或者说"不受力"（lazy）的。

随着船转向下风，从右舷向左舷顺风换舷，收紧右舷的缭绳，右舷的牵绳不再受力。两根牵绳现在都不受力了，球帆靠缭绳来保持飘扬，同时前甲板船员让球帆杆换舷。从桅杆上取下球帆杆，穿上左舷的牵绳；球帆杆的右舷端取下旧的牵绳，然后把这一端安装在桅杆上。见图9.13。

在开始操作球帆杆之前，前甲板船员应该把新的牵绳拿在手里，留有足够的松弛量。把新的牵绳放进钳口之后，他（或她）应该能够在没有阻力的情况下，把球帆杆向外推，把杆的内端安在桅杆上。完成之后，前甲板应该呼喊"系好了！"。然后再收紧新的牵绳，松掉缭绳。这样就完成了顺风换舷。

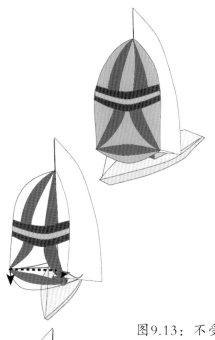

顺风换舷中

几个额外的细节能够帮助你顺利换舷。在开始操作球帆杆时，会遇到一个问题。随着船转向下风，球帆转动到上风舷，球帆杆开始不受力。这就是收紧新缭绳、松开旧牵绳的最恰当时机。牵绳松掉之后，球帆杆的操作可以快速进行。

操舵和调帆

无论使用哪种技术，事实的真相是，顺风换舷更多是被缭手和舵手搞砸，而不是甲板船员。协调地调帆和操舵，对于成功的顺风换舷非常重要。转、转、转：随着船转过风向换舷，球帆必须跟着船转动，保持在下风舷。

在向下风转动的同时，收紧牵绳和新的缭绳，松开旧的缭绳。观察球帆边缘的卷曲，尽快地转动而不使球帆飘帆……继续转动，直到帆后角已经靠近前支索。微调帆的卷曲。如果球帆摩擦前支索，两根缭绳都要放松；如果球帆左右来回摆动，或者离船太远，两根缭绳都需要收紧。转帆时要激进一些，宁可转动角度过大，也不要太少。转动不足的球帆会塌下来，从前三角中间穿过去，结果一团糟（可能会缠绕在前支索上）。

图9.13：不受力缭绳/不受力牵绳的两端颠倒换舷方法，是两种优势的结合。前甲板船员利用不受力的牵绳让球帆杆换舷，同时缭手利用缭绳让球帆保持飘扬。

船员的组织

船员的组织会随着船员人数而变化，但是基本原则是指派一名缭手操作旧的缭绳，一名缭手操作新的缭绳，第三名缭手从原来的牵绳移动到新的牵绳操作。从旧牵绳到新缭绳的过渡是这样的：在开始顺风换舷的同时，卸掉旧牵绳的受力，同时收紧新的缭绳。新的缭绳收紧之后，旧的牵绳就自由了，牵绳缭手就可以去新的牵绳位置预备，听到前甲板喊"系好了"的时候，收紧牵绳。

大风天气

在大风天气顺风换舷时，球帆转过的角度需要更小些，因为视风角度的变化也更小。在极端情况下，让球帆的中心线位于船的前方，然后把缭绳向下压。转动过度的话，遇到阵强风时船会转向上风。但即使这样，转帆过度依然要好过转帆不足。转帆不足可能会导致你朝错误的方向——原来的受风舷——转向。过度转帆会使你转到新的受风舷上——这样即使搞砸了，你也至少已经完成了顺风换舷。在恶劣条件下，先让横杆顺风换舷，然后再开始操作球帆杆。

我们经常被告知，大风下，舵手必须让船在球帆的正下方行驶，但是你必须先把球帆调到船的正前方才行。由于前甲板船员是在绳索松弛的情况下，让球帆杆换舷，因此他可以很快地完成，自由飘扬球帆的时间是非常短暂的。为了能连贯地换舷，你或许可以指派两名船员去操作球帆杆——尤其是在风大的条件下。

轻风下

在轻风下，升球帆时不要系不受力的牵绳。如果风始终很小，你可以采用传统的两端颠倒换舷，直接把球帆杆换到另一侧的缭绳上。如果风力增大，顺风换舷前，你需要向下压帆后角，系上不受力的牵绳（刚才升帆时没系）。

操船是基础

竞赛的成功始于良好地操船，而良好地操

船需要团队合作。无论你选择哪种顺风换舷技术——传统的两端颠倒换舷、降杆换舷，还是不受力牵绳缭绳/两端颠倒换舷，练习都是很重要的。为了能够协调地转动球帆和掌舵，建议你尝试连续地顺风换舷——20到30次就够了——而且不带球帆杆。当你能够在换舷过程中保持球帆飘扬时，球帆杆的操作就很简单了。

边栏文章：器材

利用不受力缭绳、牵绳的两端颠倒顺风换舷，要求同时使用降杆换舷、两端颠倒换舷两种技术所需的器材。除了要有两根缭绳和两根牵绳，球帆杆两端必须都带钳口。最好是有扳机式的钳口，即锁定机构可以自动开启和闭合的那种。同时球帆杆必须系上一个拢头绳系统，这样吊索和前牵绳/下拉绳都能够支撑和控制球帆杆的任意一端（即两端皆可控制）。下拉索的牵引位置可以保持靠近船头，但是位置越靠后，效率越高，比如靠近前甲板的中央。最后，桅杆上需要有一个环来承载球帆杆的钳口。

在对重量敏感的船上（哪条船不是这样呢？），双缭绳和双牵绳的配置提供了一个机会，它能让你同时把缭绳和牵绳引到上风舷的绞盘上，因而把船员重量放到上风舷。在布置索具的时候，设置交叉缭绳要使用合适的导缆滑轮，避免出现隐患。一种常见的解决方案是把交叉的前缭引到驾驶舱顶部的绞盘上。假定绞盘足够大，足以胜此项工作，那么这里是一个很好的摇绞盘的位置，而且从缭绳转向滑轮到绞盘也能有一个很好的受力方向，缭手也便于操作。

特殊条件下的顺风换舷

横风到横风顺风换舷

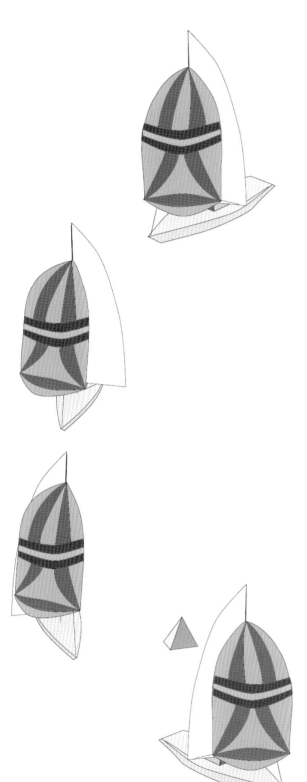

从横风到横风顺风换舷时，球帆必须绕船转半圈。你需要激进地调帆才能让帆转过来。舵手应该尽可能缓和地进入转弯，给缭手留下追赶的时间，但在有些时候，战术因素常常导致无法这样做。

当战术迫使你做一个窄进窄出的急转弯时，建议舵手先向其他船员道歉："这次肯定做得很难看——大家尽可能跟上吧！"开始换舷时，缭绳放到底，摇绞盘收紧牵绳。球帆或许会不吃风倒塌下来，但是为了能利落地结束换舷，转帆被迫要提前。如果转帆太晚，最终倒塌的球帆就会被向后吹穿过前三角——这才是真正的麻烦。见图9.14。

图9.14：横风到横风顺风换舷要求快速调帆，转动球帆要与转向同步。可行的话，开始先跑高，而且要为转弯留下若干倍船长的距离。

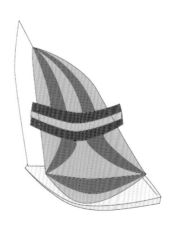

轻风下的顺风换舷

轻风下，所有的顺风换舷是横风到横风，此时很难让帆绕过船。在转向下风的同时，你的船速会超过视风的速度，球帆就塌下来了。针对这一不可控的因素，我们曾经做过广泛的研究。下面是我们的发现：

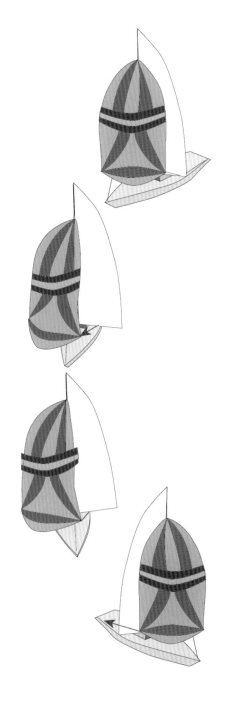

我们把它称之为三步顺风换舷法。首先，灵巧地转向下风，在转向下风的同时，抓住缭绳靠近导缆滑轮的部分——然后把它向前引。（是的，你需要亲自动手把它向前拽。当摩擦力大过风力时，单纯地放松是不能让帆快速移动的。）通过把帆后角向前移动，你能快速地转动帆，足以让舵手尽量快地转舵。同时，稍微向后收紧一下牵绳，然后开始操作球帆杆。这样会把球帆远远地放在船的正前方。

第二步：在转弯时，停顿一下，稍微地跑一下意外顺风换舷的临界状态（帆在上风舷）。在这个停顿的片刻，流过球帆的气流会与帆面分离。现在完成球帆杆操作。

第三步：灵巧地转到新航向，同时过度拉紧新的缭绳，在新的受风舷上建立气流。

我们曾经尝试过在轻风下快速地把球帆转到底，结果发现逆转的气流会使球帆塌下来。在转弯过程中停顿一下，就避免了这个问题。下次在轻风下顺风换舷时可以尝试一下这种三步换舷法。哈，小曲哼起来吧。见图9.15。

大风下的顺风换舷

大风下的顺风换舷是个挑战。陷入麻烦的方式有很多，但是能够避免麻烦的技术也有不少。最大的麻烦，或者说是最完美的翻船（broach），发生在帆力压倒舵效的时候。

图9.15：轻风下，使用一种三步顺风换舷法：

第一步，抓住缭绳，把它向前引，在转向下风时强迫缭绳放松。

第二步，在意外顺风换舷的临界状态下稍做停顿，同时让球帆杆换舷。

第三步，结束时，快速收紧新的缭绳，灵巧地转到新的航向。

在让球帆顺风换舷的同时保持好控制，这要求把球帆缭绳放得短一些。用球缭下压索，把缭绳向下压，过度收紧，以防止球帆左右振荡摆动。把球帆放在船的前方正中，同时船转向下风。当帆被拉到上风舷、球帆杆不再受力时，开始操作球帆杆。保持球帆位于船的前方，抢在球帆左右摆晃之前收紧缭绳。

通常，大风下顺风换舷的困难是由主帆造成的，而不是球帆。当主帆主紧时，舵上的力量会增加，这时若正好遇到一阵无法避免的阵强风，而你正好又在拽着主帆过帆，这时舵效就可能就会不够用。若是真的如此，你就不得不面对下面的两种选择：要么你转向下风，进入意外顺风换舷的临界状态，以帮助主帆过帆，但是这样船可能会被再吹回原来的受风舷，而且也会导致船横摇和转向上风；要么是你用力把横杆抛过去，结果它停在半途（可能是被活动后支索挡住了，或者是缭绳发生了缠绕，等等），结果你依然是转向上风了，但是至少这次转向上风是转到了新的受风舷，这样，你就不必再重新来一遍。但是，我们还有其他办法……

大风下的顺风换舷的一种方法是，先让主帆换舷，然后再让球帆换舷。这是一种用于双人单体小帆船上的方法，但是在更大的龙骨船上也同样管用。转弯时稍微进入意外顺风换舷的临界状态，转动球帆，让主帆换舷。当你大概控制好船之后，船员再去前面让球帆杆换舷。见图9.16。

大风下，主帆顺风换舷时，你需要把它先收紧，然后再换舷，接着快速向外放——尽可能地快。为了确保它能顺畅放出，收紧时可以绕过凸轮夹（不穿过凸轮夹）。对于滑轮和索具系统，直接去抓横杆上最后一个滑轮上的绳子，而不是穿过棘滑轮和羊角的绳子，因为它们会放慢换舷时的速度。

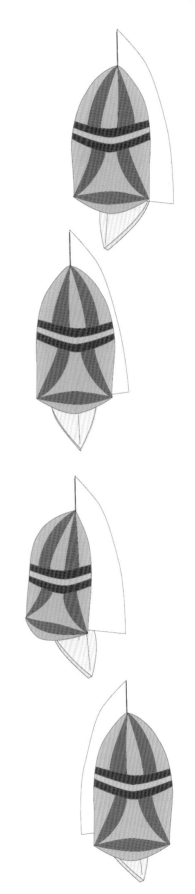

图9.16：大风下的顺风换舷会把舵手交由缭手支配。帆能够压倒舵效。通常，问题在于主帆换舷困难。一种解决办法是先换主帆，然后再换球帆杆。

9.4 球帆降帆

降球帆的方法有很多种变形，具体选择哪一种取决于到达标志的路径，和下一航段的计划，但是最终，它们都可以归结为两种推荐方法。它们分别是"拉平与吹落（stretch and blow）"，"降杆与降帆（pole down, chute down）"。你的选择取决于多种因素。我们先来看一下这两种推荐的方法，还有一些我们不喜欢的方法。我们会讨论具体的技术操作，以及适用的环境。

对于降下球帆，"分而治之"的框架依然是组织船员的原则。一组船员负责降下球帆，而另一组船员驾驶帆船绕标。分而治之。

拉平与吹落（stretch and blow）

该方法可以在船头快速地降下球帆。当你以横风驶近标记，绕标之后必须收紧帆转向上风时，这是推荐的方法。

图9.17：拉平与吹落，分步解析

这里给出的时间值是近似值。你船的数值可能会有差异。

距离标志2分钟：确保球帆升帆索准备好向外放。放松几英寸的长度，解开绳捆，去除扭曲并理顺。如果绳子缠住了，这时就要把它理顺。如果收紧后支索导致桅杆形状稍有变化时，放松几英寸长度还能让绳子有些活动量，防止卡绳。

1分钟30秒：升起前帆，根据未来的迎风行驶设置好控制绳索。收紧前帆升帆索，到达已经画好的标记位置。

40秒：放松球帆杆，让它摆到前支索位置，过度收紧球帆缭绳，拉球帆，使其贴上热那亚帆的背面——"拉平"。

20秒：当你开始转弯时，球帆会塌下来，放掉升帆索。是的，就是让它自己向外跑——"吹落"。现在，我们确信球帆正在向下移动。它会飘荡在水面的上方，就像风中的一片落叶一样。船头上的船员聚拢球帆，把它从前舱口塞进船舱。在把帆拖上船时，缭绳和牵绳要松掉。

在标志处：先把球帆的升帆索、缭绳和牵绳放下不管，去压舷。

离开标志时：降下球帆杆，确保前帆缭绳可以顺畅地迎风换舷。向船后的人呼喊，告诉他们"可以迎风换舷啦！（Clear to tack）"

在你闲暇时：船稳定之后，且已经脱离了标志，你现在可以整理船，理顺球帆上的活动索具，必要时打包。

该技术的优势在于操作很迅速，它能让球帆一直飘扬到当前赛段的最后一刻，还能让多余的船员远离驾驶舱。

绳子放掉之后真得不用管球帆了吗？

是的，把升帆索放掉就行！你要先转动球帆，把球帆杆向前放，过度收紧缭绳，然后让它"吹落"！如果没有拉平、直接吹落，船就会碾过球帆。记住，拉平与吹落。你放心，帆不会掉到水里的。它会飘到下风舷，直到你把它收进来。例外情形是遇到轻风，此时风力可能不足以保持球帆飘在半空。这时，你会想先把升帆索放掉一半，然后再逐渐放松剩下的升帆索。

升帆索应该绕在绞盘上，以应对"吹落"的力量。如果不用绞盘，只用升帆索夹绳器的话，对夹绳器力量会太大，导致夹绳器难以打开；而且绳子对人的力量也太大。因此要把升帆索绕在绞盘上，打开夹绳器，绞盘上留一圈绳子，理顺绳子上的扭结。

图9.17："拉平与吹落"降帆，这是推荐的下风舷降球帆的方法。首先，过度收紧球帆缭绳，把它拉到热那亚帆的后方。然后完全放掉（球帆）升帆索，最后把帆拖到前甲板上。

聚拢帆

聚拢帆时，船员要从热那亚帆的下方，伸手抓到球帆的帆脚、缭绳，或者是不受力的牵绳（如果有安装的话）。从热那亚帆的下方把球帆拉到船上来，而不是从帆后缘的后方。还有，坐在甲板上聚拢帆。前甲板船员应该把屁股稳稳地坐在甲板上，同时聚拢球帆。如果你不想弄湿衣服，还是去学高尔夫吧。

大风下的降帆

拉平与吹落的方法很好，因为它能适应不同的风力。当你放掉升帆索时，球帆会"吹落"到下风舷，更易于收拢。大风下，不要带着球帆一直驶往标志。在距离标志还有30秒的时候，放掉升帆索，这样在绕标之前，你能把帆收拢、收纳好。在理想情况下，当你转向迎风行驶时，船员是已经坐在船舷上的。可能的话，驶向标志

时，对准一个位于标志上风的位置，这样在放掉升帆索之后，你可以短暂地转向下风。这样更易于收拢球帆。

另一个细节：当你把球帆杆向前拉，收紧缭绳的时候，小心横船翻覆。如果船开始不受控制地转向上风，完全放掉升帆索，减少受力。

快速、简单、有效

拉平与吹落是我们的推荐方法，因为它快速、可靠——即使（而且特别是）在大风下也是如此，这种方法能让你在驾驶舱之外收拢球帆。通过在船头收拢球帆，就能让缭手自由地调帆，免受球帆的干扰。

降杆与降帆（pole down, chute down）

拉平与吹落法的另一种替代选择就是"降杆与降帆"法。这种方法及其变形，适用于侧顺风或者尾风。顺风换舷降法、上风舷降法、下风舷降法、悬浮降法都是这个技术的变形。正如它的名字所揭示的，你要先降下球帆杆，让球帆自由飘扬，再降球帆。优点是球帆杆不会碍事。而且在你转向上风时，船员是坐在船舷上的，而不是四处走动、收纳球帆杆。

分步讲解

到达标志前的2分钟：确保球帆升帆索随时可以放开。放松几英寸的升帆索，把绳捆理顺，消除扭结。检查前缭是位于球帆杆的上方，并且是系在前帆上。

1分30秒：升起前帆，根据迎风航行设置好控帆索具。

1分钟：放倒并降下球帆杆。把球帆杆放在你准备降下球帆的相反的受风舷。比如说，如果球帆要从左舷降下，球帆杆就要放在右舷。时间允许的话，收走球帆杆吊索。

自由（不带杆）飘扬球帆。桅杆船员可以充作临时的球帆杆，把牵绳向外举，同时前甲板船员收纳起球帆杆。

30秒：把球帆向下拉。抓住缭绳，把帆向下拉到船头上。放松牵绳，然后是升帆索。从舱口把球帆向下塞进船舱。船舱里有人帮忙接应。

在标志处：暂时先不管升帆索、缭绳和牵绳，它们还是系在帆上。关闭舱口。

在你闲暇时：船稳定之后，且离开了标志，你可以整理球帆，把活动索具从帆上拆下来，必要时重新打包。理想情况下，帆应当是在需要下次升起的位置降下的，因此没有多少事情可做。

变形：上风舷降帆

我们在上风舷降下球帆，把球帆和球帆器材放在下次升帆时所需的位置。把球帆从下次需要升起的那一侧船舷降下，这样下次就不用再重新系挂索具，你可以专心地去跑迎风。

当我们以侧顺风或者尾风驶近标志时，上风舷降帆是最好的。采用前文的步骤，只是在放松缭绳和升帆索时，你要抓到牵绳，并用力把帆向下拉。

同往常一样，球帆和球帆杆要保持位于前缭的下方，这样你就可以无障碍地换舷。

顺风换舷降帆

当顺风换舷是绕标动作的一部分时，采用顺风换舷降帆的方法。例如，当你以右舷侧顺风驶近一个需要左舷离开的标志时。你可以选择在船的任意一侧降球帆，这取决于你想把球帆器材放在哪一侧。

顺风换舷降帆是另一种形式的降杆与降帆方法。在中等风浪条件下，船员技术良好时，步骤如图9.18所示。

果真如此吗？

降下球帆的过程，需要船员做出数百个协调的动作。练习不可或缺。

下一次升帆前的预备

降杆/降帆的变形方法能够让你把球帆降到下次需要升起的船舷，节省了迎风行驶时重新装配索具的麻烦。

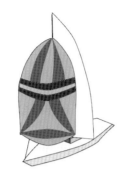

图9.18——顺风换舷降帆。

到达标志前的两分钟：

确保球帆的升帆索已经准备好放开。升帆索放松几英寸的长度，解开绳捆，消除扭曲和纠缠。确保前缭是在球帆杆的上方。

1分30秒：

升起前帆，安装好迎风帆的控制绳索。把前帆松弛一点地拉到左舷。

1分钟：

转向下风。把球帆杆从牵绳上取下来，向下放到甲板上。如果球帆是从左舷降下，那么把球帆杆放到右舷（反之亦然）。自由飘扬球帆。桅杆船员可以充作人力球帆杆。把球帆杆吊索清理到前缭的后方。

45秒：

转到意外顺风换舷的临界状态，让前帆顺风换舷。主帆顺风换舷。

30秒：

把球帆从舱口收进船舱。沿着任意一条帆边把帆收进去，先从缭绳和牵绳开始。只是要提前决定好收帆的哪一条边，左帆边或许是最容易的。控帆索具连接不变。关闭舷窗。

10秒：

平稳地朝标志转弯，帆调到近迎风。

在标志处：

标志在船头，船沿航线行驶，球帆已经降下，船员压舷，球帆杆已经收纳好，可以给自己一个大大的微笑啦。

大风中降球帆

大风中降下球帆需要采取更为保守的技术。对于新手，计划好提早降帆。当你行驶的速度是平常的两倍时，很快就会到达标志。提早升起前帆（如果你已经降下的话），预留出降下球帆所用的时间。在最后朝标志冲刺时，单凭前帆和主帆就已经足够了，你要准备好转向。

我们使用拉平与吹落的变形方法降帆，因为在大风条件下，我们不希望不带球帆杆地自由放飞球帆。降帆时，船转向下风，放松牵绳一直到前支索，把球帆挡在主帆和前帆的后方，然后完全松掉升帆索。在这种情况下，缭绳不需要用绞盘摇得太紧，因为这可能会导致船转向上风。你希望先把帆拉到下风舷，然后再放开升帆索，这样球帆正好落在下风舷上，而不是落在船的前方。把所有能用的人手都派过来收拢帆。

极端大风下，穿过横杆降球帆（信箱式降帆）

如果风非常大，你可以采用穿过横杆与主帆的狭缝降球帆的方法。要采取这种降法，首先你必须有一个松帆脚（loose footed）的主帆。准备降帆时，直接从帆上引出不受力的牵绳，跨过横杆上方，从舱梯口引入船舱。

确保不受力的缭绳是能自由放出的——均匀地把它摆开，在转向下风的同时让牵绳自由放出。把球帆从横杆上方拉回来，穿过舱梯口向下放进船舱，同时快速放松升帆索。安排足够的人手来控制球帆。通过把帆拉过横杆，你可以保证球帆不沾水，把它收到人手最多的驾驶舱，大家可以帮忙收拢和打包帆。

把这个技术当作风暴演练来加以练习。

传统的下风舷降帆方法

传统的下风舷降法是沿着下风船舷把球帆拉上船。我们不推荐使用这种方法。下面是它的原理：

前帆升好之后，打开牵绳卸扣，或者放开牵绳。收拢好球帆的帆脚，把帆降到驾驶舱，然后穿过舱梯口进入船舱，见图9.19。

这种降法存在若干缺陷。首先，这样很慢；其二，帆通常会落在热那亚帆缭手的头顶，妨碍他工作；第三，船的后部和下风舷会集中太多的船员重量；第四，帆经常被吹到船的后方，就像是一个巨大的减速伞。另外，这种方法还经常需要重新引一遍大部分的球帆索具。如果牵绳自由放开的话，它可能会从滑轮中脱出。最终你不得不重新引线。

最后，这种降帆方法是危险的。如果牵绳跑出去，可能会鞭打船员。如果牵绳被纠缠住了，需要有人跑到船头，在球帆杆的末端松开一个受力巨大的卸扣。此时若是帆脚收拢，帆可能会吃风，把船员拉到水里。

我们不喜欢这个方法，还有其他更好的办法来降球帆。

图9.19：传统的下风舷降帆方法，有多种缺陷：它很慢，在船的后部下风舷位置集中了太多的人员体重，而且需要重新布置很多索具才能再次升帆。如果上述缺点还不够的话，这种方法而且很危险！

9.5 球帆先升后降换帆

当真风速度只有8节，尾风行驶时，感觉起来就像是没有风。我们已经反复地让1/2盎司*的球帆顺风换舷，尽量抓住顺风时的每一次风摆和阵强风。下一赛段是带球帆的远迎风航行——视风角度是在70°到80°之间。8节的真风风速，对于1/2盎司的球帆来说太猛烈了。在驶近标志时，我们使用右舷的球帆升帆索、一根备用缭绳和一根换帆系绳（changing pennant），在1/2盎司球帆的内侧，升起了一面0.75盎司的球帆。升好之后，我们放松球帆杆，向前到达前支索，船头的人松开1/2盎司球帆前角上的卸扣。1/2盎司球帆在松掉缭绳之后，朝下风舷飘帆时，船头的人把3/4盎司球帆的前角挂到牵绳卸扣上，然后向后呼喊"系好了"。牵绳向后拉，船头的人松开换帆系绳，然后向后移动，帮助收回旧的球帆，此时它正在开始下降。随

着舵手把船转回原来航向上，并且绕过标志，换帆也就完成了。1/2盎司的球帆已经安全地降下，而0.75盎司的球帆在11节的视风下，迸发出巨大的力量。

球帆先升后降换帆（peel）

不同的环境要求使用不同的帆。迎风航行时，在降下旧的热那亚帆之前，我们要先升起新的热那亚帆。对于球帆，我们使用同样一种类似的技术来更换球帆——先升新帆，再降旧帆。球帆先升后降（spinnaker peel），需要团队的合作和注重细节。你需要一根备用的缭绳，备用升帆索，以及一根临时替代牵绳的绳子。详细步骤如下文。

*译者注：这里的盎司是指球帆帆布的规格重量。

预备

新的球帆应该用自己的缭绳和升帆索，还有一根换帆用的临时绳索，用来代替牵绳。把新的球帆带到船头，在船首护栏的下风船舷升起来。新帆的缭绳向后穿过球帆滑轮，引到绞盘上。[通常你可以再引一根新的缭绳，穿过同一个滑轮（只是穿过不同的轮槽），做成双缭绳，其中一根用作工作缭绳。]

布置升帆索时，一定不能缠绕其他升帆索。基本的原则是，永远要把左舷的升帆索放在右舷升帆索的左侧。把新帆在旧帆的内侧或外侧升起，同时保持升帆索在正确的一侧（更多关于升帆索的细节在后面）。

新球帆的帆前角应该是系在一个临时的换帆系绳上的。换帆系绳应该系在前帆的帆前角羊角上，用绳结系在前支索的甲板上方大约6英尺的位置。如果你是用绑帆绳，用一个活绳结连接球帆，见图9.20。

换帆

把新的球帆升到最高，然后收紧缭绳，见图9.21。向前放松旧帆的牵绳和/或球帆杆吊索，这样前甲板船员能够从旧的球帆上松掉牵绳的卸扣，见图9.22。旧帆将在下风舷安全地飘帆。下

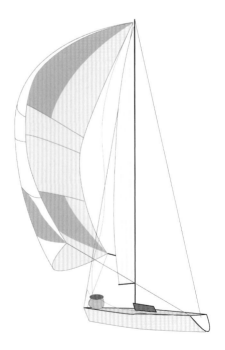

图9.20：准备先升后降换球帆时，用一根备用缭绳和多余的升帆索连接球帆。系一根临时的船头换帆绳，临时地替代牵绳。

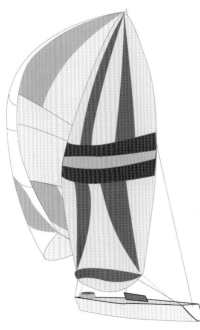

图9.21：升起新帆，收紧缭绳。你可以从内侧或外侧升帆，这取决于航行条件和升帆索的布置。

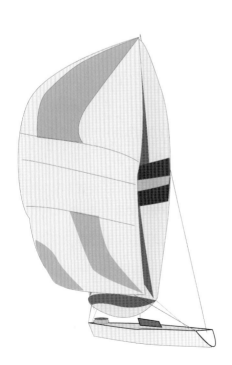

图9.22：放松牵绳，把球帆杆放到前支索，能让前甲板的船员抓到，然后前甲板船员把旧的球帆前角从牵绳上解下来。

一步把取下来的牵绳卸扣挂到新的球帆前角上，松掉临时的换帆系绳，见图9.23。向后收紧牵绳和球帆杆吊索，把球帆调好。新帆升好之后，收回旧帆；并且迅速打包好，见图9.24。或许你不久就会再度用到它。当你从外侧升帆时，松掉牵绳之后，旧帆可能会被风吹得试图绕到新帆的前面来。抓住旧帆的后角，把它向下拉到内侧。

如果球帆杆安装有前牵绳（foreguy）

如果球帆杆安装有前牵绳（与下拉索和拢头绳相对），有一种比多用一根换帆系绳更好的替代方法。球帆的前角可以用卸扣连接到一个扣绳滑轮（snatch block）上，能够自由地沿着前牵绳向上滑到球帆杆。把扣绳滑轮扣在前牵绳（foreguy）上，卸扣连接到球帆。当你升起新的帆时，卸扣会沿着前牵绳向上滑到球帆杆。

新帆升好之后，放松球帆杆，让前甲板船员能抓到。在放松球帆杆时，务必要保持前牵绳收紧，否则球帆的前角会朝下风舷凹陷，难以抓到。放倒旧的球帆牵绳，把新的球帆系到牵绳卸扣上，从球帆上松掉扣绳滑轮卸扣。

在一些美洲杯赛船上，还有一些大奖赛竞技帆船上，经常看到船头船员会爬到球帆杆的外端，手里拿着新帆的前角。然后，他会用一个双头卸扣（或者是第二个牵绳卸扣）来固定新的帆前角。尽管对于大奖赛的船员来说，这是一种更加快捷和安全的方法；但是对于我们中的大部分人来说，放松球帆杆，让甲板人员能够抓到球帆杆，这样操作更好（尽管不太那么激动人心），而不是派人爬到救生索以外。

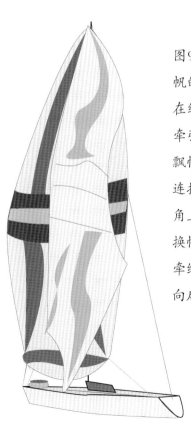

图9.23：松开旧帆的前角，让它在缭绳和升帆索牵引下在下风舷飘帆。牵绳卸扣连接到前帆的前角上，然后松开换帆系绳。收紧牵绳，把球帆杆向后拉。

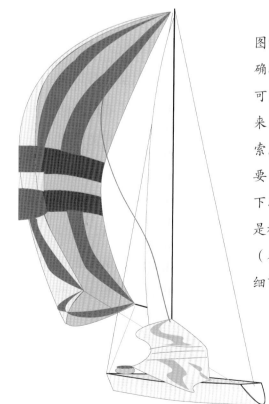

图9.24：新帆正确收紧之后，你可以把旧帆拉下来。注意升帆索。这根升帆索要么是理顺，下次再用，要么是被困在后方。（参考文本中的细节。）

永远不要交叉升帆索

"永远不要交叉升帆索，左舷升帆索要永远在右舷升帆索的左侧。"这就是说：

如果你是右舷受风，球帆是用左舷升帆索升起，把右舷升帆索绕过前支索，直接连到新帆的帆顶。在旧帆的内侧升起新的球帆。若是右舷受风且球帆升在右舷升帆索上，把左舷升帆索绕到球帆缭绳的外侧，然后系到新帆的帆顶。然后新帆就会从旧帆的外侧升起——左舷升帆索要始终在右舷升帆索的左侧。永远要在前帆的前角羊角上系一根热那亚帆升帆索。万一另一根升帆索缠住了，你现在还留有一根没有扭曲、没有被困住、没有被挡在外侧的升帆索。

大风下的先升后降换帆

内侧升帆更简单，因此在大风中换帆时，采用内侧升法。例如，右舷受风行驶，球帆升在右舷升帆索，你可以用左舷升帆索在旧球帆的内侧升帆。当你把旧帆拉下来时，右舷升帆索会被困在新球帆的后面。这样不会扭曲升帆索，但会把右舷升帆索困在左舷的后方。假设你需要再次换帆，可以使用右舷的升帆索进行外侧升帆。否则，右舷升帆索无法升帆，除非先把球帆降下来，并且把右舷升帆索从左舷升帆索和前支索的外侧绕过来。不要在尚未先把右舷升帆索从左舷升帆索的外侧绕清之前，就把右舷升帆索绕过船头，否则它会完全扭曲缠绕在左舷升帆索上！

热那亚帆升帆索怎么处理？

热那亚帆降下后，它的升帆索永远要系在前帆前角的羊角上。哪怕其他升帆索纠缠在了一起，你还想保留这一根升帆索没有扭曲、不被困住，或者被挡在外侧。

准备换帆

当风力或风角明显变化时，你需要随时换帆。凭借提前规划和迅速做出反应，你可以避免进行一次匆忙的换帆（或者被吹爆球帆）。

升轻量级球帆时，你要准备好随时换帆。要准备好一声令下就能换帆，这样你才不会发现轻风球帆的真正使用限制（风力过大会造成的后果，如果你懂我意思的话）。

准备好应对秋季的风

等你掌握了轻风换帆之后，遇到不断增大的秋风时，你可以考验一下自己的技术，从3/4盎司球帆换到1.5盎司球帆。不要等遇到3/4盎司球帆的风速上限时才换帆。细心筹划的中等风换帆很容易；但是大风下的匆忙换帆可能会变成一团糟。

结语

一次顺畅的换帆，损失的距离要比一次迎风换舷都少。练习先升后降换帆，这样以后无论是遇到夏天的轻风，还是秋天的大风，你都能游刃有余地应对。

9.6 三根升帆索系统

今天，大部分竞赛帆船的最常见升帆索配置是三根升帆索，还有一根带两条帆槽（Sail groove）的前支索。对于前甲板船员，要保持升帆索让清和随时能用，这需要设计一套系统的方法和一些规划。整体的目标是保持对所有的选择开放（灵活性），准备应对任何的事情，预计好下一步的行动。具体目标（每次操纵时）是准备好快速反应（但不是匆忙反应），在需要换帆时，能够让造成的中断最少，也能够让清绳子，还能应对完成操纵后的下一步演变。

下面是一些整理升帆索的一般原则，重点是放在全局上。接着是一系列的案例，具体来示范这些原则的应用，并且重点讲解成功所需要的细节。

一般原则

•对于初次升前帆，要使用下风帆槽和中央升帆索。

•对于初次升球帆，要使用下风侧的升帆索。保留上风侧的升帆索，过后用于球帆换帆；保留中央升帆索，用于升前帆或支索帆。

•顺风行驶时，升帆索要留在前方（船头）。升起球帆后降前帆时，前帆升帆索应继续待在前方。顺风换舷之前，把第三根升帆索引到前方。顺风换舷之后，留在桅杆位置的升帆索会被困在球帆杆的后方。

•迎风行驶时，升帆索留在桅杆的位置。系在船头的多余升帆索会产生明显的紊流，影响前帆，降低性能。

•右舷升帆索保持待在左舷升帆索的右侧。（它主要用于球帆换帆，参考下面的案例。）

•用颜色标记升帆索。用颜色标记升帆索的穿球*、桅杆出口、绞盘盖子、绳子上的斑点，减少混淆的可能。两侧的升帆索需要使用穿球来防止卡绳和滑伤槽轮。

•标记好帆完全升起的位置。

整个前甲板团队（船头、桅杆和驾驶舱船员）应该理解升帆索的组织原则。在执行大部分操纵之前应该先讲一遍，这样才能讲清楚计划和步骤。每组成员应该关注其他人的工作，检查和再次检查扭曲、缠绕和未固定的升帆索。交流应该通过语言和手势信号。

案例1：绕标

我们开始了一场绕标比赛，使用中央升帆索和左侧的帆槽升前帆。这样就能把左舷升帆索空出来，用于下风舷升球帆（我们假设是左舷绕标），右舷升帆索用于更换热那亚（前）帆。

驶近上风标志时，驾驶舱船员记下前帆升帆索的设置，这样过后重新升帆时能原样复制。在升起球帆杆之前，前甲板船员检查右舷升帆索是位于球帆杆和吊索的下风位置，这样它在需要时才能用得上；同时驾驶舱船员摆顺前帆升帆索，确保升起球帆之后能顺畅降下前帆。升帆时，我们横拉升帆索，升到最高，然后再收紧缭绳。

球帆升起之后，降下前帆，升帆索系在船头，前帆的顶部喂进帆槽，准备好再次升帆。顺风换舷之前，前甲板船员可以把右舷升帆索带到船头，这样它就不会被困在球帆杆的上风侧。

（如果升帆索被困住了，我们可以这样摆脱：把它的卸扣挂到到前帆缭绳上，把它从球帆杆的上方拉过来；但是我们最好能在一开始就避免困住

---

*译者注：穿球（halyard ball）是穿孔的小球，升帆索穿过球上的孔。

升帆索。）

驶近下风标志时，备用升帆索还是系在桅杆基部。与船尾的船员确认好选择升哪一面前帆，用中央升帆索在左舷帆槽中升起前帆。我们选择在下风舷降球帆，这样球帆就能降到右舷上，左舷升帆索绕过前支索。它将被用于下一次升球帆，无论下次是从右船舷升帆，还是把它绕过船头，回到左舷升帆。

迎风行驶时，情况就变了，我们使用了1号热那亚帆，但是帆力有些过大了；需要更换前帆。船尾的人同意使用迎风换舷方法换帆，2号前帆从船舱中被取了出来，（装在帆包里）递到船头。船头船员把右舷升帆索系到帆顶上，把帆向前拖，挂好帆前角，把帆前缘带喂进帆槽。仔细检查过高处之后，确保右舷升帆索没有绕在前支索上，或者缠住左舷升帆索（降下球帆之后，此时它还留在右舷）。穿过船群行驶，幸好我们是右舷受风。升帆索就位后，开始升帆，同时把不受力前缘系在新帆上，调节前缘滑车位置。当左舷有通畅的路线时，升帆索拉到顶之后，我们立即迎风换舷。在舵手开始转舵的同时，前甲板船员从桅杆跑到船首护栏处。前帆飘帆之后，立即松掉它的升帆索；在前甲板船员的帮助下，等到换舷结束时，前帆大部分已经降下来了。帆前缘落在甲板上，摆成了一堆。用一根绑帆绳把帆前缘系在一起，帆前角松掉，前帆被拉到后面。在桅杆处，松掉升帆索，升帆索接着被系在桅杆项圈上。解下缭绳，系在2号前帆上，前缘滑车针对2号前帆设置好。1号前帆被递到船舱里。由于帆前缘是聚拢在一起的，因此需要时帆可以随时再度升起。

驶近上风标志时，后面的人要求在右舷受风时，采用转向下风升帆的升法升球帆。左舷升帆索和球缭一起绕过船头，设置在左侧船舷。绕标的同时，升起球帆，降下前帆。中央升帆索上去，前帆下来。中央升帆索拉到船头，与右舷升帆索收纳在一起。前帆重新引线，使用左舷的帆前角挂钩和帆槽，系中央升帆索。

风开始减弱，我们顺风换舷。现在我们是左舷侧顺风。风进一步减弱，3/4盎司的球帆开始凹陷了。现在需要换球帆了。

案例2：球帆先升后降换帆

环境变化要求我们更换球帆。逆风时，我们更换了前帆；顺风时，我们再换球帆，同前帆一样，也是先升新帆，再降旧帆。

球帆用一根侧舷的升帆索升起时，我们用相反一侧船舷的升帆索来换帆。例如，如果球帆是升在左舷升帆索上，船右舷受风，我们就把右舷升帆索绕过前支索，在原来球帆的内侧再升起新的球帆。这样就能保证右舷升帆索始终在左舷升帆索的右侧（正如我们所希望的）。

如果是左舷受风，球帆升在左舷升帆索上，那么我们就要在右舷升帆索上换帆，把它拿到船外，从原来的旧帆后面绕过来。然后旧帆是从内侧降下，这里同样是把右舷升帆索放在左舷升帆索的右侧。左舷升帆索然后就空了出来，可以用于内侧换帆；它也可以绕到过船头，用于前帆升帆。

大风下，外侧升帆会很困难。这种情况下，我们可以用外侧的升帆索在内侧升球帆。左舷受风时，球帆升在左舷升帆索上，我们要在右舷升帆索上换帆，从内侧升起，把旧帆向后拉下来。这样左舷升帆索就会被困在后方。这本身不

是问题，除非你想要重新使用这根升帆索，而没有先把它理回来。如果你直接把左舷升帆索拿到前方使用，它就会缠绕在右舷升帆上。我们必须先把左舷受帆索从右舷升帆索的外侧绕清，然后再用。

理顺被困住的升帆索时，有若干种方法。若要继续换帆，被困住的左舷升帆索可以在外侧使用，等到旧帆降下来之后，一切都理顺了。否则，你也可以等到降下球帆之后立即把被困的左舷升帆索绕出来。当把右舷球帆升帆索的尾巴收纳好之后（球帆已经在右舷升帆索上升起），被困的左舷升帆索可以向前绕过船头理顺。一些船员喜欢把这根被困的升帆索放在侧支索的后面，提醒自己这根绳索是困住的，需要理顺。

在整个换帆过程中（以及所有降下前帆的时间），中央升帆索始终留在船头的前支索位置，理顺并且随时能用。

示例3：长距离竞赛

长距离竞赛的目标与普通的绕标竞赛区别并不是很大。区别只在于不确定的比赛形式。我们实际上并不知道未来会遇到什么，因此要准备好应对所有的情况。换帆的最佳的配置是，使用中央升帆索、在前支索的下风帆槽中升起前帆；或者是，使用下风舷的升帆索升一面球帆。

升前帆横风起航时，使用中央升帆索和下风的帆槽。这样就能把下风舷一侧的升帆索留出来升球帆；而上风舷的升帆索和内侧的帆槽可以用于前帆换帆。当从球帆再换到前帆行驶时，再

回到这个配置。

逆风起航使用同样的配置，同绕标竞赛一样，例外情况是只有一段很短的近迎风、后面接着跑横风的情况。我们的迎风前帆应该升在未来横风行驶时，正好靠近下风的帆槽里。然后我们可以在内侧升起横风前帆（jib reach，一种专用的横风帆）。我们的迎风前帆会升在横风段的下风帆槽中。然后我们可以在内侧升起横风前帆，在刚升起的高帆后角的横风前帆的背后，降下旧帆，轻松搞定。

使用球帆顺风起航时，最好使用下风舷一侧的升帆索，把中央升帆索和上风舷升帆索收纳在前面，这样可以用于下次换帆。

在瞭望换班时，上一班的船员一定要把升帆索的状态信息告诉下一班船员。最好让一切都尽量简单；但若是有不寻常的地方（比如降下球帆之后，升帆索绕过了前支索），新的瞭望船员必须知道这个情况。每班船员中，应该只安排一人负责升帆索。若让所有船员轮流执掌船头，只会导致混淆和升帆索纠缠在一起。

结语

通过遵循上文列出的原则，我们可以充分利用双槽前支索和三根升帆索系统带来的灵活性。该系统能保持升帆索顺畅，可选的选择更多，还能在必要时升帆和换帆。

当然，如果这套规则看上去太麻烦而且不值得，那么你或许应该考虑跑一条运动帆船，船上有带卷帆器的前帆，以及带船首斜杆（sprit）的不对称球帆，同时每面帆各带一根升帆索。

第10章

不对称球帆的操作

10.1 引言

10.2 不对称球帆的操纵

10.3 不对称球帆的升帆

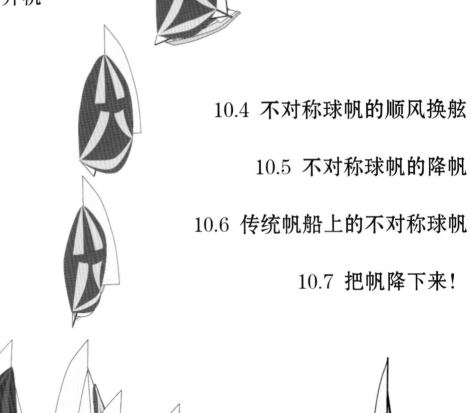

10.4 不对称球帆的顺风换舷

10.5 不对称球帆的降帆

10.6 传统帆船上的不对称球帆

10.7 把帆降下来！

第10章 不对称球帆的操作

10.1 引言

运动帆船是龙骨帆船和小帆船的一种混合——既有龙骨船的稳定性（相近），也有小帆船的速度（相近）。凭借最新的设计和建造工艺，这些船结合了重量轻的船体、安装在可伸缩的船首斜杆*（sprit）上的不对称的球帆（asymmetric spinnaker），还有巨大面积的帆装，并且采用高展弦比的匕首形龙骨和沉重压铅来产生稳性。

这类设计有很多特点，它要求使用特殊的操作技术才能发挥出最大速度潜能。最明显的特点就是巨大的、安装在船头斜杆上的不对称球帆。同样重要的特点还有较大的帆力/重量比率（包括迎风与顺风），以及轻盈的重量、滑行型船体。

运动帆船的流行也已经反过来带动了更多的"适中"型船首斜杆帆船设计。这些船兼具运动帆船的特点，但又拥有适中的船体形状和帆装。安装在船首斜杆上的不对称球帆是一个常见的设计元素。

10.2 不对称球帆的操纵

装配和操纵不对称球帆要比传统的对称球帆更加简单。尽管它比传统对称球帆更简单、更

直接，但是也有很多的小技巧和微妙之处。不对称球帆有许多容易出错的地方。有些人说，不对称帆实际上并不比传统对称球帆简单，只是不同罢了。

图10.1：不对称球帆的帆后角上，连接了两根缭绳，有一根帆前角绳（tack line）把帆前角向前拉，还有一根升帆索。另外还有绳索控制着斜杆的伸缩。

*译者注：你可能会问为什么叫船首"斜杆"呢？它明明是水平笔直朝前的呀？这是因为这个单词来自古代，古代的帆船在船头有一根倾斜的"斜桅"。但是随着帆船的演化，它已经进化到水平了。比如乐观级帆船的帆上的那根斜杆（sprit），还是斜的。

装配

不对称球帆更像是一面前帆，而不是球帆。它有两根缭绳，都系在帆后角上。有一根帆前角绳把帆前角向前拉。升帆之前，帆前角绳安装在缭绳的上方，用于内侧顺风换舷；它也可以设置在缭绳的下方，用于在外侧顺风换舷——细节在后面讲解。升帆索连接着帆顶。除了这些绳索之后，还有一根控制绳用于伸长斜杆。不对称球帆没有牵绳。见图10.1。

10.3 不对称球帆的升帆

转向下风升帆

球帆通常是从一个帆包里升起，位置是在舱梯口或者前舱口。升帆前，先伸出球帆杆。帆前角绳把球帆的前角拉到斜杆的末端，这要早于升帆，或者与升帆同时进行。用缭绳把帆后角向后拉，快速升帆防止扭曲。当帆升起后，收紧缭绳，张满帆，接着大幅度松一下缭绳，迅速加速，见图10.2。

升帆——变形方法

顺风换舷升不对称球帆，非常类似于转向下风升帆。区别在于，预备时，球帆是放在上风舷的，绕标的同时转舵，在即将开始顺风换舷时：伸出斜杆，把帆前角拉到标记位置。在转向下风、摇船进入换舷的同时，升球帆。为了获得最佳的效果，主帆换舷前，球帆要在要位于撑臂的前方。

不对称球帆另外一种变形升法是，根据转向下风升帆做准备，但中途又改变战术变成顺风换舷升帆。这种情况下，你必须执行一次转向下风升帆，收帆，然后接着顺风换舷。换舷之前，快速升帆和收紧新的缭绳。如果你是在完全升起球帆之前顺风换舷，而且没有收紧缭绳，球帆会被吹到前方绕过船头，导致帆后角位于帆前缘的前方，扭缠成一股；或者是被挂在前三角上。这就成了一团糟了。

图10.2：升起不对称球帆时，在驶向标志时，伸出船首斜杆，提前拉紧帆前角绳。升到顶之后，收紧缭绳，卷起前帆。

10.4 不对称球帆的顺风换舷

不对称球帆有两种顺风换舷方法：从内侧，帆后角留在帆前缘的内侧；或者是从外侧，帆后角完全绕过船的前方。无论使用哪种方法，不对称球帆的顺风换舷都要比传统的对称球帆换舷更简单。至少，别人都是这么讲的。但是同传统球帆顺风换舷一样，正确地操作不对称球帆换舷需要全体船员协调行动。操作正确的话，球帆在新的受风舷上不需要飘帆，直接就能一下子张满，而船也能在新的受风舷上飞速疾驰。执行糟糕的话，可能会导致球帆缠结、扭曲、气流分离，转向上风或者翻船……

在大部分船上，大部分情况下，内侧顺风换舷是推荐的方法。内侧顺风换舷速度更快、更简单，前帆的后角在帆前缘的内侧过帆，与前帆换舷是一样的。这种方法对调帆的要求相对更低，危险也小。

内侧顺风换舷

听到"准备顺风换舷"的口令时，舵手转向下风，同时船员到上风舷压舷，摇船转向下风。缭手拉紧新的缭绳，松掉旧的缭绳。帆后角到达前支索位置的时候，球帆正好挡在主帆的后边，失去了风。缭手继续拉绳，同时舵手让船快速

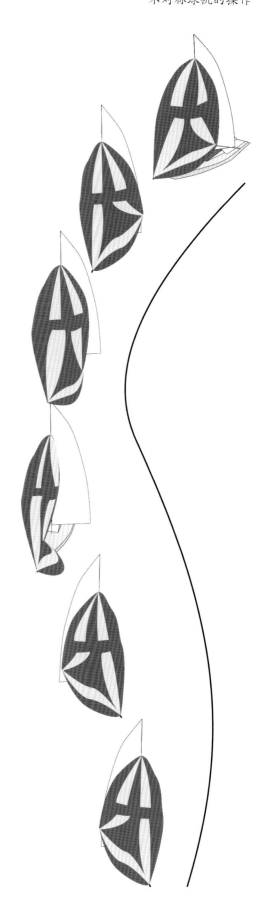

图10.3：良好的顺风换舷，关键在于激进地过度拉紧上风球缭，以及在到达新的受风舷之后，在球帆吃风的同时，同样激进地放出缭绳。

多加人手可以帮忙及早、用力地拉动新的缭绳，防止帆后角被吹到帆前缘的前方。

转弯的速度需要配合调帆的速度。等到新的缭绳受力、球帆后角拉到前支索后方之后，再让船顺风换舷。

结束顺风换舷时放松球帆，这样能够提供短时间的加速；如果帆收得太紧，就起不到这个效果了。

转完剩下的弯，到达一个视风位于正横稍偏后的角度。球帆迅速过帆，在新的受风舷上吃风。缭手立即松帆，同时船完成转弯后加速，舵手再把船向下推回航向。

有几个细节可以确保成功。一是奋力收紧新的缭绳，用力过度拉紧缭绳。侧支索位置的帮手应该向后、向下拉缭绳，防止球帆的帆顶扭曲和缠绕。此时不要放掉旧的缭绳，要先等新的缭绳受力。新缭绳受力之后，确保旧缭绳能在顺风换舷时自由放出。

同样，顺风换舷时，保持帆前角绳向下压。这样，顺风换舷时帆后角更容易从帆前缘的内侧穿过。

同等重要的是，要在转弯过程中正确地转向。缭手在先，舵手随后。不要让船顺风换舷，先等待帆后角已经避开了前支索。慢慢地开始转弯，然后快速地结束，让球帆吃风；在你加速到全速的同时，把船向下转回航向，完成一个所谓的"S型转弯"，见图10.3。

常见的问题

转弯过早/收帆太晚

如果在过度收帆之前，船就转弯了，球帆会反受风，被吹入前三角之中。那时你就不得不用力把帆拖过去，或者是中途顺风换舷回来，把球帆吹回原来的受风舷，然后再次尝试。顺风换舷之前，先过度拉紧缭绳，这一点非常重要。

没有过度拉紧缭绳

如果没有收紧新缭绳，直接把旧的缭绳放掉，球帆的后角会被吹到帆前缘的前方。你不得不需要重新收紧缭绳，才能再接着换舷。如果帆后角还在帆前缘的前方时，你就直接顺风换舷，最后要么再换舷回来，要么疯狂地奋力把帆后角拉到帆前缘的内侧。通常，这最终会造成帆顶扭曲。

转弯太慢

如果你在换舷结束时，转弯太慢，球帆就会被主帆挡风，无法重新吃风。在顺风换舷的末段，你需要快速转向，让球帆吃风，让船加速，然后再转回下风行驶。

未放松球帆——导致气流分离或者船转向上风

当你快速结束顺风换舷之后，需要在球帆吃风和船加速的同时，放出缭绳。如果球帆收得过紧，出现了气流分离，你就无法如同正确松帆一样加到全速。大风下，未松帆可能会导致船转向上风翻覆。

外侧顺风换舷

一些船，尤其是在大风天，球帆从船的前方顺风换舷会更容易，这样帆后角一直跑到船前方，从帆前缘的前方绕到另一侧船舷。外侧顺风换舷存在几个复杂的地方。首先，在预备升帆时，缭绳必须是在帆前角绳的上方（对于内侧顺风换舷，缭绳是在帆前角绳的下方）。另一个问题是，存在不受力缭绳从船的前方落水、压在船底下的危险。船首斜杆上可以安装一根板条，或者在球帆前缘上安装一个缭绳钩子（jibulator horn），用来钩住不受力缭绳，防止它落水，见图10.4b。

把球帆拉过去

在执行时，外侧顺风换舷很类似于内侧顺风换舷。缭手首先大幅放松缭绳，同时大幅度拉进新的缭绳。同内侧顺风换舷一样，转弯的节奏必须不能超过缭手的节奏。尽管内侧换舷时，缭手需要拉收很长的绳子；但与外侧换舷相比，这简直不值一提。当帆后角从船的前方跑掉，并被收到新的受风舷的时候，所有可用的人手都应该派去拉绳子。帆在新的受风舷上吃风之后，它会使舵感快速增加。大幅放松新缭绳，并向上风舷拉舵柄，这样可以防止船转向上风，并且起到一个很好的加速效果，见图10.4。

问题

如果你把缭绳缠在了前支索上，或者缠住了帆顶，这说明转弯较调帆太快。（可能是缭手动作太慢，也可能是舵手转弯太快——这取于你问谁。）

如果球帆在吃风时，你失去对它的控制，那么就需要在帆吃风的同时，更加激进地放松球缭，而舵手需要更果断地结束S形转弯。

记住，这些顺风换舷技术太简单了。没有练习的必要！你只需要在升好球帆后，当着船员的面把本章内容读一遍，然后就可以继续了……

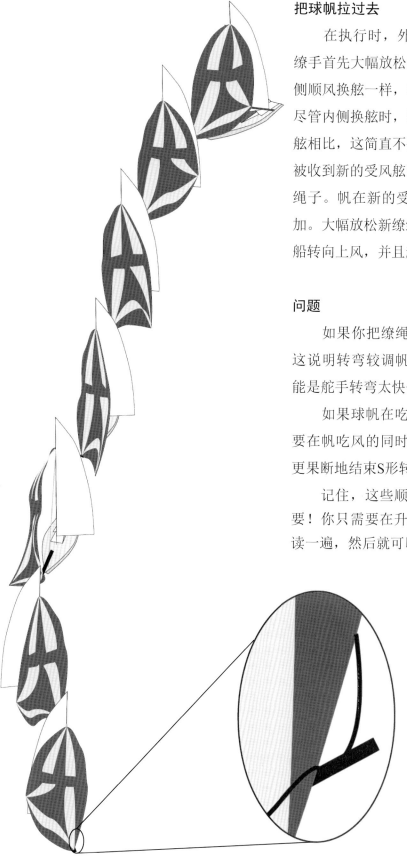

图10.4a：当绕远路从外侧顺风换舷时，缭手需要收拉很长的缭绳。舵手转向下风，用主帆挡住球帆，但必须等到球帆的后角到达新的受风舷时，才能结束换舷。

图10.4b：缭绳钩子是用硬质涤纶制作的，可以保持不受力缭绳不会掉落在水里，避免它在落水之后被压在船头底下。

10.5 不对称球帆的降帆

在这个地方，你可以争辩说："装有船首斜杆的帆船要比传统球帆更加难以操作。"这里有数不清的降帆方法变形，但并不是所有方法都是好的。在你想到的几个方法中，选择哪一个取决于你的进场路线、天气条件，以及下一赛段的需求。在所有的意外情形中，球帆缠在舵上似乎是最坏的结果。

侧顺风降帆
下风舷降帆

如果你以侧顺风驶近一个标志，那么下风舷降帆（leeward drop）是一个可选的方案。升好前帆之后，松掉帆前角绳，收缩球帆杆，使球帆飘帆不受力，然后在放松升帆索的同时，顺着不受力缭绳收拢帆。或者采用另一种方法，使用

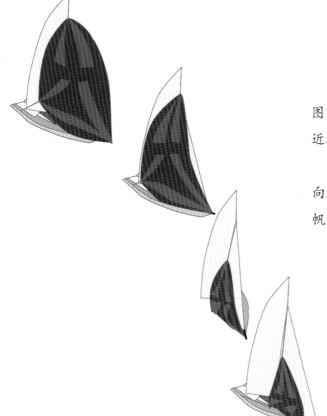

拉平和吹落的方法：过度收紧球缭，放掉升帆索，放松球帆杆和帆前角，同时从帆后角开始收拢球帆。

采用这些技术的任何一种，都面临着球帆的帆脚拖在水里的可能。不对称球帆的帆后角是如此之高，以至于在你把帆后角向下拉时，帆脚会舀起水来，这会带来麻烦。

舵手可以在降帆和收拢球帆时，转向侧顺风行驶，以缓和这个问题。采用拉平与吹落的方法时，从帆脚——而不是帆后角开始收拢帆会更有利。在转向横风的同时，过度收紧球帆，把帆脚拉到抵近前帆的位置，然后降帆。如果你在转向下风之前就过度收紧球帆，可能导致船转向上风翻覆。

如果下风舷有其他船，阻碍你转向下风，那么降帆可能会遇到挑战。在这样的条件下，放松帆前角绳，刚好能让球帆向后移动。拉平与吹落的方法是最佳选择。只是如果船开始转向上风（可能要翻船），随时准备好放开升帆索"吹落"。

图10.5：侧顺风降帆有多种选择。它们都是在从上风驶近标志时有利，这样在降帆时能朝正顺风跑低角度。

采用下风舷降帆时，过度收紧缭绳，同时舵手转向顺风，用主帆遮挡球帆。你在松掉球帆杆、放开升帆索的同时，抓住帆脚。然后像疯了一样收拢球帆。

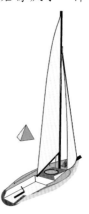

上风舷降帆

侧顺风降球帆有多种备选方法，其中之一就是使用不受力缭绳从上风舷降帆。放掉帆前角，使球帆飘帆，用不受力缭绳把帆绕过前支索拽回来，降下升帆索。即使球帆是在飘帆状态，把它拽到上风舷也很费力。

第二种方法需要在升帆之前，先从球帆前角上系一根"降帆绳"（takedown line）。顾名思义，降帆绳是用来向下拉球帆的。降帆时，放掉缭绳，使帆飘帆，在前帆的上风面拉降帆绳，同时松掉球帆的前角绳，并缩回球帆杆。前甲板船员抓到帆布之后，降下升帆索，并把球帆从前舱口塞进船舱。

如果球帆器材能为下一个球帆赛段做好准备，那么这些备选方法中的任何一个都是好方法，见图10.6。

通用原则

对于所有侧顺风降帆，降帆时能够跑尾风（正顺）非常重要。可行的话，以高角度接近标志，然后转向下风。同样，船员数量也是一个优势。给每个用得上的船员分配好任务，确保能够赢得与球帆的拔河比赛。

图10.6：通常推荐采用上风舷降法，因为它能让船员的重量集中在上风舷，使球帆的帆脚离开水面，并且把球帆器材降下放在左舷，便于下次升帆。

降帆时，正顺风行驶的空间非常重要。使用不受力缭绳降帆时（上图），转向下风，并用不受力缭绳拉拽帆后角，收回球帆杆，松开球帆升帆索和帆前角绳。

另一种方法，使用"降帆绳"降帆（下图），先放松缭绳，让球帆飘帆，缩回球帆杆，使用降帆绳，把帆前角向后拉。抓住帆布之后，松掉升帆索，收拢球帆。

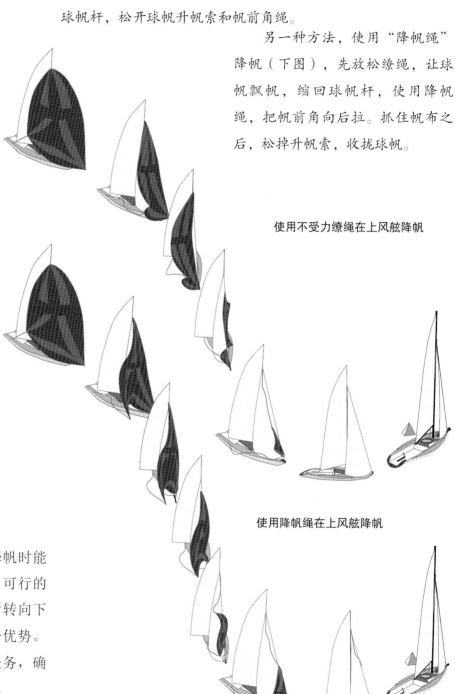

使用不受力缭绳在上风舷降帆

使用降帆绳在上风舷降帆

正顺风（尾风）降帆

顺风换舷降帆

顺风换舷降法（又称为墨西哥降法）是一种降下不对称球帆的有效方法。

升起前帆，驶到标志上风向数倍船长的位置。转为尾风向下行驶，用不受力缭绳把球帆拉到前甲板上。下一步，在顺风换舷的同时，缩回球帆杆，降下升帆索。球帆会被吹到船上来，这样更易于收拢。最好保持船顺风，直到控制住球帆。如果你完成顺风换舷过快，球帆会被向后吹入主帆和前帆之间的狭缝，挂在桅杆上。如图10.7所示。

你还可以使用一根降帆绳来降球帆。当你转向顺风行驶，缩回球帆杆，放松帆前角绳，拉降帆绳。在顺风换舷、球帆被吹到船上时，放松升帆索。这种方法听起来不错，但遇到大风天，会困难一些。一些球帆非常巨大，需要很多人手才能有控制地降帆。

上风舷降帆

对于不需要顺风换舷的进场，优先采用上风舷降帆，因为这要比在下风舷更容易收回球帆。另一个优势是，上风舷降帆能把球帆放在下一次升帆的位置。

前帆升好之后，用力拉上风舷的球缭，把球帆的后角绕过前支索，沿着上风舷向后拉。松掉帆前角绳，使球帆飘帆，降下升帆索。把帆塞进前舱口。

如果已经设置了降帆绳，那么

使用降帆绳从上风舷降帆就会更容易。放松缭绳，让球帆飘帆，同时使用降帆绳把帆前角拉到上风舷。手能抓到帆布之后，松掉升帆索。如图10.6所示。

通用原则

对于所有的降帆方法，降帆时能够尾风行驶的能力影响巨大。可行的话，先跑高一点角度，再向下跑顺风。同样，船员的数量优势也是有益的。派所有用得上的人手上场，确保赢得与球帆的拔河比赛。

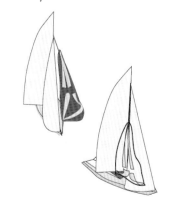

图10.7：顺风换舷降帆时，沿着下风舷把球帆向后拉，这与下风舷降帆方法类似。顺风换舷的同时松掉升帆索，当球帆被吹到船上时，收拢帆。

10.6 传统帆船上的不对称球帆

无论人们是否接受，变化已经到来。为了跑出最好的直线速度，没有人能设计出帆前缘和帆后缘形状对称的球帆。对称球帆之所以对称，是因为帆前缘和帆后缘必须是可以相互替换的。未来是不对称球帆的时代，无论它是安装在船首斜杆上，还是安装在可以向后回摆的球帆杆上。

不对称球帆的性能要更加优异，在传统帆船上，它是比对称球帆更好的替代方案。这种球帆的操作技巧是船首斜杆与传统技术的一种混合。下面是一些细节。

配置

帆必须有两根长缭绳——都系在帆后角上，以及两根牵绳——系在帆前角上。另外，还需要在船头系一根帆前角绳[又称"鼻绳（snout）"]，用来在顺风换舷时拉住球帆。（前牵绳和下拉索可以重新设置成"鼻绳"，因为球帆杆上不再需要它们。）牵绳向前引，位于救生索的内侧，因此球帆杆高度一般放得很低，通常非常靠前。牵绳实际上是系在鼻绳基部的卸扣上的，而不是直接系在球帆的前角上。鼻绳卸扣应该是可以旋转的，以防止在顺风换舷时产生扭曲。

升帆

这种球帆的升法与传统升法很类似。快速拉帆，把球帆杆向后摆垂直，但是不能太远，升帆索升到顶的同时收紧缭绳。

顺风换舷

传统球帆杆升不对称球帆，顺风换舷的方法是从外侧顺风换舷。球帆的前缘非常靠近前支索，因此没有足够的空间用于从内侧顺风换舷。尽管球帆是跑远路从外侧换舷的，但是球帆杆也必须跟着换舷。

同船首斜杆船上的外侧顺风换舷一样，在船转向顺风的同时，球缭要向外放很远，使得球帆的后角置于船的前方。然后收紧新的缭绳，把球帆从船的前方再拽回来，拉到新的一侧船舷。如图10.8所示。

与此同时，球帆杆从前支索的一侧换舷到另一侧。准备顺风换舷时，松掉牵绳，收紧鼻绳。换舷时，帆前角用鼻绳拉着。从旧的牵绳上解下球帆杆，球帆杆穿过前支索下方，换到新的牵绳上，然后收紧新的牵绳，松开鼻绳。

当松开球帆牵绳和收紧鼻绳时，舵手或许开始先要转向上风，然后再转向下风，同时放开旧的缭绳、拉紧新的缭绳。顺风换舷结束时，舵手或许要跑高一点角度，让帆的受力小一些，直到球帆杆能被向后拉回垂直位置。

降帆

降下不对称球帆有多种选择。

侧顺风时，你可以使用拉平和吹落的方法，如本章前文所述。另一种有效的下风舷降法是使用不受力牵绳降帆。放松缭绳，使球帆飘帆，然后从前帆的下方，用不受力牵绳来拉球帆。另一种方法是，利用上风舷的牵绳把帆拉到上风舷。从牵绳上解下球帆杆，把它放在下风舷，然后使用本章前面讲述的、使用降帆绳从上风舷降帆的方法降帆。

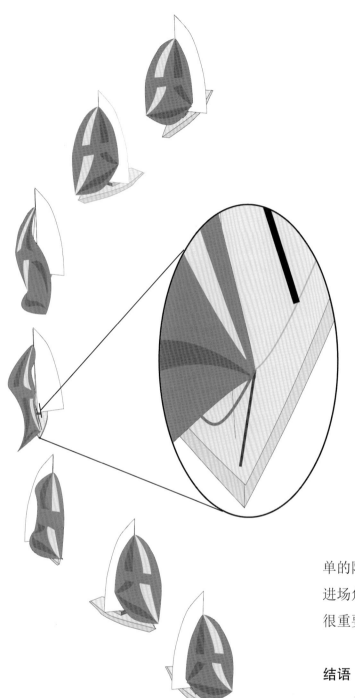

图10.8：在传统桅杆系统的帆船上，不对称球帆顺风换舷要求帆后角从船的前方，绕过球帆的前缘。要松开旧的缭绳，收回很长的新缭绳，才能把帆绕过来。然后球帆杆从旧的牵绳换到新的牵绳上，同时帆前角被一根连接船头的鼻绳给牵着，如插图中所示。当帆前角被向前拉时，舵手或许要先转向上风，然后再转向下风、顺风换舷。类似地，在顺风换舷的结束，舵手或许要跑稍高一点的角度，直到牵绳设置好、球帆杆向后拉回垂直位置。

单的降帆方法。但是无论使用哪种方法，良好的进场角度、留下降帆时尾风行驶的空间，都有着很重要的影响。

结语

　　未来就在这里。传统帆船上的不对称球帆能提供非常优异的性能。操作方法也是一种介于传统方法和船首斜杆方法之间的混合方法，很多细节还有待发掘。随着时间发展，毫无疑问你会以各种想不到的方式把事情搞砸。所以你需要进行很多次试验，才能找到最适合你船的桅杆系统的方法组合。

　　使用不受力缭绳在上风舷降帆是另一个选择，但是优先使用牵绳降帆，因为你很难穿过前支索和球帆前缘之间的缝隙把球帆后角拉到上风舷。

　　同船首斜杆船一样，顺风换舷降帆是最简

10.7 把帆降下来！

无论你是在船首斜杆上，还是在球帆杆上升不对称球帆，总有一些时候，你希望把帆立即降下来！

穿过横杆降帆——又叫作信箱式降法（mail slot drop）——就是其中之一：抓住不受力的缭绳，把它从帆后角直接引过横杆上方，向下进入舱梯口。转向下风顺风行驶（如若可行），放掉帆前角绳，松开升帆索，同时穿过横杆与主帆的缝隙（就像是信箱的投递口）收起球帆，见图10.9。

这种方法必然无法为下次升帆准备妥当，但是这个技术在遇到风暴或者突然的风摆时，非常好用。它需要配松帆脚的主帆（loose footed main，即帆脚不能系在横杆上）。船员应该在横杆的上风舷拉球帆，或者是站在舷梯口里。

降下球帆之后，准备再次升帆可能不会像你想象得那样麻烦。同时系好升帆索、缭绳和帆前角绳，然后就像进来的方式一样，重新（从信箱口）喂出去。

不要盲目相信我说的话——作为风暴演练，先同你的船员一起试验一下。

图10.9："信箱狭缝"降帆是遇到大风时快速降帆的好方法。不受力缭绳直接从帆后角上引过横杆的上方，向下到达舱梯口。松掉帆前角，使帆在主帆后方飘帆，然后从横杆上方拉下球帆，同时降下升帆索。

第11章

对称球帆的调节

11.1 引言

11.2 顺风速度

11.3 初始调帆

11.4 有效速度调帆

11.5 轻风、中等风和大风下
    的调帆

11.6 横风调帆

11.7 结语

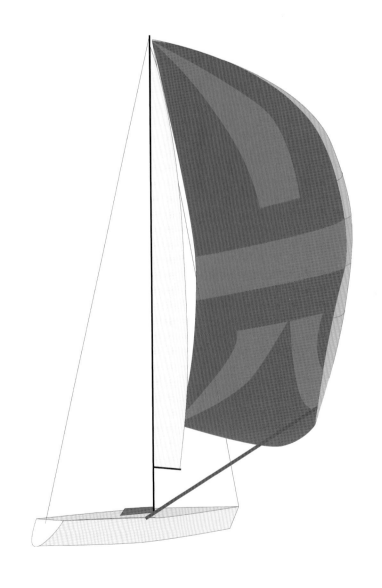

第11章　对称球帆的调节

11.1 引言

现代材料的出现、设计的进步和调帆技术的改进，能够允许我们调节对称球帆的形状，针对各种不同风况精确地微调，发挥出最优的性能。

本章将探讨球帆的调节，首先从顺风速度开始。然后我们讲一下球帆初始调节的原则，然后探索在不同航行条件下的精调手段和帆形控制方法，其中包括有效速度（VMG）行驶、横风行驶、远迎风以及大风行驶。不对称球帆的调节在下一章，即第12章讲解。

11.2 顺风速度

今天的大多数竞赛帆船采用上风—下风航线。下风赛段提供了迷人的竞赛挑战，因为直接跑正顺风，往往达不到最好的结果。因此，我们要在最优速度和最优角度之间搜寻，以最大化我们的顺风速度，即有效速度（Velocity Made Good）。当然，迎风行驶时也是如此，但是顺风时面对的选择范围宽广很多，更难以找到最优组合。

由于在不同的航行条件下，最优组合也会随之变化，因此顺风时的挑战更加复杂。这里我们将讨论适用于大多数（但不是全部）龙骨船的速度参数。

轻风、中等风和大风

顺风速度可以划分为三个区间：轻风、中等风和大风，见图11.1。

轻风，真风3~10节，最优速度是以相对于真风方向成140°~145°的角度行驶。

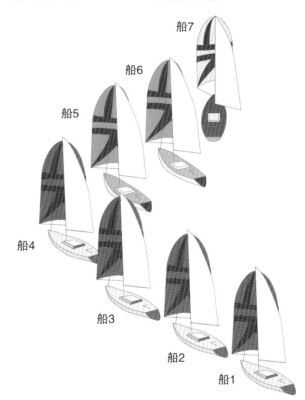

图11.1：在3~10节的轻风下，最优速度通过与真风保持140°~145°的稳定角度来实现。视风角度会向后摆动，从最轻的风对应的95°，到10节风对应的115°。如船1到船4所示。

在10到15节的中等风下，最优真风角度变化范围很大。最优角度会一直向后摆动，直到14节风对应的165°。如船4、5、6所示。

在超过15节的大风下，前往标志的直线航线，或者是能够滑浪行驶的航向，是最快的角度，如船7所示。

这些角度与逆风时的换舷角度近似一样宽。在这种轻风条件下，最大的变量是船速。速度会随着风速明显地变化，而最优角度的改变量则很小。视风角度也会明显变化，轻风下是接近正横，10风节下则偏离正横后方很远。

在10~15节中等风下，最大的变量是航行角度。当风速超过10节的阈值时，船速已经接近达到了全速。尽管风越大，船会跑得越快一些，但是变化最大的是，船能在更低的角度下维持原来的速度。真风速度每增加1节，最优角度就会变化5°。当真风从10节增大到15节时，船速增加了一点，但是角度变低了很多。

大风下，真风超过15节时，直线行驶是最快的。这时候多行驶额外的距离已经没有意义了。对准标志，尽可能快速地行驶。

在很轻的风下（小于3节）和非常大的风下（大于25节），还有几个额外的问题需要注意，下面会讨论。

有效速度

在给定的风速下，找到最优的速度和角度，能带给我们最好的有效速度（Velocity Made Good, VMG）。正如逆风角度跑得太低或者太高，都没有益处，顺风也是如此。后面会更深入

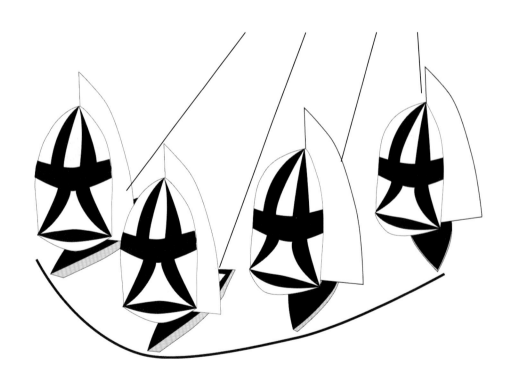

图11.2：最优的顺风速度是让我们朝顺风方向行驶最快的速度，它是速度与角度的组合——速度曲线上的最低点。曲线的形状，以及最优的角度，会随着风速而变化，尤其是在中等风下。

地讨论怎样找到最优的航行角度，我们先来看一下在轻风、中等风和大风下的速度细节，见图11.2。

关于滑行船，有太多的谎言

这里讲到的速度参数，对于中等排水量的龙骨船非常适用。但是对于运动帆船或者其他滑行船体，则不再适用。那些高性能帆船几乎是在所有风力下，都通过跑更高的角度获益，这一点非常类似前文的轻风最优角度——无论是何种风力，先跑高角度开始滑行。进入滑行状态后，视风会摆动地非常靠前。此时，诀窍就在于行驶一个低角度，同时还要保持滑行状态和维持非常靠前的视风角度。

类似地，这些速度参数也不适用于不带球帆的船！对于不升球帆的比赛，用一根杆把前帆撑起，变成蝴蝶帆，然后对准标志行驶。

11.3 初始调帆

球帆的调节有三个标准原则：

第一，收紧牵绳，使球帆杆垂直于视风。参考气流线，或者桅顶的风向标，设置球帆杆角度。

第二，设置球帆杆的高度，使两个帆后角相平。两个帆后角应该位于甲板上方的同等高度，无论船如何侧倾。

第三，调节球帆缭绳——先放松到出现前缘卷曲，然后再收紧——再放松、再收紧。

这些初始调节只是开始。从这里出发，我们要精确地调节和控制帆形，以匹配当前的航行环境，这同我们对其他帆所做的调节一样，见图11.3。

图11.3：初始调帆的3个原则：

1.球帆杆要垂直于风向。

2.调节球帆杆高度，使两个帆后角相平。

3.调节缭绳——放松出现卷曲，再度收紧；放松再收紧。

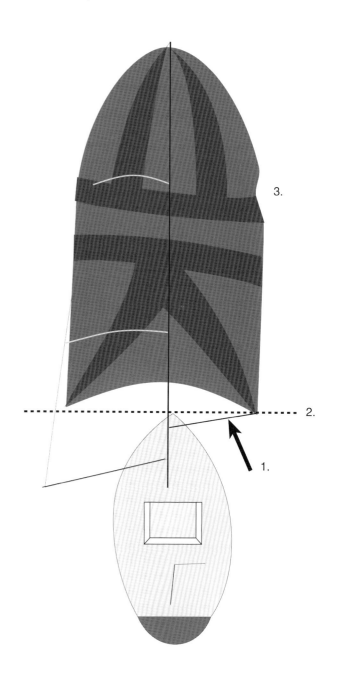

11.4 有效速度调帆

同逆风比赛一样，朝下风标志疾驶时，我们同样也会兼顾速度与角度。我们的目标是最大化有效速度，即VMG。

在初始设置的基础上，我们可以精调球帆的形状，改善船跑高速度、低角度的能力。速度的关键在于保持气流畅通，见图11.4。

对称球帆之所以对称，是因为我们在顺风换舷时，帆前缘和帆后缘必须要颠倒过来。这样的形状——最大弧深位于帆的中央、帆的前后缘形状完全相同——并不是最理想的。前缘和后缘始终不变的帆不是这个样子的。它们的弧深更加靠前，帆后缘被打开，气流更通畅。因此我们会调节球帆的形状，尽量创造出这种更优的形状。

正确的角度和速度会随风速而变化。我们后边很快会探讨这些问题，研究在轻风、中等风和大风下的调帆方法变形。但是首先，我们先看下球帆有哪些调节和控制方法。

球帆的控制方法

我们有三种影响球帆形状的控制方法：球帆杆的高度、牵绳的松紧、缭绳导缆的位置。当然，相对于时刻都在调节的球帆缭绳，这三者都是第二位的。我们将会分别讨论。

缭绳的调节

球帆的调节要求缭手高度集中注意力。缭绳需要时刻不停地调节。过度收紧的球帆会跑得很慢。放松球帆，看到卷曲之后再度收紧，继续放松、收紧。如果缭手停止调节缭绳，船速就会降低；如果缭手未

图11.4：我们通过跑尽量低的角度，同时保持帆前缘到帆后缘的气流通畅，来实现最大的有效速度。

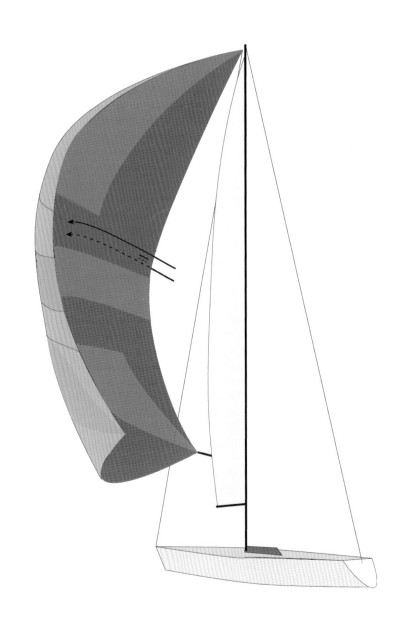

能把全部注意力毫无保留地放在球帆上，球帆稍不留神就会发脾气倒下（瘪塌），见图11.5。

球帆气流线有助于缭绳调帆。外侧的气流线是最重要的一个参考——如果出现气流分离，帆就是被收得过紧了。在侧顺风时，气流线可能飘不起来，但是也要不断地调节缭绳。

球帆杆高度

球帆杆高度受吊索（topping lift）控制。从初始位置出发，帆后角相平，我们可以精调弧深的位置。放低球帆杆能把弧深向前移动，正如在其他帆上增加帆前缘张力也可以把弧深向前移动。这样能产生一个更加开放的帆后缘，更加饱满的入角。通常，帆前角要比帆后角稍微更低一些。正确的球帆杆高度如图11.3所示。

如果球帆杆高度太低，帆前缘的肩膀就会向下凹陷，而帆后缘则扭曲张开，泄漏帆力，见图11.6。

如果球帆杆高度太高，帆前缘会朝下风倒下，而帆后缘会闭合，产生过大的侧倾力量，见图11.7。

把弧深拉到球帆中央的稍靠前的位置。大风下横风行驶时，球帆杆放低一些能够防止弧深被吹得靠后。轻风下选择更高的球帆杆位置，使两个帆后角相

平，能提供额外的帆力。

球帆杆在桅杆上的连接位置也应该调节变化，以保持球帆杆水平；但是如果球帆杆偏离水平6英寸，也不需要强迫它水平。

图11.5：球帆缭绳和球帆杆高度。

时刻不停地调节缭绳——放松缭绳飘帆，然后收紧，再放松、再收紧。时刻不停地调节缭绳。这里的球帆杆高度是正确的，整面帆拥有良好的形状。

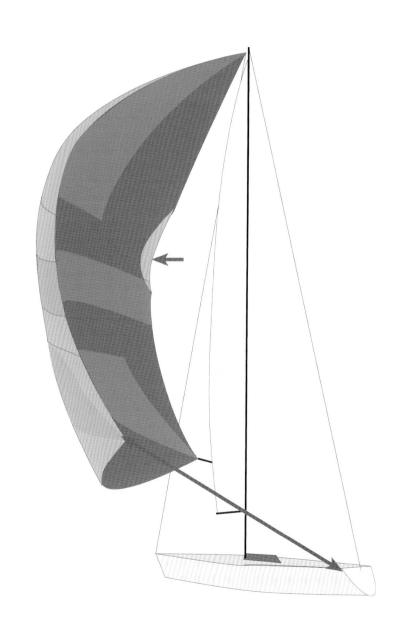

图11.6：这里的球帆杆太低了。帆前缘的上部出现了凹陷，而帆后缘漏风打开。

图11.7：这里的球帆杆太高了。帆前缘的上半部倒下去了，而帆后缘是封闭的。图上嵌套了正确帆形的轮廓，以做对照。

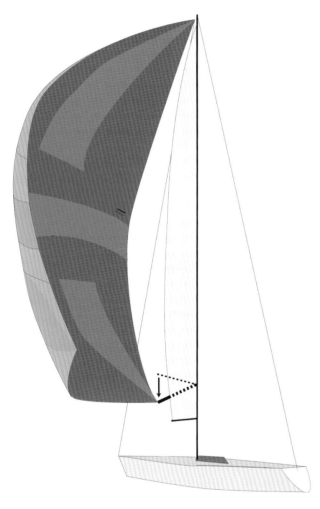

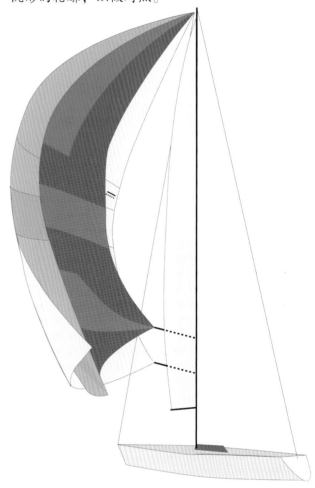

牵绳的调节

牵绳控制着球帆杆的位置。从球帆杆垂直于风向的初始位置开始，我们可以把球帆杆稍微向后拉。

从肩膀到帆前角，寻找一条竖直的球帆前缘。如果球帆杆过于靠后，帆前缘会落到球帆杆的下风。放松牵绳，使球帆杆前移。如果球帆杆过于靠前，球帆的肩膀会向球帆杆的上风突起。这种情况下，要把球帆杆向后拉。

调节牵绳的另一个参考是球帆的帆脚形状。尽量让帆脚的形状去匹配球帆的水平布条的形状。如果帆脚很深，收紧牵绳，把球帆杆向后拉。如果球帆的帆脚是平坦的，或者球帆接触到了前支索，放松牵绳（还有缭绳）。见图11.8。

缭绳、牵绳和缭绳滑车*

随着航向从横风转到侧顺风，放松缭绳、收紧牵绳，使球帆从主帆的背后出来。如果我们

*译者注：球帆的滑车（sheet lead）一般安装在船的两侧尾舷，滑车可以前后移动。

过于依赖放松缭绳，而没有收紧牵绳，那么帆后角就会向外和向上移动，导致球帆的后边缘开放漏风。抬高球帆杆以保持两个帆后角相平只会让事情更糟，因为整面帆都飘浮地过高，而帆顶则向外展平，见图11.9。

正确的方法是放松缭绳的同时，把牵绳向后拉。这样能让球帆从主帆背后站出来，保持一个竖直的外形，以及宽大有力的形状，见图11.10。

球帆缭绳的滑车也可以用来把帆后角向下

压，防止帆后缘漏风，这非常类似于热那亚帆滑车对帆形的控制。尽管移动滑车的位置也有一些效果，但是这会关闭帆后缘，产生气流刹车的效果。如果整面帆飞得太高，你可以把球帆杆向下、向后拉，同时收紧缭绳，见图11.11。

缭绳的滑车还可以从前方向下压，让碎浪中的帆形更稳定。类似地，如果船在大风下开始横摇，这时候可以向下压缭绳更好地控制船。

图11.8：牵绳的调节有两个参考：

首先，我们想要球帆前缘从肩膀到帆前角保持竖直。第二，球帆帆脚的横向形状应匹配帆的中部的形状。

船A：球帆杆过于靠前。帆前角向里弯，帆脚过于饱满。

船B：球帆杆位置正好，帆前缘接近竖直，帆脚形状良好。

船C：球帆杆过于靠后。帆前角朝上风突出，帆脚被展得很平。

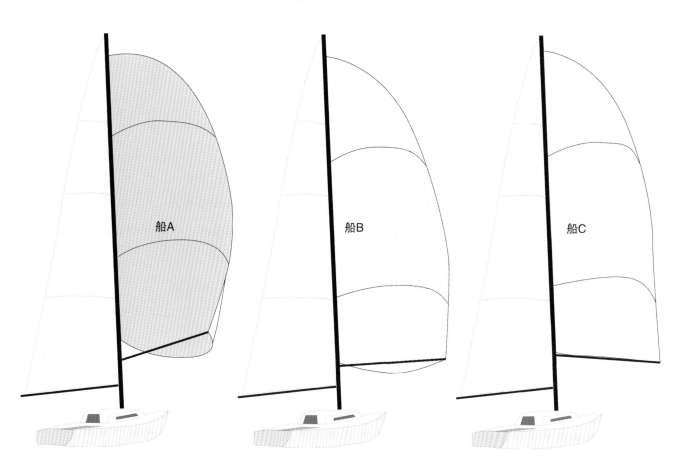

船A　　　　　船B　　　　　船C

图11.9：侧顺风时，若放松缭绳，帆后角倾向于抬高。如果你同样抬高球帆杆，以保持两个帆后角相平，就会造成整面帆飞得太高（船A）。我们的目标是保持一个具备良好竖直外形、力量充足的帆形。我们可以通过收紧牵绳、放松缭绳来实现（船B）。如果帆收得过紧，气流便会与帆面分离（船C）。

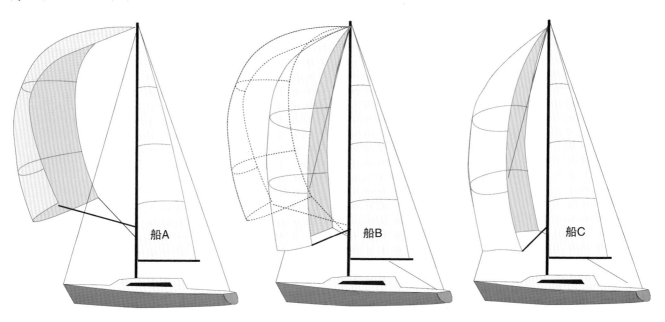

图11.10：过度放松缭绳，使球帆从主帆背后站出来，这可能会导致帆后缘张开且漏风。把球帆杆向后拉，把帆前缘转到上风舷，让帆刚好出现卷曲，然后再收紧缭绳消除卷曲，这样能让球帆保持一个有力的帆形。

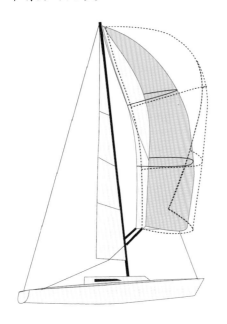

图11.11：如果球帆飞得太高，向后和向下拉球帆杆，同时收紧缭绳。

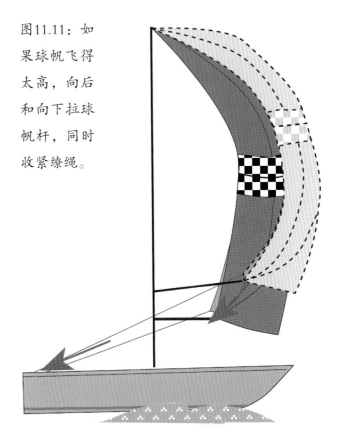

11.5 轻风、中等风和大风下的调帆

上面讲到的所有球帆控制方法，在不同的风况下，还可以进一步地细分。正如我们前边看到的，球帆航行很少是直接对准标志行驶的。通常，你需要多次顺风换舷，跑稍高一些的角度，以获得加速效果，因而要多行驶一些距离。横风时，我们只关心速度。尾风时，我们同时关心速度和角度。

轻风——3～10节

在3～10节的风下，最好行驶一个很夸张的之字形航线。顺风换舷的角度，接近于我们逆风行驶时的迎风换舷角度——大约偏离正顺风40°，或者说与真风呈140°夹角。速度增加的收益，要高于多走的距离。专用的轻风缭绳能帮助保持球帆飘扬（如果你平常用的话，也可以把不受力的牵绳解下来）。

如果你没有真风仪表来引导舵手行驶140°的真风角度，你可以先跑一段与近迎风（45°）相反的航向。等跑起速度来之后，你可以让角度再朝下风增加5°，这样大概就接近140°了。这个时候，你能使用多种方法来感受到最优角度。首先，你应该时刻感觉到风是来自船的一侧。如果视风很轻且靠后，说明你跑的角度太低了。其次，缭手可以通过仔细地感受来自球缭的力量，来引导舵手跑出最优的航向。

缭绳的调节

不停地摆弄缭绳，重点在于一有机会就放松帆。视风的角度应该是在正横（90°）到110°之间。在这样的条件下，舵手要保持一个稳定的真风角度，上下偏差不能超过5°，并且要随着风和船速的变化而调整。随着缭绳上力量的变化，缭手应该告诉舵手船应该继续跑高还是跑低。见图11.12。

球帆杆的高度

从帆后角相平的初始设置出发，我们可以调节球帆杆的高度，以改善球帆的形状。在风级表的低端，球帆杆放得高一点，可以帮助提升整面帆的高度。当船速接近10节时，把球帆杆向下压，能够产生一个更高效的帆形。试着改变球帆杆的高度，找到速度最佳和最容易调帆的高度位置。

牵绳的调节

在最微弱的风中，球帆杆要靠近前支索。随着风力增大，球帆杆可以离开垂直于风向的初始位置，继续向后拉。正如前面所讲的，尽量让帆脚的形状去匹配帆中间的形状。如果帆脚过于饱满，把球帆杆向后拉；如果帆脚被展得太平坦，就把球帆杆放松前移。

碎浪

碎浪造成的摇摆可能会使球帆对不准风向。试着把球缭的角度和球帆杆向下压，产生一个更稳定的帆形。碎浪造成的摇摆很容易被误认为飘帆——因此小心不要把球帆收得太紧。并且应该跑高一点的角度，获得足够的速度来碾过碎浪。

阵风

在轻风下，最优的航行角度不会因为阵强风和阵弱风而变化。舵手应该保持一个稳定的航向，而缭手可以做出调节，以适应变化的风。在轻风下，<u>不要</u>遇到阵强风转向下风、遇到阵弱风

图11.12：在3~10节的风中，最优真风角度大约是140°。在最微弱的风下，球帆杆靠前，放松缭绳，使球帆远离主帆。船员重量朝前和朝下风舷移动，还有放松斜拉索，促进主帆上的空气流动。

随着风速增大到10节，你会接近船体速度。保持船水平地行驶，把球帆杆向后拉到垂直。保持好速度，试着在速度不变的前提下，跑稍低一些的角度。缭手要报出航向。如果行驶的角度太低，你会失去视风速度和球缭上的拉力。在失去速度之前赶快转回上风。注意来自船舷的视风的风感。你能凭感觉知道：在保持良好视风的前提下，船能跑出多低的角度。

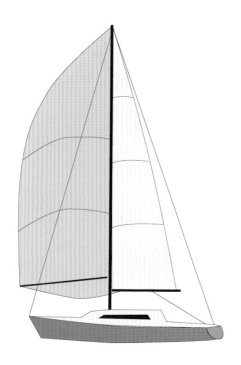

转向上风，见图11.13。

船员的重量

在最微弱的风下，船员的体重要靠前和靠下风舷，目的是让船尾离开水面，以减少湿面积。随着风力增加，重量再向上风舷和向后移动，以控制侧倾。

极限小风

你或许已经注意到，我们的轻风是从3节风速算起的。当风力比3节还小，你就要做一切可以做的事情，让船保持前进。把重量放在下风舷（或者甲板下方），尽量减少船员移动，以及寻找更强的风。速度是你唯一的朋友。等你开始移动之后，可以再试着（近似）对准标志的方向（或者干脆返回码头）。祝你好运。

图11.13：在阵强风和阵弱风中，最优的真风角度不会明显地变化。保持航向，并且根据新风重新调帆。轻风下，<u>不要</u>遇到阵强风转向下风、遇到阵弱风转向上风。

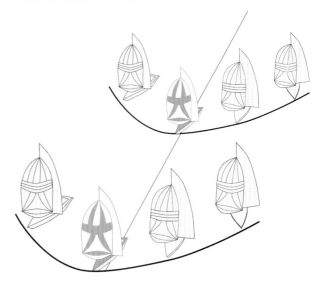

中等风——10到15节

在中等风力范围内，速度的变化非常明显。10节风对应了140°的最优真风角度，15节风下，真风角度可以增大到165°。视风角度同样也会剧烈摆动，从115°摆到155°。

尽管船速是轻风下的最大变量，但在中等风下，船速不会因为风速而大幅度变化。尽管是风越大，船跑得越快，但是变化最大的是船在保持速度不变的前提下，跑低角度的能力。与轻风对比鲜明地是，轻风的最优角度基本保持不变，而在中等风下，最优的角度——而不是速度——却是最大的变量。风速增加一点，我们的角度就能更加对准标志一些。

缭绳的调节

缭手和舵手必须合作，使船跑出尽可能低的角度，同时保持好速度。最好的判断准则不是用真风角度去匹配真风速度，而是参考缭绳上的力量大小。当你感觉到缭绳的拉力很大时，船的角度可以跑低一些；当拉力变小时，转向上风。根据风速的变化，对航向和调帆做出大幅的调整是合适的。

图11.14：球帆的调节步骤。

当球帆杆太高、太靠前时，缭绳是过度放松的，帆前缘会卷曲，而帆后缘会开放漏风。

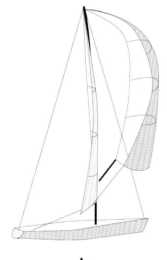

缭绳是收紧的，但是球帆杆过于靠前和过高。帆后角同样也是过高的，导致帆形太平坦，尤其是在高处。

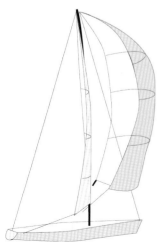

向下、向后拉球帆杆会增加帆力。收紧缭绳，控制卷曲。船此时全速前进。

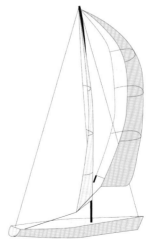

这里的缭绳收得过紧，帆过于靠近桅杆，被主帆挡住了风。同时放松缭绳和牵绳。

球帆杆的高度

球帆杆在后移的同时，也应该升高。当视风来自前方时，我们让球帆杆低一些，使得帆的弧深靠前。随着风和球帆杆向后移动，球帆杆位置再升高一些，可以打开帆前缘的顶部，这样帆在风中的投影面积会更大一些。当然，如果球帆杆太高，那么帆的顶部会漏风敞开，球帆杆下方的面积就损失掉了，如前面几页展示的那样。

牵绳的调节

时刻不停地调节球帆杆，要随着视风角度的变化，与缭绳协同调节。调帆要保持帆前缘竖直，帆脚形状合适。中等风下，视风角度会在阵强风和阵弱风之间剧烈变化。要想维持球帆的形状，调节牵绳是很关键的。光摆弄缭绳是不够的。为了在遇到阵强风时能带着速度转向下风，放松缭绳的同时，必须同样地向后拉牵绳。类似地，遇到阵弱风时，收紧缭绳的同时，也必须松牵绳，否则球帆会受主帆遮挡，吃风不够，见图11.14。

阵强风

在中等风下，遇到阵弱风转向下风，遇到阵弱风转向上风，这对速度很重要。遇到阵强风时，转向下风，保持速度的同时，跑尽量低的角度，同时还要保持住视风和球缭上的拉力。准备好在阵弱风时大幅度做出反应，迅速转向上风以保持速度。见图11.15。

船员的重量

保持船水平地行驶，以维持一个中性的舵性。重量向上风舷、向后移动，帮助船遇到阵强风时转向下风；重量向下风舷、向前移动，帮助船遇到阵弱风时转向上风。更多关于利用船员重量来帮助船转舵的信息，参考第13章第4节——"顺风不操舵"。

图11.15：在10节风下，最优真风角度是大约145°。在15节风下，最优真风角度接近165°。最优角度的这种明显变化要求在应对阵强风和阵弱风时，要大幅度地调帆和操舵。很容易犯的错误就是，遇到阵弱风时跑得角度太低，导致失去速度。

大风——15节以上

当真风速度超过15节时，就完全不用考虑顺风换舷行驶了。把船直接对准标志，然后尽可能地快速行驶。

缭绳的调节

缭绳必须放出去很远，才能防止球帆挡在主帆后面。缭绳放松到出现卷曲的时候再收紧，就这样再放再收。保持球帆的帆后角位于前支索的下风侧。如果帆后角转动到前支索的上风侧，帆脚就会变得太饱满，这会减少球帆的投影面积。

球帆杆的高度

利用球帆杆来控制帆前缘的形状，保持一个50%的弧深位置。如果球帆杆太高，帆前缘就会开放且平坦。同样，球帆杆太高还会导致整个球帆飘高，减少了它在风中的投影面积。如果球帆杆太低，帆前缘会过于饱满，出现凹陷。参考关于球帆杆高度的前文插图。

牵绳的调节

尽可能地把牵绳向后拉，同时保持一个竖直的帆前缘。对于角度很大的侧顺风航行，球帆杆应该是与船垂直的，使球帆的投影面积最大。如果船开始失控地横摇，可以放松牵绳，令球帆杆向前移动，使球帆的中心位于船头的正上方。

当球帆的后角向外飘到前支索的上风侧时，就应该收紧缭绳，把帆后角再拉回下风舷。通常，你可以同时收紧牵绳，把整面球帆拉伸成更大的形状。

船员的重量

把重量集中到上风舷，产生朝上风的倾斜。这有利于帮助球帆从主帆背后跑出来，而且也有助于船在保持速度的前提下，行驶一个更低的角度。当事情失去控制的时候，让船员重量平衡分布到两侧——分开很远，所有人都集中到船尾。

滑浪

与其直线对准标志行驶，不如改变航线，利用波浪。要想抓住一道波浪，收紧帆、转向上风，先建立速度。当你即将从浪上滑下来时，转向下风，留在波浪上，并且在视风向前摆动时，收紧帆。随时准备好松帆，以应对船从波浪上掉下来、速度减少的情况；如果掉下来了，再重新转向上风加速，抓住下一道波浪，见图11.16。

图11.16：在大风下，滑浪行驶。平稳地操舵，以保持速度，然后大幅度地调帆，追赶不断变化的视风角度。

风太大的情况

在非常大的风中，尾风航行是非常吓人的，因为船会开始出现剧烈的横摇，难以控制。正是在这样的情况下，你应该把缭绳的滑车向下压（甚至可能一直向前压到船舷最宽的位置），并且降低球帆杆高度，以最小化横摇。调节球帆，使其中心正好位于船头上方。把船员的重量向后、向下风舷移动，以产生上风舵。如果球帆过于超过上风舷，可能会导致船向上风舷横滚，导致顺风换舷翻船（jibe broach）。这可不是个好事情。让船在球帆的下方行驶，并且跑一个稍高点的角度，防止意外顺风换舷。见图11.17。

当你即将翻船时……

顺风换舷翻船，刚开始看起来只是无害的横摇。突然之间，你发现世界歪倒了。坚持住。松掉球帆的的升帆索，船还能再度站起来。大风中，应该准备好随时放开升帆索——不要打成绳捆，而是要绕住，或者是拖在船的后边。把帆拖上船，重新打包，然后再次尝试……见图11.18。

图11.18：顺风换舷翻覆的结果很糟糕。你可以通过跑高角度、过度收紧帆、重量压在下风舷，加以避免。如果真的要翻船了，坚持住。检查球帆升帆索是顺畅的，然后放掉。

图11.17：调帆控制船。下图从两个不同视角，展示了极大风下，利用调帆控制船的方法。如果球帆飞得太高、跑到了上风舷，这会导致船横摇失控。为了保持控制，向下压球帆，使其位于船的正前方。

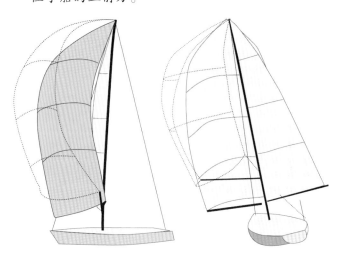

喔！

喔！

喔！

喔！ 喔！

喔！ 喔！ 喔！

喔！
太刺激了！
我们再来一次吧！

11.6 横风*调帆

远迎风调帆

船是远迎风，风来自正横前方，而球帆就像热那亚帆一样工作。你可以在球帆的一半高度上装一对气流线，在每一帆前缘后方大约15英寸的位置。球帆上的气流线就像是热那亚帆上的气流线。外侧的气流线尤其具有价值，它能指导你避免收帆过紧、气流分离。

你还可以根据风况来调节球帆形状，进一步改善远迎风速度。在轻风到中等风下，如果角度想跑得更高一些，你可以把球帆杆设置得更高一些。这会使得球帆的入角更加平坦，就能跑得更贴近风向。较高的球帆杆位置会使弧深位置后移，产生的侧倾力量和阻力也会更大，因此它会跑得较慢；但是这也比球帆塌下来更好，而且角度也能改善几度。

对于大风下的远迎风行驶，可以尝试一下更低的球帆杆高度，同时把球帆杆拉离前支索1英尺的距离。这样可以把弧深位置向前移动，展平帆，打开帆后缘，卸掉多余的帆力。这样的球帆杆高度产生的阻力和侧倾力更小，但是饱满的入角常常导致行驶角度不如正常形状的球帆高，见图11.19。

在大风中，遇到阵强风或者帆力过大时，要放松缭绳，这一点非常重要；否则你会转向上风，失去控制。阵强风到来时，缭绳就要松掉，不要等到船倾斜之后才松；这样增加的帆力才能转化为速度，而不是倾侧力量。斜拉索和主缭同样应该是拿在手里，遇到很大的阵强风时放掉，防止船转向上风。

图11.19：船A，在中等风下远迎风行驶时，调节球帆杆以控制帆力和角度能力。注意热那亚帆此时已经放在了甲板上，装配好，准备好升起。

船B，在大风下，较低的球帆杆高度会把弧深向前移动，打开帆后缘，帮助减少帆力。

船A

船B

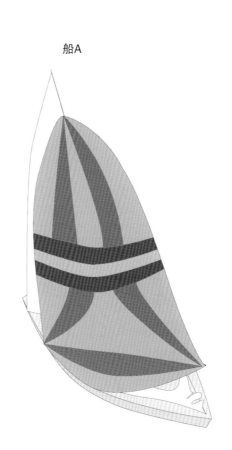
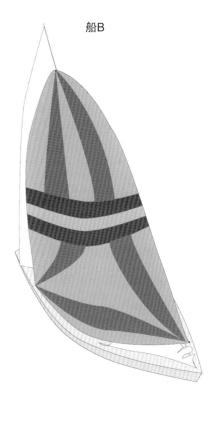

*译者注：这里的横风调帆（reach trim）也包括侧顺风(broad reach)。

对称球帆和支索帆

支索帆可以让船速增加宝贵的1/10倍。支索帆效率最高的理想状况是——横风到侧顺风，平静水域，风力中等到大风。风偏离理想情况越远，支索帆的效率就越低。

支索帆的前角要设置在主帆和球帆的正中间，尽可能地靠近上风舷。正横风时，支索帆的帆前角应该是在船的中心线上。侧顺风时，球帆杆会向后拉，支索帆的前角也应该跟着向上风舷移动。收紧升帆索，单独调节帆前缘上的帆布张力，使帆形平顺、均匀。它的缭绳滑车的位置要使支索帆位于主帆和球帆中间；设置滑车，让帆的上部稍微软一些（扭曲大一些），见图11.20。

永远不要把支索帆收得过紧。这会使得球帆吃风不足，导致球帆塌下来。支索帆可以稍微吃风不足；如果球帆塌下来，就放掉支索帆的缭绳。

魔法规则

只有在能提高速度的情况下才使用支索帆。（哇！）如果它会让船减速，就把它降下来。如果它不能增加速度，或者说使得球帆更加难以调帆，那么就降下支索帆。记住，球帆是第一位的。

使用迷你的卷帆器，可以让支索帆更容易操控。卷起的支索帆更容易打开，你可以通过卷帆、放帆，试验它的效果，这样就不需要通过升帆和降帆来评估支索帆对船速的影响。

图11.20：在理想状况下，支索帆可以增加船速。正横风时，支索帆的帆前角位于船的中心线上，支索帆收紧到主帆和球帆中间的1/2位置。侧顺风时，支索帆的前角向外、向后移动，跟随着球帆杆。迷你卷帆器是很好的附加装备。

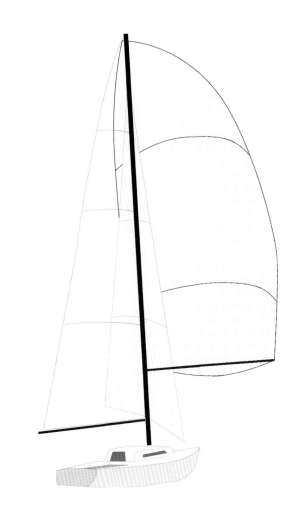

11.7 结语

对称球帆的调节从初始设置开始，此时球帆杆是垂直于风，两个帆后角是同等高度，但是你不能满足于此。你要根据不同的条件，利用多种控制手段来改变球帆的形状。如果你对精调过程感到迷惑，就返回初始设置，重新再来。

颜色的选择

调帆里面，一个很重要但是也很容易被忽略的地方，就是选择合适的颜色。看起来顺眼的球帆，要比花里胡哨的球帆更容易调节，见图11.21。

从实践的角度出发，球帆的边缘最好是对比鲜明的颜色。球帆的第一块布条和第二片布条的颜色对比越鲜明，就越容易看清卷曲，尤其是在夜间。但是，如果使用的颜色太多，也会带来问题。因为每卷帆布的延展特性都稍有不同——哪怕是同一颜色的两卷布。为了有一致的延展性，最好使用同一卷帆布来制作整面帆。

球帆的适用风力范围和保养

如果正确保养的话，球帆可以多年保持发挥顶级性能。只在适合球帆布型的风力下使用，这样球帆的寿命会更长。这里说的适合，取决于帆布的重量、船的重量、风力、海况和航行角度。制帆者会告诉你更多的信息。

如果能干净、干燥地打包球帆，球帆的性能会更好。潮湿的帆可能会褪色。还有，不要长时间（数星期）地把球帆绑成一段一段的帆捆。

关于操纵对称球帆的细节，参考前面的第9章，顺风操船。不对称球帆的调节，见下一章，第12章。

图11.21：调节球帆最棘手的地方就是在设计时选择好颜色。有太多的颜色供你选择，你不需要把它们全部用上。

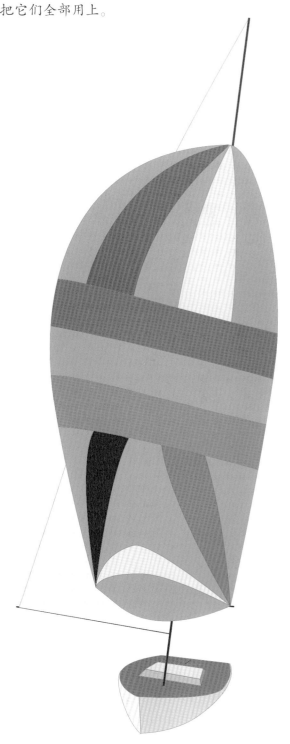

第12章

不对称球帆的调节

12.1 有效速度调帆

12.2 横风调帆

12.3 不对称球帆的知识与技巧

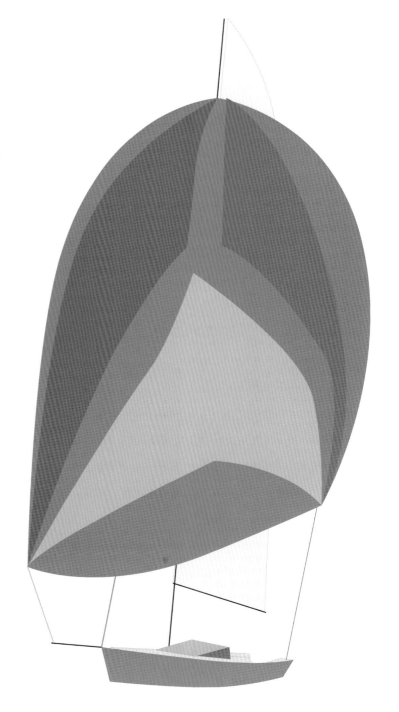

第12章 不对称球帆的调节

12.1 有效速度调帆

运动帆船上的不对称球帆，调帆方法显然较传统对称球帆有所不同。而且由于它们有伸出去的固定船首斜杆，因此也同传统桅杆帆船上的不对称球帆有区别。

除了缭绳和升帆索，控制帆形的索具只有帆前角绳（tack line），它从船首斜杆的末端，连接到帆前角；还有升帆索。一些帆船上还有球缭下压索（twings），把缭绳向下压。

顺风行驶时跑侧顺风

不对称球帆不适合顺风行驶，至少不适合正顺风。到达下风目标的最快方法是跑侧顺风、快速行驶。增加的速度能够弥补增加的距离。最优的航行角度可以高于正顺风40°——这大约和逆风行驶的角度一样。以这样的高的角度行驶，船能保持强劲的视风，以及较高的速度。

技巧在于，先在较大的视风角度下加速，然后再向下风转向，跑一个角度更低的航向。而船速会使视风保持从前方吹来。

舵手和缭手必须合作。当缭绳上的受力增加时（无论是因为激进的航行角度，还是遇到阵强风），缭手应该告诉舵手要转向下风，然后放松球帆缭绳，以减少舵上的力，便于船转向下风。

当缭绳上的受力减少时，缭手应该收紧缭绳，船重新回到上风，找回力量和速度。先跑起速度来，再把角度朝下风压。再转回上风，重新加速，再朝下风压角度。

你永远应该感受到风是从船舷吹来——而不是从船尾吹来。当你感受不到吹过船舷的风时，转向上风，重新找到速度和视风，然后再向下风压，见图12.1。

图12.1：高于正顺风行驶，先建立速度，然后随着视风角度朝前摆动，船转向下风。如果船减速了，重新回到上风，再建立速度和角度，然后再次向下风压。

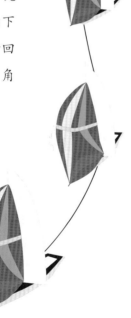

要想获得最好的侧顺风速度，帆前角绳（和缭绳）必须放松，让球帆能转动到上风舷。在把船朝上风或下风转向的同时，调节缭绳。

在船转向下风的时候，放松缭绳，以减少舵上的压力。在转向上风的时候，收紧帆，以增加舵的力量，帮助船转向上风。

放松、放松、放松缭绳！

我曾经询问过一个调帆专家，想知道怎样顺风操纵带船首斜杆的帆船。他回答说："只要记住三件事情，放松、放松，再放松。"松帆产生卷曲，暂停，卷曲消失。再放松。带着卷曲，继续放松。放松更多。通常，帆是因为收得过紧而出现气流分离；必须要放松缭绳。见图12.2。

有时候，侧顺风航行也有必要放松一两英尺的升帆索。这会使得整面帆都能朝上风舷转动更远的角度。升帆索应该放松多少，这里有几个参考：帆是否转到了上风舷？你是否能跑得更低一些、更快一些？如果帆是垂了下来，而不是摆到上风舷，那么升帆索就是放得太多了，或者是你跑的角度太低！类似，如果放松升帆索之后船会失控，那就把它再收回来。随着设计的改进，以及专门用于有效速度航行的不对称球帆的出现，放松帆前角绳的价值越来越小了，而且通常用不着放松升帆索。

临界滑行条件

当真风达到15节时，你或许能够滑行。有必要先跑一个高角度，先进入滑行状态，然后在滑行状态下转向下风、跑低角度。滑行速度的优势，远大于为了进入滑行状态而多行驶的距离，并且能碾压对手。但是反过来讲，如果你无法滑行，你就是行驶错误的方向，浪费很多的能量……

图12.2：船A，侧顺风行驶时，放松、放松，再放松缭绳，放松帆前角绳，使球帆从主帆背后转出来。通过进一步放松帆前角绳，船B能够行驶一个更低的角度，整面帆能够转动到上风舷更远的位置。

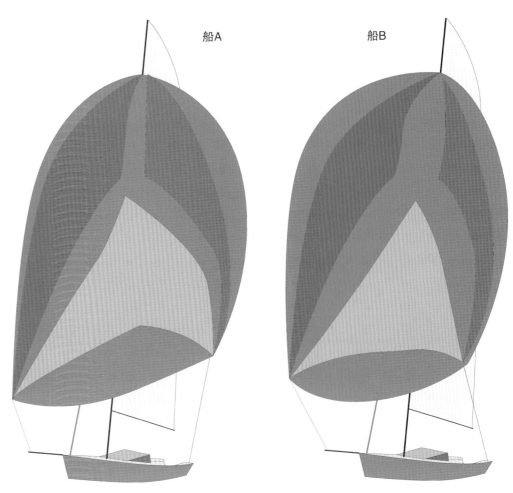

船A　　　　船B

12.2 横风

当目的地是位于横风，而不是顺风时，调帆的步骤反而不那么复杂。我们不再需要担心角度的问题。我们只要朝目标走就行了。或者说，至少看起来如此。

放松和收紧

无论是哪个帆向角，基本的原则是通用的：放松缭绳飘帆，然后再收紧。由于运动帆船加速很快，因此视风角度不停地在变化。在船加速时，需要激进地收缭绳；在船减速时，需要同样激进地松缭绳，以防止出现气流分离。帆收得过紧就会导致速度慢。

远迎风行驶时，根据气流线调帆，或者把帆调到出现小的卷曲。横风时，不对称球帆的速度要比对称球帆快很多。侧顺风时，迫使帆放出去。根据气流线调帆。如果气流线不向后飘，放松到出现卷曲为止。你会对它能向外放的距离而感到惊讶。见图12.3。

帆前角绳（tack Line）

随着航向从远迎风变化到侧顺风，帆前角绳可以放松。远迎风时，帆前角应该贴近球帆杆（船首斜杆），让帆变成不对称球帆（gennaker）的形状。侧顺风时，帆前角绳放松几英尺的长度，以增加帆力，并且让球帆从主帆背后转出来，见图12.2。

帆前角绳究竟应该松多远呢？这里有几个参考：首先，放松帆前角绳的同时，帆前角应该

拉到上风舷。如果帆前角落到下风舷，那就需要把帆前角绳向下压，见图12.4。第二个参考是帆的形状。放松帆前角绳来增加帆力，以此相应地调帆。轻风下，帆前角绳要多放出一些，哪怕是横风。大风中侧顺风行驶时，放松的长度不应该像轻风下那么多。

另一个有价值的参考是球帆气流线。气流线安装在帆前缘后方1.5~2英尺、1/3和2/3高度的位置。当帆前角绳的高度设置正确时，上方气流线和下方气流线的行为应该类似。

跑得更快些

事实真相是，除了角度和调帆，要注意细节还有很多。通常，你可以使用前面讲过的、用于有效速度航行的方法，在横风上提高速度。下面是怎么做：

与其对准标志行驶和调帆，不如稍微转向上风，以建立速度和视风。速度建立起来之后，视风也会起来，而且是从前方吹来。当视风移动到前方时，你就可以转向下风，保持新的视风和船速，跑一个更低的角度。

当速度周期又再度降低时，重新转回上风。重新建立速度，再次转向下风。

舵手和缭手必须协调努力，优化速度。如果舵上的力量很大，船就难以转向下风。在速度提高时，缭手需要放松缭绳，让船转向下风，这样就不需要在舵上施加很大力量。类似地，收紧帆来帮助船转向上风，而不是用舵来转向。

图12.3：船A，跑远迎风时，缭绳用力收紧。不对称球帆的形状就像是一面热那亚帆，帆形产生的力量更少，但能跑的角度更高。

船B，横风时，缭绳放松，产生一个更类似对称球帆的形状，力量更大。

图12.4：如果放松帆前角绳会导致球帆落到下风舷，那么就把帆前角绳拉近船首斜杆。

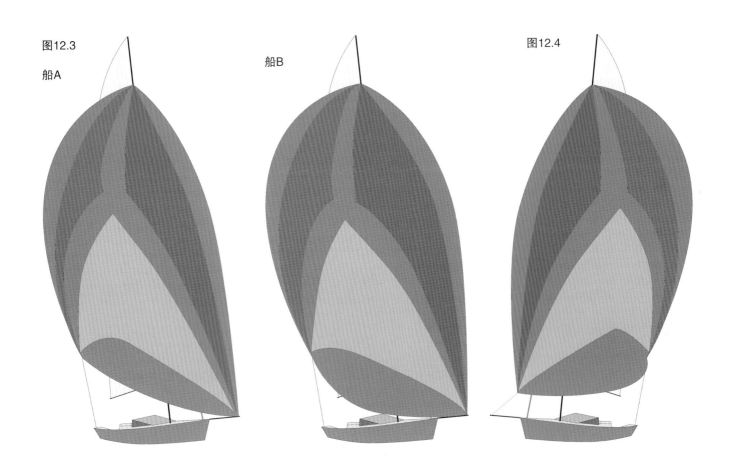

图12.3
船A

船B

图12.4

12.3 不对称球帆的知识与技巧

意外顺风换舷的临界状态

在一些条件下，在意外顺风换舷的临界状态下行驶，速度会更快。稍微地在错误的受风舷上行驶，让主帆顺风换舷。放松几英尺长度的帆前角绳和升帆索，让球帆飞到上风舷很远的地方。船会朝上风舷横摇。让它横摇，然后坚持住！

在清劲风下，蝴蝶帆也可以跑得很快，哪怕这种风力还无法让船进入滑行状态。蝴蝶帆还能让你正顺风驶向标志，而不需要球帆顺风换舷，见图12.5。

顺风时钻船尾很有挑战！

　　顺风时遇到左舷船－右舷船交叉相遇的情形时，要当心钻过对方船尾的危险性！当你转向上风，想要从右舷船的船尾通过时，你船会加速，因此跑的角度必须更高一些！你或许突然发现自己的船倾斜了，球帆盖在了右舷船的上方，或者是你船直接转向上风然后翻船。交叉相遇很难算准时机，要提前规划好，逐渐地转弯。不要顺风换舷。继续向前走，然后钻对方的船尾。这样你就拥有了航行权——位于内侧和右方，有权左舷绕标；而且下一步，你可以准备顺风换舷降帆。

绕标的危险

　　把船首斜杆收在船的一个角落。

　　在绕下风标志时，如果你想从对手的内侧插入，务必要把船首斜杆缩回来。否则等你船头切入对方内侧时，船首斜杆可能会刮到对方的船尾！

　　类似，在绕行拥挤的上风标志时，船首斜杆也是一个危险。大部分级别帆船要求在绕标前收起船首斜杆。

图12.5：在中等到大风下，稍微地跑一个意外顺风换舷的临界角度，让不对称球帆和主帆形成蝴蝶帆，这个帆向角虽然难以操纵，但是速度很快。

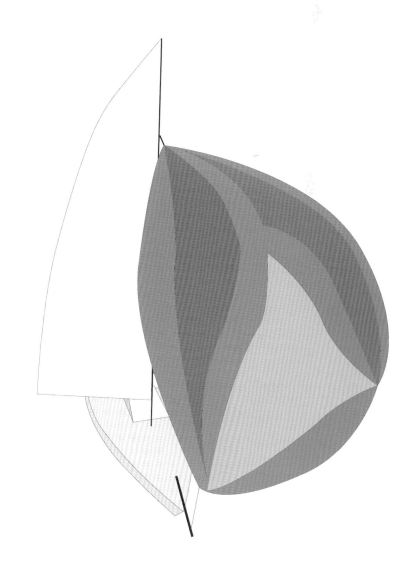

第13章

顺风操舵

13.1 引言

13.2 侧顺风操舵

13.3 尾风操舵

13.4 顺风不操舵

13.5 顺风换舷和绕标

13.6 结语

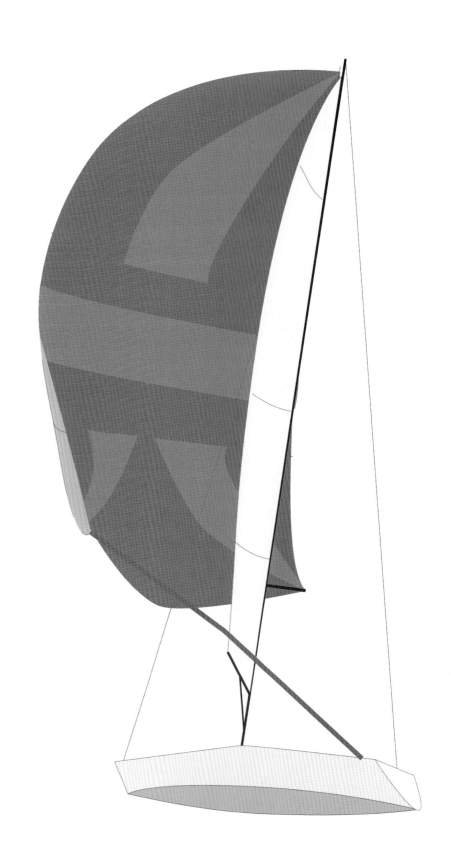

第13章　顺风操舵

13.1 引言

　　顺风操舵，包括侧顺风和尾风，要求舵手和球帆缭手之间协调配合。与舵手一样，球帆缭手通常也对速度有着良好的感觉；两人可以合作，利用好遇到的风力变化。

　　当然，舵手还要对其他变量做出反应。战术师可能会建议这样做，而变化的风力条件要求那样做。同时，舵手还要根据缭手感受到的缭绳拉力和船速做出反应。而且这些建议多半是相互冲突的——朝上风转、朝下风转、舵量大些、舵量小一些。

　　给舵手保留一点安宁的有效方法是，把所有的建议先让缭手做个汇总。若没有良好的调帆，再好的战术也不会成功；因此最好让缭手参与到沟通中来。这能让缭手了解现时的状况。而且舵手也会好过一些，因为他只能对一个人的声音做出回应。

13.2 侧顺风操舵

轻风到中等风

　　两点之间最短的距离是直线……至少在侧顺风时如此。根据这个基本原则来计划航行，然后，你要根据战术和航行条件的变化来做出修正。

　　在多变的风力条件下，舵手应该在必要时朝上风或下风转舵，保持良好平均航向的同时，也要保持好速度。遇到阵弱风转向上风，遇到阵强风转向下风。这是侧顺风航行时的良好建议。更好的做法是与缭手合作：当球帆缭绳拉力小时，转向上风；缭绳拉力最大时转向下风。要求的航向改变量取决于风速。轻风下，你需要激进地转向上风才能让帆受力。在中等风下，重新加速相对更容易，而且在帆完全受力的情况下，你可以更激进地转向下风。见图13.1。

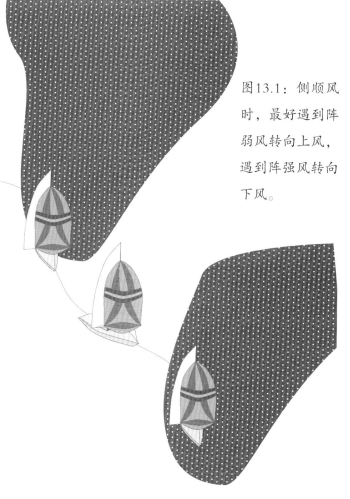

图13.1：侧顺风时，最好遇到阵弱风转向上风，遇到阵强风转向下风。

从战术上讲，侧顺风时，舵手有时候必须突然转向上风，有可能是为了驶过另一条船，也有可能是为了防守自己的位置。在行动之前，先警告缭手，这样成功的概率更大。未能警告缭手而突然改变航向，常常会导致战术功亏一篑。

大风

大风下，舵手完全受缭手的摆布。当船的帆力过大时，斜拉索、主缭和球缭都必须放松，否则船会转向上风、翻覆。只要你能控制得住，就使用尽量大的帆力，这样船就跑得快。出现上风舵是可以的，只要不让水流与舵分离即可，否则这会导致船转向上风。手要抓住斜拉索，如果舵马上就要与水流分离了，赶快放掉斜拉索。

不要被偶然的转向上风吓倒。重新组织好船，看看在下次转向上风之前，船还能行驶多远。

如果船真的即将要翻倒，你可以让球帆和主帆飘帆，加速船的自动扶正。先转向下风，到达一个低于你理想航行角度的航向，然后再收缭绳。只有在你收紧缭绳、重新控制住船之后，再转向上风，返回你的理想航向，见图13.2。

在多阵风的条件下，你需要激进地调帆，以卸掉舵上的力量，并且建立速度。遇到阵强风放松帆，这样可以把阵强风的力量转化成速度，

图13.2：大风下跑侧顺风时，让主帆飘帆，放掉斜拉索和球缭，以阻止船转向上风。

如果真的要翻船了，飘帆，然后转到一个低于先前角度的航向，然后再重新收紧缭绳。

而不是侧倾。

如果前往标志的航向正好是在使用球帆和使用前帆之间的分界线上，那么使用零号帆能够同时拥有良好的控制和优异的速度。如果你没有零号帆，那么可以利用球帆，先行驶一个稍低的航向，等到需要横风行驶时，再换成三角前帆。不要试图单凭球帆，或者单凭前帆来行驶这个临界航向。

13.3 尾风操舵

风速和船型的差异，会使得尾风行驶的目标有所不同。下面讲述的思想适用于中等排水量的龙骨船。对于超轻的运动型帆船，事情会有所不同。无论是哪种船型，舵手和缭手都必须认清同一个目标。

轻风（真风4~10节）

轻风下（最大真风10节），最优航行角度是大约偏离真风向140°（高于正顺风40°）。随着风速的变化，这个角度变化量非常小。轻风下尾风行驶时，遇到阵强风转向下风、遇到阵弱风转向上风的做法是错误的！用换舷的方法顺风行驶，保持视风来自正横的前方，这样才能跑得快。根据风调节缭绳，同时行驶一个稳定的航向。见图13.3船1、2、3、4。

中等风（真风10-15节）

在中等风下，随着风速变化，最优速度和最优航行角度会剧烈变化。风速每变化1节，最优航向摆动5°。风速为10节时，最优航行角度是140°（相对于真风向）。在15节风速下，165°的真风角度是最优的。

风速每次变化，舵手都要激进地做出回应，遇到阵强风转向下风，遇到阵弱风转向上风。这与轻风下的正确操作截然不同。当舵手改变航向时，缭手也要激进地调帆，这不只是调节缭绳，还有牵绳和球帆杆吊索。见图13.3船4、5、6。

当然，舵每动一下，船都会减速。为了最小化操舵动作，参考下一节，"顺风不操舵技术"。

大风（15节以上）

当风力超过15节时，你不再需要顾虑改变航行角度的问题。直接对准标志，快速行驶。如果可以的话，滑浪行驶，见图13.3船7。

利用船员重量来平衡舵性，或者尝试利用朝上风舷的侧倾，把船头向下风压——只要你能控制得住船。在帆力过大的风中，比如20节以上，控制船会是很大的问题，这时候，朝上风舷倾斜就不是一个好主意。

大风下的尾风行驶能够导致死亡横摇（death roll）和翻覆（broach）。要想控制横摇，需要避免正顺风行驶，把球帆调到船的正上方——不要让球帆飘到上风舷，并且向下压缭绳和球帆杆。同样，让船员的重量后移——大风下，每个人都应该坐在船的后方，见图13.4。

这里再提一下横杆上的防止意外顺风换舷索（保险索）。大风下，它们很容易断掉，从而给人一种错误的安全感（也有可能是横杆断掉）。如果船朝下风舷横摇时，横杆击打水面，保险索还可能导致翻船。如果船真的翻了，并且保险索没有放开，它会把船压制在翻倒的姿势上，直到有人把它松开。

大风条件下，操舵的力气要足够大，才能控制住船。但是你要记住，舵上的每个动作都会减慢船速。平稳操舵才能换来速度。

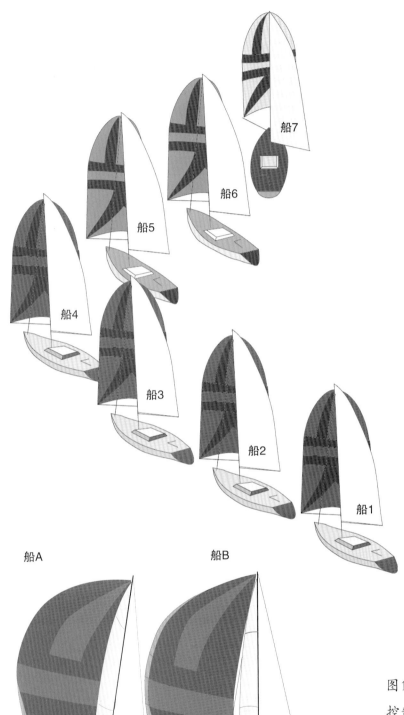

图13.3：船1、2、3、4，在最大10节的风中尾风行驶，重点放在船速上，最优航行角度几乎没有变化。

船4、5、6，在10~14节的中等风下，最优角度会变化很大。

船7，在15节以上的风下，直线最快。

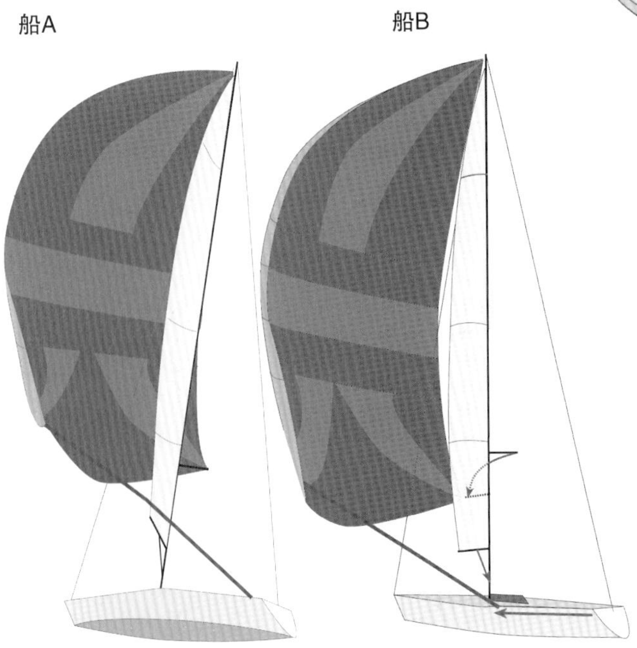

图13.4：船A在大风下横摇，导致船难以控制。船B通过向下压球缭，向下和向前移动球帆杆，重新控制住了船。收紧斜拉索，转向上风，船员重量放在下风舷，也会有所帮助。

13.4 顺风不操舵

下面整个过程完全不需要讲话：阵强风到来时，海蒂和杰夫从舱顶移动到船舷。汤姆向后拉牵绳，大卫放松球缭。杰克放松主帆。船就稍稍转向下风，然后加速。

随着阵强风消失，海蒂和杰夫滑到船内，球帆杆向前移动，球帆缭绳被收紧，主帆向里移动。船带着速度转向上风。

舵手罗恩，几乎是一动不动地坐着：当船员们利用体重和调帆让船转向时，舵手只是让舵轮在他手里转动。渐渐地，我们超越了另一条37英尺的船，角度更低、速度更快地顺风驶离。

是的，我们可以使用船员重量和调帆，在顺风时控制住任何一条船的方向。利用体重和帆控制方向，并不是小帆船水手的专利。在大帆船上，它的效果也很灵敏。你越少依赖用舵去控制方向，船就跑得越快。下面是背后的原理。

转向下风

中等风下，遇到阵强风，我们想要转向下风。阵强风到来时，速度增加，我们即使跑更低的角度，也能保持住目标速度。转向下风还有助于你在阵强风中停留更长的时间。

要想转向下风，船员重量移动到上风舷，球帆转动到上风舷。遇到阵强风就放松球缭。阵强风会使视风角度向后移动，因此缭绳需要放松。在放松缭绳的同时，向后拉牵绳，以保持合适的球帆形状，同时让球帆朝上风舷转动。放松主帆，消除上风舵，见图13.5。

你需要把一些船员重量移动到上风舷，只

是为了抵消阵强风产生的侧倾力量。可能需要多耗费一些船员重量，才能有效地帮助船转向下风。

转向上风

随着阵强风的减弱，这时最好重新转向上风，以保持视风速度，行驶新的目标角度。随着船减速，你无法像在阵强风中一样，行驶那么低的角度。

图13.5：想要转向下风，放松帆，向后收牵绳，船员重量移动到上风舷。

转向上风，你只需要把转向下风的步骤反过来。收球缭，放松牵绳。收紧主帆，船员的重量向前、向下风舷移动，见图13.6。

顺风不操舵

下一次你在轻风下顺风操舵时，不要再使用舵了。利用船员的重量来控制船的方向。如果能做到顺风"不操舵"，船会跑得更快。

图13.6：想要转向上风，过程反过来：收紧帆，球帆杆前移，重量压在下风舷。

13.5 顺风换舷和绕标

顺风换舷

根据船员的工作进度转弯。保持球帆位于船的下风向。船在转弯的同时，球帆应该转到船另一侧。把船保持在一个角度非常大的侧顺风上，然后顺风换舷到另一个侧顺风；穿过正顺风的时候不要迟疑。在顺风换舷过程中，把船停在正顺风是危险的。当船处于正顺风时，会产生横摇，难以操舵和调帆。另外，正顺风时，空气会同时流过球帆的两条边，可能导致球帆塌下来，或者卷起来，见图13.7。

侧顺风到侧顺风的顺风换舷，转弯要早，指示船员们要尽可能快地转动球帆。你可以从横风迅速转到一个角度非常大的侧顺风，然后停顿一下，给缭手留点追赶的时机，然后再完成转弯。

顺风换舷在"第9章 顺风操船"和"第10章 不对称球帆的操纵"中有详细介绍。

绕标

平稳、顺畅地转弯，以保持好速度。了解自己船的特点，给船留下充足的空间，做到宽进窄出；舵量不要太大，避免损失速度。

顺风换舷绕标时，跑稍微高一点的角度，提早换舷，这样你在绕过标志的同时，能够完成换舷。当下一赛段是横风时，这种做法尤其有用。

在绕下风标志时，以很宽的距离开始绕标，平滑地转弯以保持好速度。寻找一个参考

图13.7

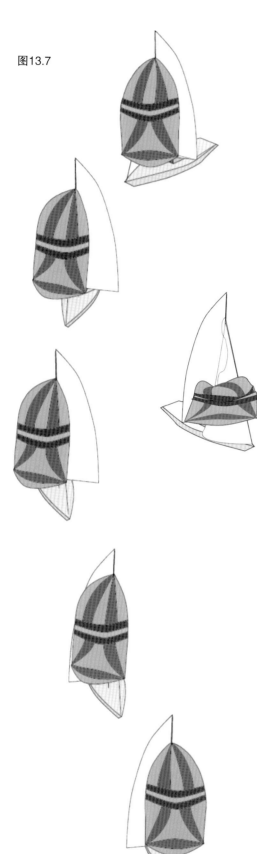

图13.7：顺风换舷时，从侧顺风到侧顺风，平稳地转弯。转弯的速度要与调帆匹配，而且不要让船停留在正顺风。

图13.8：绕标时，宽进窄出。用帆和重量来控制方向，以保持好船速，沿着船的自然转弯圆弧行驶。

图13.8

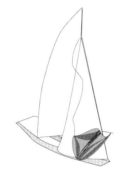

点，在降下球帆的慌乱中，让它引导你转向近迎风。

转弯要与船的自然转弯半径，以及缭手的操作速度相匹配，见图13.8。

13.6 结语

顺风行驶的时候，船上很多人都是舵手，其中只有一名舵手是坐在舵的旁边。全体船员，都需要共同合作，才能让船快速顺风行驶。航向和航行条件不同，目标也会不同，成功所需的技术也会不同。最终，跑得快的船，是那些调帆优良、舵性平衡、操舵平稳的船。

第14章

船的准备

14.1 引言

14.2 船底的准备

14.3 甲板以下

14.4 甲板

14.5 结语

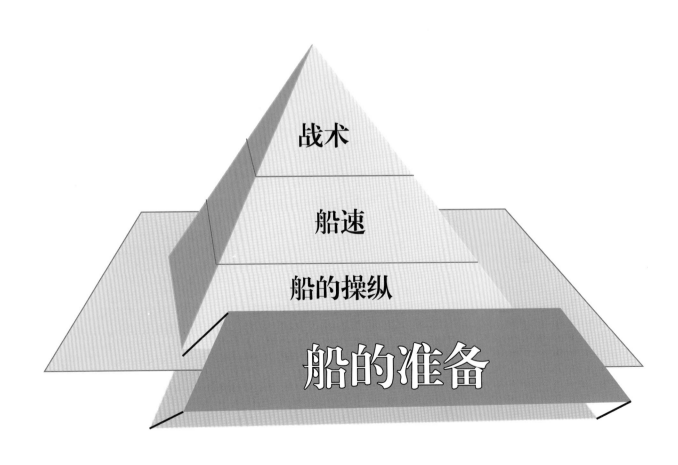

第14章 船的准备

14.1 引言

船的准备，是竞赛金字塔下面看不见的地基。准备良好、整理有序的船是成功的第一要素。如果你不如竞争对手准备得充分，那么你至少要比对方跑得更好，才能拿到和对手一样的成绩！

准备好船带来的收益，是与你的努力成正比的。关键是要提早地做好准备工作，这样就能让船提早下水，也能在赛季开始之前，留下充足的练习时间。把本该用来练习的时间用来准备船，这简直是水手的耻辱。

准备工作重点放在三个方面：水线以下，甲板以下，甲板以上的器材。桅杆系统的精调放在下一章。

14.2 船底的准备

赛季开始之前，若能对船体和龙骨进行一遍塑形、打磨和抛光处理，整个赛季你都能从中获益。对于迎风船速，龙骨等船体水下部分与帆一样重要。处理好船体水下部分之后，你就不用再担心它了，只需每周清理一次船底即可；还有

注意不要搁浅。

对于船底的整体布局，你能做的事情并不多（除非你想整体全部更换）；但是，提高当前形状下的速度，你还是能做很多事情的。现代龙骨的设计形状非常精细。对于新手，确保你的船底形状符合其原本设计！在此基础之上，再让它保持光顺和平滑。见图14.1。

图14.1：你或许无法改变龙骨的整体外形，但是你可以确保它是光顺和平滑的。记住，龙骨的形状对迎风速度的影响，同调帆一样重要。要确保它是正确的形状。

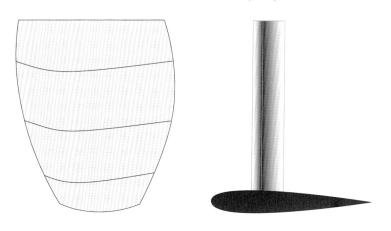

图14.2：龙骨的前边缘（a）应该是圆的，而后边缘（b）应该有一个切断斜角。龙骨后半部分应该是平坦的形状，没有凹陷（c）。

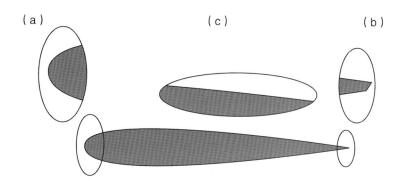

龙骨前边缘的截面应该是标准的圆弧，向后展成一个抛物面的形状，一直延续到最大厚度的位置。自此之后，也就是从大约前缘后方1/3的位置出发，形状以直线——或者说平面——向后延伸到后边缘。向后的形状可以是稍有凸起的，但不能有凹陷。尾边缘应该是陡峭地切断。理想情况是最好有一个纤细的刀刃，但是这样会容易折断。更现实一点的形状是锋利地断口，大约在1/8英寸厚度的位置切断。龙骨尾边缘的断口是有斜角的，以最小化湍流产生的振动（尽管湍流振动的声音听着好听，但是会产生阻力）。见图14.2。

典型的鳍龙骨大约是在33%长度的位置，有10%的厚度。这就表示说，在前边缘后方33%弦长的位置，最大厚度是10%的弦长。一些设计者使用稍厚一点的形状，一些设计者使用薄的形状。还有设计者使用椭圆形状；而且关于翼龙骨，还有很多令人困惑不清的地方。设计师的目标是把龙骨，与船体和帆装的潜能匹配起来。关于船的龙骨的设计细节，你可以询问其设计师。

知道了理想的龙骨形状之后，你要让龙骨去匹配这个形状。打磨掉突出的尖角，用环氧树脂填平低洼的地方。有了良好的形状之后，用砂纸打磨光顺。从粗糙的400目砂纸开始，一直打磨到600目的干、湿砂纸。一半的工作量花在龙骨上，另一半花在船体上；再花10%的工作量放在舵上。用铜丝球抛光，喷上船底漆。再次抛光，达到如镜面般平整的表面。总工作量：110%！

最后两点

第一，不要独自承担痛苦。组织一个工作团队，让所有船员一起来打磨船底。这是一个很好的忠诚测试。务必准备好足够的砂纸，还有啤酒。先把砂纸拿出来，工作完成之后才是啤酒。

第二，务必要戴好防卫眼镜和口罩。所有的材料都是有毒的。它会刺激你的眼睛和肺，毒化你的血液。你或许还可以考虑花一笔大钱，雇专业人士来做。等你亲自做过一遍之后，你就明白离谱的报价到底是有多么合理了。

图14.3：重量应该待的地方只有两个。一个是不要待在船上，另一个就是龙骨的末端。把所有的重量从船头、船尾移走。所有拿不走的东西都应该集中放在低且靠近船中间的位置。把帆从船头搬走，堆在船舱里的地板上。把工具箱和巡航器材从船上卸下来。只携带比赛中能用到的必需品。

14.3 甲板以下

能够承受重量的地方只有两个：不在船上，或者船上低的位置，目标是为了提高稳性。除非是规则另有要求，所有的重量都应该集中在低且靠近船中间的位置，或者干脆卸下船。所有放在末端的重量——船头、船尾或者桅杆上，都会导致船速降低。每隔一段时间，尤其是在完成一次长距离比赛或者巡航之后，把所有的东西卸下船，（清洁一遍），然后只装载必需的东西。船上很容易堆满杂物。你要与这种习惯做斗争。见图14.3。

船员的重量，相对于器材的重量来讲，是可以移动的，也就是可以利用的。多几名船员不会对整体重量改变多少，但是对于扶正力矩和速度有显著的提高。关键在于，要把重量放在正确的地方。甲板的布局应该鼓励做到这一点。

14.4 甲板

甲板布局应该鼓励正确的重量分布，能让船员不受干扰地完成自己的工作。例如，一些船把升帆索向后引，而另一些船则把升帆索绞盘和夹绳器安装在桅杆上。你要确保甲板布局能够促进船上正确的重量分布。

同样，所有的器材也要配合达成这个目标；查看四周，寻找新的想法。总之，要确保所有的器材能正常工作。完成这项工作时，不能忽略细节。

尝试下面的一些做法：

•用颜色给绳子编号，便于识别。

•在前帆的帆槽（帆轨）高于甲板6英尺的位置做上标记。在前帆前缘上也画好对应的标记，两者正好在升帆索拉力正确时对齐。（这要比在

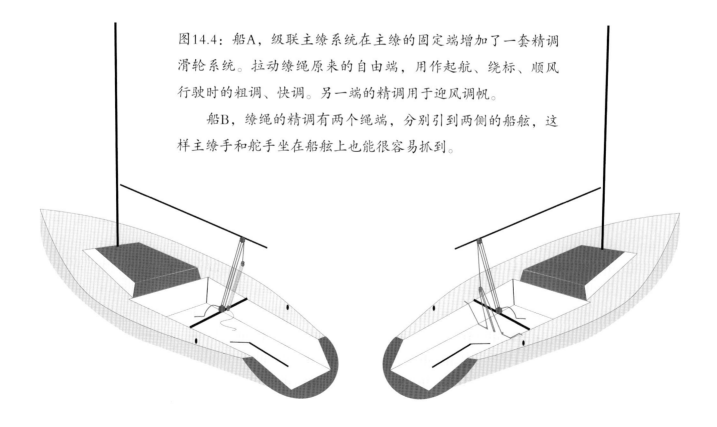

图14.4：船A，级联主缭系统在主缭的固定端增加了一套精调滑轮系统。拉动缭绳原来的自由端，用作起航、绕标、顺风行驶时的粗调、快调。另一端的精调用于迎风调帆。

船B，缭绳的精调有两个绳端，分别引到两侧的船舷，这样主缭手和舵手坐在船舷上也能很容易抓到。

甲板标记数字和在升帆索上做标记简单多了。）

•在主帆升帆索上，对应每个缩帆位置做一个标记，这样你就知道缩帆时应该把升帆索降到哪个位置。

•加装一个滚珠轴承滑车，这样就可以灵活调节滑车。

•安装一套级联主缭系统，放大控制主帆的力量；或者尝试安装一套双端级联主缭系统（double end cascading mainsheet），方便使用，见图14.4。

•增加可调的前缭滑车，便于控制热那亚帆的形状。

•球帆的前牵索/球缭下压索做成两个操作端，这样总是可以从上风舷调节。

•把后支索的调节绳向前引，这样船员的重量就不用压在船尾，而且更容易操作后支索。

•给舵手安装脚挡，这样即使在船侧倾时，操舵也很舒适。

•去掉可以不用的器材。减少重量和杂乱。

•携带一套强力的滑轮组，两个滑轮端都安装卸扣，这又被称为hobble。它的用途很广泛。例如，可以用作换帆或清除绞盘缠绕时的临时前缭，也可以用作球帆的内拉索，或者是用作横杆稳定器，等等。见图14.5。

•把球帆杆的吊索换成一段长绳，长度足以在降帆之后迎风换舷时，让吊索依然留在球帆杆上。

14.5 结语

不要因为本章内容简短，就认为它不重要。很多帆船比赛在开始前就已经输了。

图14.5："hobble"是一个两端自带卸扣的滑轮组，类似于横杆斜拉索。它有很多用途，比如上图展示的，用作换帆时的临时前缭。它还可以用于球帆的升帆。当你在上风标志处放松前缭时，用这个滑轮组以良好的靠外角度承受前帆的力量，这样就把缭手和主绞盘空了出来。

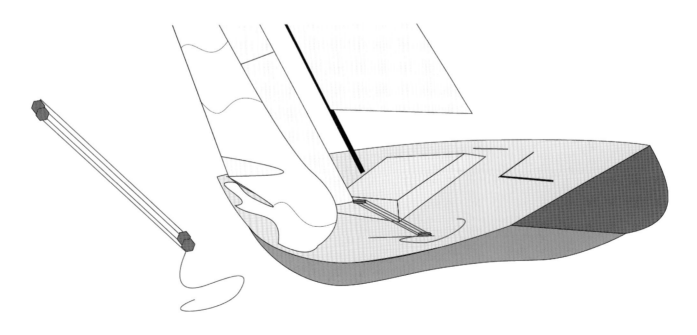

第15章
桅杆系统的调节

15.1 引言

15.2 桅顶支桅式桅杆的调节

15.3 分段支桅式桅杆的调节

15.4 结语

第15章 桅杆系统的调节

15.1 引言

桅杆系统没有正确地精调好，调帆和速度就无从谈起。幸运的是，调节桅杆是一种按部就班的简单步骤。

本章将讨论桅顶支桅式（masthead rig）和分段支桅式（fractional rig）*桅杆的调节方法。

调节桅杆的目标是（图15.1）：

•消除横向弯曲和倾斜。

•设置正确的桅杆纵向弯曲，以产生正确的舵效平衡。

•精调桅杆的预弯曲量，以匹配主帆的设计。

•控制桅杆弯曲和前支索凹陷。

15.2 桅顶支桅式桅杆的调节

横向弯曲和倾斜

（1）检查桅杆座位于船体的中央，桅杆底端固定在桅座上。

（2）把桅杆居中，用垫圈（partner）把它垫住。（在立起桅杆之前，从船头到船尾拉一根线，检查垫圈是在甲板上居中放置。）

（3）均匀地收紧上侧支索（upper shroud），保持桅杆居中。用主帆升帆索和弹力绳测量，确定桅杆是居中的。只凭手去感觉侧支索上的张力是不精确的。测量桅顶到侧支索基座（chainplate）和其他对称点的长度，见图15.2。

（4）继续收紧上侧支索；记下转动的圈数和测量的读数。如果桅杆不再竖直，往后退几

圈。小心不要损坏花篮螺丝的螺纹。不要收得过紧。

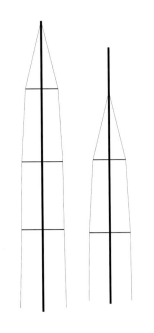

图15.1：无论是哪种类型的桅杆，调节桅杆的目标包括：控制横向弯曲、横向倾斜、前后倾斜、预弯曲，以及前支索凹陷。

图15.2：调节桅杆的第一步是把桅杆在船上居中。测量桅顶到达每个船舷的固定点的距离，确保桅杆是居中的。

*译者注：这是两种桅杆系统。桅顶支桅式，前支索连接到桅顶；分段支桅式，前支索只连接到桅杆的一段高度，不到桅顶。详见书末词汇表。

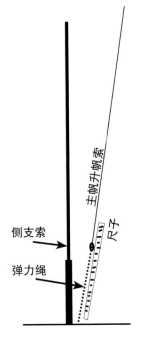

（5）继续向下调节中间侧支索和下侧支索；在每一侧均匀地收紧侧支索，保持桅杆笔直。

（6）这是初始设置，即桅杆居中，不朝两侧倾斜，所有侧支索收紧。

（7）在中等风力下航行。跑一连串的迎风换舷，在收紧下风侧支索的时候，数出转了多少圈，并对称地收紧上风侧支索。先从上侧支索开始，消除横向倾斜；然后收紧下侧支索，消除横向弯曲，见图15.3。

（8）朝上观察桅杆，检查有无横向弯曲。如果桅杆的中间部分朝下风弯曲，收紧下侧支

索。如果桅杆顶部朝下风歪，可能是因为中间部分朝上风拱起。要么放松下侧支索，要么收紧上侧支索。过度收紧下侧支索，或者放松上侧支索会让桅顶朝下风歪，而且会使上侧支索和桅杆形成一个更窄的角度。小心，这可能导致侧支索安装件受力过大损坏、桅杆倒下。见图15.4。

（9）在正确的张力下，船在侧倾15°、全体船员压舷时，下风舷的上侧支索应该依然是绷紧的。相对于下侧支索，上侧支索应该绷得更紧，因为它的长度更长，而且受力更大。

（10）定期检查桅杆系统，尤其是在大风航行结束之后。注意上侧支索的延展量，或者下侧支索的过度收紧，可能会导致上撑臂受力过大。

（11）在这个基本设置之上，你或许认为有必要根据航行条件再精调桅杆系统。通常，这意味着要在大风天，增加上侧支索的张力；小风天，花篮螺丝往回退几圈。有些时候，精调最好是通过调节前支索实现。

图15.3：在码头完成初始调节之后，我们再下水航行。完成一连串的迎风换舷，行驶的同时精确调节。

图15.4：注意下侧支索收得过紧（或者是上侧支索收得太松），导致桅杆横向弯曲，而且桅杆与上侧支索的相交角度太小，这很危险。

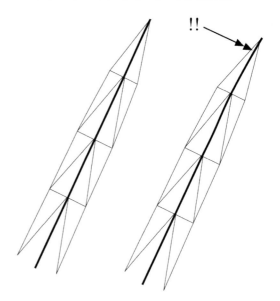

桅杆的前后倾斜

桅杆的前后倾斜称为"rake"，本书用"后倾"来代替，因为几乎所有桅杆就是向后倾斜的。桅杆向后倾斜会产生上风舵。把桅杆立直能减少上风舵。要想改变桅杆的后倾，只需放松前支索和收紧后支索，或许可能也需要移动一下桅杆底座，见图15.5。

目标是找到一个折中设置，能在轻风下提供一些上风舵，而在大风中上风舵又不会太强。大部分帆船设计本身带有桅杆后倾量；但是具体的倾斜量取决于帆的设计、当前的航行条件，甚至是船员的数量。要想找到最佳的后倾量，你要在不同航行条件下测试多种设置。中等风下，你需要的上风舵量大约是3°～4°。你可能会发现，根据航行条件改变这个设置是有益的，比如大风天增加前支索张力，小风天减少。

预弯曲

预弯曲（pre-bend）是调入桅杆的永久性弯曲。预弯曲与后倾不一样，后倾是把桅杆向后倾斜。而预弯曲是通过压缩桅杆（收紧支索张力）和桅杆垫圈的固定作用实现的。桅杆本身需要一些预弯曲——1英寸到几英寸，这取决于主帆的帆前缘曲线形状，见图15.6。

正确的预弯曲能够给予你正确的主帆调帆范围，从饱满调到平坦。如果主帆倾向于过于饱满，那就要增加预弯曲。如果你无法从主帆中获得足够力量，那就通过在桅杆基部的前方增加垫块的方法，让桅杆笔直。随着主帆使用年限的增加，你或许会发现需要更多的预弯曲。这有助于减少额外的弧深，但是这会加剧其他老化问题，比如弧深向后移动了。硬质的削尖形全帆骨可以缓解这个问题。

图15.5：设置桅杆的前后倾斜，让船在各种条件下都有合适的上风舵。增加桅杆后倾，上风舵会增加。

图15.6：桅杆的弯曲可以调节，以匹配主帆的设计。

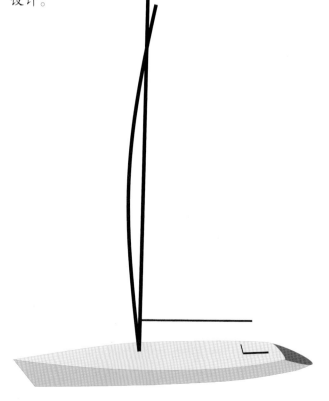

桅杆弯曲和前支索凹陷

通过调节后支索，以及活动后支索（runner）、子支索（baby stay）和斜拉索的组合，你可以分别控制桅杆弯曲和前支索的凹陷。

后支索张力能够通过压缩作用使桅杆弯曲，并且收紧前支索。这种组合取决于活动后支索的张力。如果活动后支索是绷紧的，它就会限制桅杆弯曲，后支索会影响前支索的凹陷。松弛的活动后支索能够容许更大的桅杆弯曲。见图15.7。

对于坚硬的桅杆，后支索张力主要转化成前支索张力，控制着前支索凹陷。然后子支索用于增加弯曲。后支索同样有助于增加弯曲，尤其在子支索已经带来弯曲之后。见图15.8。

图15.7：活动后支索能让我们独立于前支索凹陷，来控制桅杆弯曲。拉紧后支索能收紧前支索，弯曲桅杆。收紧活动后支索能使桅杆变直。

图15.8：后支索弯曲桅杆，并且收紧前支索。子支索（baby stay）能使坚硬的桅杆弯曲。

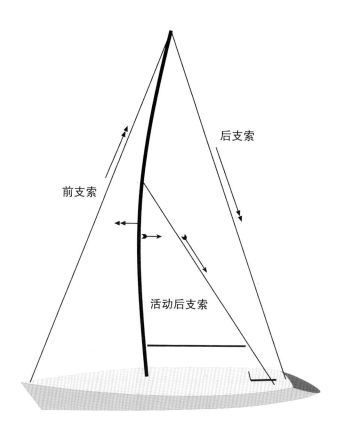

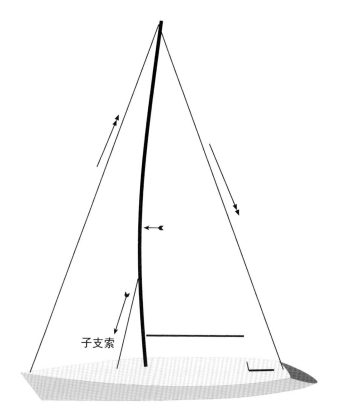

15.3 分段支桅式桅杆的调节

我们的目标是一致的，但是分段式桅杆的调节与桅顶式稍有差异。分段式桅杆的配置也多种多样（后掠撑臂，直撑臂带活动后支索，等等），因此难以笼统而论。下面描述的步骤适用于后掠撑臂。直撑臂的操作步骤是这种方法与前文的桅顶式操作方法的混合。

对于后掠撑臂，调节侧支索会影响桅杆的横向倾斜、横向弯曲、前后倾斜、前支索凹陷，以及前后弯曲，见图15.9。

（1）后掠撑臂应该是固定不动的；撑臂不能摆动。使用销子和/或环氧树脂来固定摆动的撑臂。

（2）把桅杆在桅座上居中放置。

（3）先松开下侧支索，把后支索拉到最紧。收紧上侧支索，保持桅杆居中、横向笔直。如果桅杆朝某一侧弯曲，你或许不得不稍微放松后支索。

（4）松开后支索。桅杆还会有一些弯曲。必要时收紧下侧支索，去除部分弯曲，以匹配主帆。

（5）现在桅杆已经调到了最大前支索张力，通常这是难以实现的。后支索张力会弯曲桅杆，并且增加一些前支索张力。

（6）为了更容易地获得弯曲，放松下支索。要想把后支索张力转换成前支索张力，收紧下支索。在没有活动后支索的情况下，前支索的张力是有最大限制的。如果桅杆倾向于弯曲过大，可以试着减少撑臂的后掠角度。为了鼓励弯曲，可以增加后掠角度，并且放松下支索。

（7）在清劲风下，迎风行驶时，桅杆的顶部会向下风舷歪斜；而中间部分则朝上风舷拱起。这种横向的弯曲，与前后弯曲相比，会更大程度地减少帆力。放松下侧支索或许能够减少横向弯曲，但这又会使得前支索凹陷更大，桅杆前后弯曲也更大。另一个解决方法是换成更长的撑臂，这会对桅杆的中间部分形成更大的推力。这样能够减少——但是无法消除——横向的弯曲，而且还可能会干扰热那亚帆的调帆。

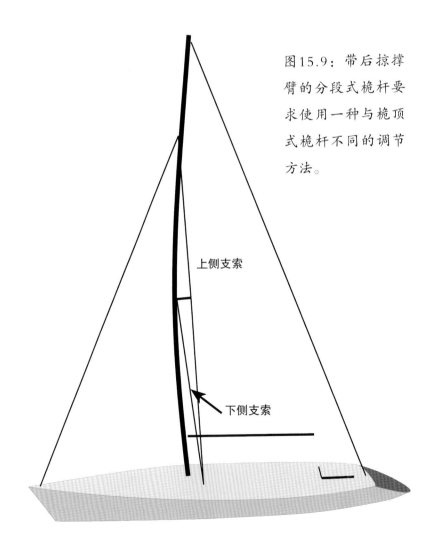

图15.9：带后掠撑臂的分段式桅杆要求使用一种与桅顶式桅杆不同的调节方法。

上侧支索

下侧支索

（8）改变桅杆的前后倾斜需要完全重新调节一遍侧支索。设置好的桅杆后倾应该能够产生平衡的舵性。

（9）侧支索必须每天调节，以达到正确的桅杆弯曲和前支索凹陷，以适应不同的航行条件。上、下侧支索应该在轻风下放松，使桅杆弯曲更小、前支索张力更大；大风下，花篮螺丝要多拧几圈，速度才能最好。你要把这些基本设置、轻风设置和大风设置，都记录下来。

（10）在分段式桅杆上，如果想要正确地调节，以及独立地控制前支索凹陷，活动后支索必不可少，见图15.10。

15.4 结语

桅杆的调节必须匹配主帆前缘曲线的设计形状，也要匹配前帆的前缘内凹。因此在更换新帆时，有必要重新调节一遍桅杆。如果速度达不到你的预期，那么或许你的桅杆现在就没有调对。桅杆调节的微小变化，对船速就会产生令人惊讶的影响。

如果你决定摆弄一下桅杆，开始前要先仔细地记下当前的设置，并做好标记。这样，如果后面的改变无法令你满意，还可以再调回来。

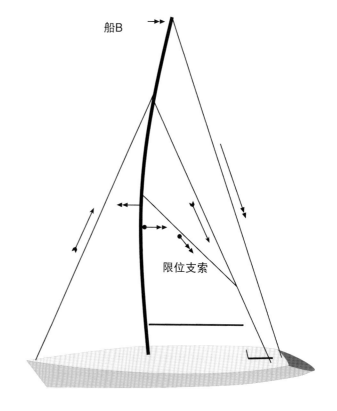

图15.10：船A，在分段式桅杆上，后支索控制着桅杆（前后）弯曲。如果没有活动后支索，前支索凹陷无法直接控制。

船B，活动后支索能让你分别控制前支索凹陷和桅杆弯曲。在分段式桅杆上，活动后支索控制着前支索凹陷，而后支索控制着桅杆弯曲。"check stay（限位支索）"用于防止弯曲过度。

第16章

航行仪表

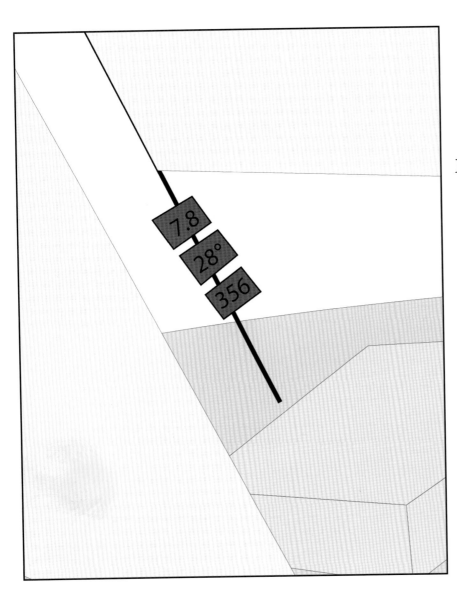

16.1 引言

16.2 新的信息

16.3 速度预测

16.4 速度预测案例

16.5 目标船速

16.6 逆风目标

16.7 顺风目标

16.8 使用1类仪表比赛

16.9 仪表与战术

16.10 结语

第16章 航行仪表

16.1 引言

电子产品正在改变我们进行帆船比赛的方式。越来越复杂的设备和功能给予了我们之前从未得到过的信息。这些信息让我们以全新的方式理解速度，并且结合速度预测功能，我们还能评估和优化速度。

仪表提供了信息，可以核实和量化分析我们的直觉感受（尽管不能代替）。复杂的仪表能让我们看懂速度的细节，而这在之前是无法做到的。

仪表对我们比赛的帮助，体现在两个方面。主要的应用是与速度相关。仪表能帮我们把帆船发挥出最大的速度潜力，尤其是在逆风段和顺风段。正确使用的话，仪表对船速有明显的提升。在分析仪表和速度的时候，你可以这样思考，速度上2%的提高几乎是无法察觉的（比如从5节增加到5.1节），但是在大部分比赛中，这足以决定胜负（每海里快14秒）。

仪表的价值另一方面体现在策略上，它能帮助我们追踪风和水流的强度、方向和变化趋势。这些信息能让我们在比赛中跑得更好，不论是绕标比赛还是点到点比赛。

本章将要讨论仪表，包括它们所提供的信息，以及用法。我们先来简单地看一下仪表，以及它所提供的信息。下一步，我们探讨一下速度预测程序（Velocity Prediction Program，VPP），它能对速度进行建模和预测。然后我们会讨论一些仪器使用中的概念，并把它们应用于各种航行条件下的船速。最后，我们来看一下怎样使用"不那么复杂"的仪表，来应用这些概念。

16.2 新的信息

现代仪表给出了比过去更精确的信息，而且很多新信息过去是没有的。把仪表与速度预测程序（VPP）相结合时，我们就获得了一种优化速度的强大工具。VPP预测了在特定风速和特定角度下的船速。简单来说，它们能告诉你在某个给定条件下，你的帆船能跑多快。

在使用工具之前，我们先来简要看一下它们提供的信息。我们可以根据复杂程度把仪表分成若干类别，然后从最基本的类别开始。

<u>0类</u>：人的感觉。这依然是最基础的，也是最可靠、最廉价的信息来源。当然偶尔也会有误导，我们后面会看到。

<u>1类</u>：提供船速、视风速度、视风角度的直接读数。罗经也属于1类仪表。

<u>2类</u>：处理1类仪表的数据，给出真风速度和真风角度。同时能计算出迎风和顺风时的有效速度。

<u>3类</u>：增加一个电子磁通量闸门罗经（Flux Gate Compass），给出罗经航向和真风速度。

<u>4类及以上</u>：再加上一个GPS接口和一台计算机，这是更高一级的复杂度。GPS能给出对地航向和对地速度（已经修正了水流），以及到达某一个航路点的有效速度、有效航向。计算机能够比较实际速度和预测速度；而且它还能记录速度，帮助我们改进预测。复杂的计算机软件能够把船速、GPS位置和天气预报集成在一起，帮助设计长距离路线。

除了更加精确、更加集成的仪表之外，微处理器革命还给我们带来了更加精确的速度预测能力。计算机程序可以预测，在每种风速和风向角度下，你的船能跑多快。然后，你可以对照预测数据比赛。

对于统一级别的竞赛者，总是会有其他船来与你对抗。你总能知道（有时候是相当了解）自己的表现如何。在混合船队中，拥有能够拿来对照的预测数据，对于速度来说是个很大的提高。如果你是某个型号的唯一一条船时，VPP能够告诉你是否已经把船的潜能全部发挥了出来。

IMS速度预测程序（IMS Velocity Prediction）和设计系统速度程序（Design System Velocity）是计算VPP的两个来源。这些信息可以编程进仪表，或者是单独使用，我们后面会看到。无论这种信息怎样显示，关键在于，VPP告诉我们船应该跑多快——给予了我们一个目标速度（target boat speed）。

16.3 速度预测

现代的帆船设计软件和计算机能够预测传统帆船的速度，精确度就如同我们的仪表测量一样。对于每个给定的风速，预测数据显示了我们在每个风向角度上能够跑多快。本章使用的速度预测数据只是一个虚构的例子。尽管我们案例中的船是一条Fantasy 47，但是其中的概念几乎适用于所有龙骨船。尽管船速不同，但是风速和角度几乎一致适用于所有的PHRF、IMS、IOR、MORC帆船（但不包括一些运动帆船，后面我们会看到）。

同样的信息，有两种不同的呈现形式。一种形式就是简单的几列数字，分别显示每个风速和各个风向角度下的速度。另一种形式是画一张代表同样信息的图形，我们称之为速度极图（Polar Diagram）。

速度极图是针对某条特定的船，它的预测速度的数据图像。该曲线是根据速度预测结果画出来的，只不过是以不同的形式表示同样的信息。每条曲线对应了一个给定的真风速度。在图像上，我们可以看到对应7节真风速度的曲线。每个数据点分别被标绘在图像上，然后连成一条曲线。

要想理解速度极图上的信息，你可以想象成你船正从图上的原点出发行驶。在每一个风向角度上，原点到曲线之间的距离对应着帆船能够行驶的速度。见图16.1。

图16.1：VPP和速度极图。

表16.1的数字显示了比尔的大船在7节真风下的预测速度。图像上显示了同样的信息，只不过是以极图的形式。极图周边的数字对应了VPP表格的最后一列。最优逆风速度和最优顺风速度用粗体显示。

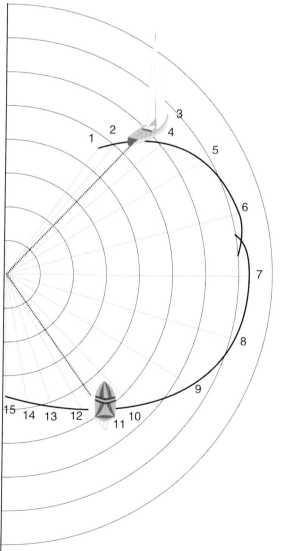

表16.1 Fantasy 47 真风7节下的VPP预测

	真风角度	船速	视风速度	视风角度	有效速度	见极图
	36	4.7	11.8	26	3.8	1
	40	5.1	12.0	28	3.9	2
	42	5.6	12.3	30	4.0	3
逆风	**44**	**5.6**	**12.3**	**30**	**4.0**	**3**
	50	6.2	12.4	33	3.9	4
	60	6.8	12.4	37	3.4	5
热那亚帆/	75	7.2	11.7	44	1.8	6
87°/球帆	90	7.3	10.5	52	0.0	7
	105	7.1	8.9	61	-1.8	8
	120	6.4	7.1	74	-3.2	9
	135	5.5	5.4	93	-3.9	10
顺风	**144**	**4.9**	**4.7**	**108**	**-4.0**	**11**
	150	4.5	4.3	120	-3.9	12
	160	4.1	4.1	139	-3.8	13
	170	3.8	4.0	161	-3.7	14
	180	3.6	4.0	180	-3.6	15

16.4 速度预测案例

我们先来看一下比尔的大船在7节真风下的预测速度。当真风来自正横（90°）时，我们的速度应该是7.3节。真风角度为75°时，船速应该是7.2节。其他风向角度的速度也有表示。因此，在任意横风角度，我们都能够判断船是否跑出了预测速度。如果我们跑得慢，这说明调帆可能有问题。预测数据还能帮助我们在热那亚帆/球帆的分界线上，判断该用哪种帆。

关于速度极图，一个需要注意的地方就是热那亚帆和球帆之间的分界线。永远都不要在这个临界角度上行驶：转向上风，利用热那帆行驶；或者是转向下风，升球帆。这个临界角度的大小和宽窄取决于你使用的帆。如果你只携带常规热那亚帆和传统对称球帆，那么这个临界角度就会很宽。如果你有一面横风前帆和一面不对称球帆，这个临界角度甚至可以被平滑过渡去除。零号帆凭借其自身的工作角度范围，可以覆盖住这个角度缺口，这样即使在前帆/球帆的分界线上，船也能跑出很好的速度。

比起横风数据，关于逆风速度和顺风速度的信息更有意思。数据显示了最优逆风有效速度（VMG）和最优顺风有效速度的大小和角度。直接对准上风标志并不是最快的逆风路线——我们都明白。顺风也是如此。问题在于，我们应该行驶一个多大的角度呢？如果行驶的角度太高，那么速度就会减慢；如果跑得太低，速度增加了，但可能抵不过损失的角度（多走的路程）。速度预测软件能告诉我们准确的角度应该是多少。在极图曲线上，最高的点对应了最优逆风速度和角度；最低的点对应了最优顺风速度和角度。这些最优值在极图上用帆船做了标记。

在上面的案例中，7节真风下，最优逆风角度是偏离真风44°（True Wind Angle，TWA），偏离视风30°，对应的有效速度是4.0节。高于此角度行驶，会损失速度，使有效速度（VMG）减少；低于此角度行驶，船速增加，但不足以补偿损失的角度，最终还是导致有效速度减少。如图16.1所示。

我们从中能学到什么呢？首先，如果我们角度跑得太高或太低，就会损失大约0.1节的有效速度。这个影响很大。因为，这相当于每海里相差23秒！别忘了，你曾经为了区区3秒而和竞赛委员会据理力争！难点在于，正确的角度，尤其是顺风角度，单凭感觉是很难找准的。

我们从中学到的第二点知识就是，正确的角度偏离正顺风很远。144°真风角度意味着偏离正顺风36°。视风角度大约是108°（大约接近正横）。你能凭经验找到这个角度吗？如果不能，你跑完一段3海里的赛段，就会落后别人超过1分钟。

16.5 目标船速

我们该怎样使用这些速度预测数据呢？

逆风和顺风行驶时，我们要努力跑出预测的船速来，这样就能把我们置于正确的角度。目标速度给予了每条帆船一个参考目标——这就像是参加统一级别比赛。

以最优的有效速度行驶是我们的逆风和顺风行驶目标。有效速度的读数，即使是用最好的仪表来测量，波动性也是太大，难以用来调帆和掌舵。要想实现最优的有效速度，我们的主要参照是船速，风的角度是辅助参照。逆风时，我们使用视风角度（Apparent Wind Angle，AWA），因为它是一个更简单、直接的读数。顺风时，视风速度过于多变，因此我们使用真风角度。对于每一个真风速度数值，都有一个对应的目标船速和目标角度，见图16.2。

这些速度预测数据并不能完全覆盖所有风速。对于数据未给出的中间风速，我们使用插值的方法计算。该信息是用速度极图推算出来的，我们以长条表格的形式，把它张贴在仪表的旁边。表16.3展示了一张目标船速表格。

我们来仔细看一下这条Fantasy 47帆船的逆风行驶和顺风行驶。

16.6 逆风目标

根据预测数据，我们试着把船开到预测的目标船速。如果你的速度稍高于预测值，那么角度就跑得稍微高一点；如果船速低于预测值，那么角度就跑得稍微低一点。如果角度（真风角度或者视风角度）与预测的数值不匹配，那么我们

图16.2：这张速度极图展示了7节和10节真风对应的完整极图曲线，以及3节、5节、7节、10节、14节真风分别对应的最优逆风速度和最优顺风速度。10节风的VPP（速度预测）如表16.2所示。

我们还针对10节风加入了零号帆的速度曲线，用粗线表示，它正好介于热那亚帆和球帆的分界上。

表16.2 Fantasy 47 VPP 真风速度10节

	真风	船速	视风速度	视风角度	有效速度
	36	6.0	16.0	26	4.9
	40	6.4	16.2	27	5.0
逆风	**42**	**6.9**	**16.4**	**29**	**5.1**
	44	7.0	16.4	30	5.0
	50	7.5	16.4	33	4.7
	60	7.9	16.0	39	4.0
热那亚帆/87°/球帆	75	8.1	14.9	48	2.6
	90	8.3	13.5	57	0.0
	105	8.3	11.8	68	-2.1
	120	7.9	9.7	80	-4.0
	135	7.3	7.7	97	-5.1
顺风	**144**	**6.7**	**6.7**	**111**	**-5.4**
	150	6.2	6.3	122	-5.3
	160	5.8	6.0	141	-5.2
	170	5.2	5.9	162	-5.1
	180	5.0	5.8	180	-5.0

船速

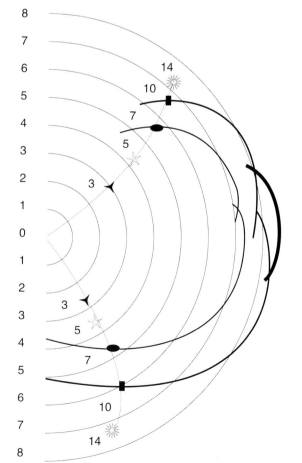

或许就要改变一下调帆，以达到这个目标船速。如表16.3所示。

我们很容易就转向过度。操舵角度范围要尽量窄，只修正1°~2°的舵量。追着仪表数字操舵容易产生错误，因为仪表的读数只是历史数据。数字本身不应该成为舵手关心的对象；舵手还是要靠观察和感觉操舵，留意帆、海况、侧倾和舵上的力量。缭手负责汇报速度数据。当数字准确时，舵手应当记下此时的船感，靠感觉操舵。

在稳定条件下，我们应该稳定在一个很窄的操舵角度范围内，根据风和波浪的小幅波动来精确调帆和掌舵。在阵风条件下，需要采用更加激进的技术。

逆风遇到阵强风、阵弱风和风摆

在多变的环境下，我们的目标会随着每一个阵强风和阵弱风而变化。如果阵强风使风速从7节增加到10节，那么我们的目标船速就要从5.6节增加到6.9节。当阵强风吹来时，船会倾斜，而舵手倾向于转向上风，因为阵强风带来了视风上的抬升，所以舵手急切地跟着它转向上风；但是，这种做法是错误的。正确的做法是遇到阵强风时稍微放松缭绳，让船保持现有航向，以便迅速加速到更高的目标速度。当船加速之后，重新收紧帆。要想采用这种方法，缭手就必须把缭绳拿在手里，遇到阵强风时随时放松。如果等待船倾斜，或者等待仪表的读数变化，那就太晚了，已经损失了速度。

遇到阵弱风时，船似乎是被压头。（想象假如风完全消失的情形，你就是直接正顶风了。）阵弱风到来时（比如10节风降到7节风），目标速度就会下降。与其随着压头的视风（假象）转向下风，不如保持航向——或者朝上风挤，燃烧掉多余的速度。暂时地过度收紧帆，防止帆出现反受风；然后等待船速降低到新的目标速度之后，再放松到正常位置。

应对阵强风、阵弱风的关键就在于分清真正的抬升和阵强风造成的抬升之间的区别；以及真正的压头和阵弱风造成的压头之间的区别。在现实中，阵强风和阵弱风通常会伴随有风摆。你对当天的天气的观察，能帮助你预知未来的情况。仪表只能告诉你过去发生的事情。

我不再深入细节，只是简单地提一句，仪表分析确认了"遇到压头跑低、遇到抬升跑高"的价值。

表16.3：逆风目标速度表告诉了舵手和缭手逆风行驶的目标速度和目标角度。目标数据是VPP根据每个风速推算出来的。

表16.3 Fantasy 40：逆风目标

真风	船速	真风角度	视风角度
3	2.8	46	30
4	3.6	45	30
5	4.4	44	30
6	5.0	43	30
7	5.6	42	30
8	6.1	41	30
9	6.5	40	29
10	6.9	40	29
11	7.0	40	28
12	7.1	39	28
13	7.1	39	27
14	7.2	39	26
15	7.3	40	26
16	7.3	40	26
17	7.4	40	26
18	7.4	40	26
19	7.3	40	26
20	7.3	40	26

16.7 顺风目标

顺风速度曲线可以分成3段。10节以下是轻风，10节到15节是中等风，超过15节是大风。每一段都要求采用不同的方法来实现最优速度，见表16.4。

轻风——10节以下

轻风下，船速是最大的变量，而航行角度基本保持固定。

表16.4的数值显示，在10节以下风的真风中，实现目标速度的真风角度是140°～150°。

实现目标速度之后，我们稍微地朝上风或下风偏转，以保持目标速度不变。如果发现速度太快，那就跑低角度，燃烧掉多余的速度，同时更加对准标志。如果速度太慢，那就跑得稍微高一点，加速到目标速度。这里的改变是很微小的，角度变化也很小。

阵强风和阵弱风

速度极图显示（图16.2），10节以下的风下，正确的角度基本保持不变。然而，目标船速会随着风速明显变化。轻风下，传统的做法——"阵弱风转向上风，阵强风转向下风"——是错误的。遇到阵强风，目标角度不会改变多少。事实上，你是低于目标速度，或许希望转向上风来加速！（跑横风时，这句话还是成立的。只是在顺风时，它就成了"错误的真理"。）

中等风——10到15节真风

中等风下，目标角度是最大的变量，而目标速度反而相对稳定。

在10节到15节风下，VPP显示，最优真风角度大幅度变化，从144°变化到166°。在这个范围内，我们的船速不会随着风速而明显变化，如同轻风的情况。变化的是我们跑角度的能力。风速每增加1节，角度可以变低5°（速度稍有提高）。

表16.4 Fantasy 47 顺风目标

表16.4：顺风目标。

对应每个风速，都有一个目标速度和最优角度。10节以下的轻风中，该角度基本不变，而船速变化明显。在10节到14节风下，该角度会大幅度变化。

真风	船速	真风角度	
3	2.4	140	轻风
4	3.1	140	
5	3.8	142	
6	4.4	143	
7	4.9	144	
8	5.5	144	
9	6.1	144	
10	6.7	144	中等风
11	6.9	148	
12	7.1	153	
13	7.2	158	
14	7.3	164	
15	7.5	166	
16	7.7	168	大风
17	7.9	169	
18	8.1	170	
19	8.4	171	
20	8.7	172	

阵强风和阵弱风

在风速超过10节时，我们的技术就要变化。在这种环境下，目标速度不会随着风速而大幅度变化，但是角度会。在这种中等风下，我们要遵照传统的做法，"阵弱风转向上风，阵强风转向下风"（顺风谚语，要与逆风区分）。遇到阵强风时，我们可以跑低一些的角度，同时保持目标速度。遇到阵弱风时，我们必须转向上风，以保持目标速度不变。

大风——真风15节以上

当风速超过15节时，我们可以选择160°到180°（正顺风）之间的角度。极图曲线显示，在这个风力范围内，曲线是相当平坦的。这就意味着，无论是跑高角度、高速度（160°），还是跑低角度、低速度（180°），有效顺风速度都是一样的。我们可以选择一个有利的对浪角度，或者是有利的控船角度，也可以是策略或战术上有利的角度。

阵强风和阵弱风

大风下，控制是速度的关键。船员的重量向后移动，遇到阵强风时必须要松缭绳，防止帆和舵受力过大。遇到阵弱风时大幅度收紧球缭，防止球帆塌下来，因为视风此时会向前摆动。

关于滑行船，谬误很多

上述速度影响参数对于中等排水量的龙骨帆船是适用的。但是对于运动帆船或者其他滑行型船体，它们就不再适用。那些高速帆船几乎在所有风速下，都能从高角度中获益，就如同前边讲过的轻风条件；但当船进入滑行状态，情况就不一样了。进入滑行之后，视风摆动得非常靠前。这时，关键就在于保持滑行速度和靠前的视风角度的同时，尽量行驶一个低的角度。

还有，这些速度参数也不适用于不带球帆的船！对于不升球帆的比赛，用一根杆子把前帆撑起来，做成蝴蝶帆，直接对准标志行驶。

16.8 使用1类仪表比赛

即使不携带最复杂的仪表，我们也能够从前边学到的经验中获益。

这里最重要的概念是目标顺风速度。在10节以下的轻风中，我们希望以140°~145°的真风角度行驶。这意味着我们的顺风换舷角度是70°~80°。当我们转向下风，想要到达正顺风时，应当已经知道风向了（即两个近迎风罗经航向的平均数），我们可以取偏离风向145°的罗经航向。（比近迎风航向的相反方向稍低几度，这是个很好的近似角度。）通过行驶这样的罗经航向，我们能得到目标速度，并尽量保持它。当我们无法保持这个目标速度时，就必须判断究竟是遇到了阵弱风，还是抬升。如果是阵弱风，就应该选择一个合适的角度，跑最佳的速度；如果是抬升，就应该换舷到被压头的受风舷。我们需要顺风换舷75°，到达相反受风舷的正确角度，然后再跑出目标速度来。不可否认，这与拥有

真风仪表相比，效率会差很多，但这已经是我们所能做到的最好的事情了。

16.9 仪表与战术

绕标比赛

真风仪表可以简化战术师的工作。借助真风仪表，你很容易就能找到风摆。仪表系统会记录一段时间内的风力数据，并把它们以图像的形式显示出来，从而能让你看清风向和风力的变化趋势。

长距离比赛

在进行长距离横风行驶时，速度极图能帮你找到正确的横风角度。通常，在短距离赛段上，风不会变化，横风最快的航线就是一条直线。但是在长距离赛段上，风会变化，正确的航向可能不再是直接对准标志。可能存在一个稍微偏离标志，但是速度更快的航线。（参考《ASA &North U帆船竞赛战术》中的"长距离竞赛策略"。）

16.10 结语

最后三个要点：

（1）充分利用仪表要求你首先要校准仪表。正如计算机评论家常说的："输入是垃圾，输出也是垃圾。"

（2）不要变成仪表的奴隶。如果你忽略了自己的直觉，只相信仪表，你就输定了。

（3）尽管案例中的船是一条Fantasy 47，但是这些概念适用于所有龙骨船。尽管船的速度数值有区别，但是对于几乎全部PHRF、IMS、IOR、MORC 帆船，它们的风速和角度却是令人惊讶得一致。

第17章
总结

17.1 攀登金字塔

17.2 战术巫师

17.3 关于本书

17.4 致谢

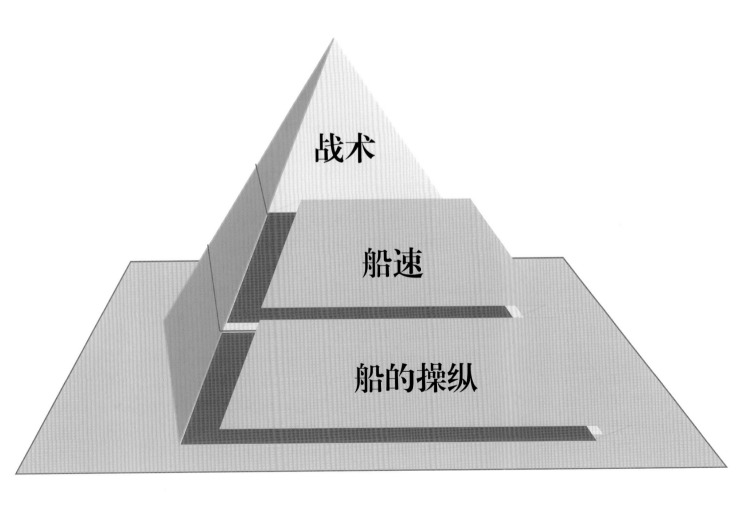

第17章　总结

17.1 攀登金字塔

帆船竞赛是一个复杂的考验，它检验我们所有的能力。成功的竞赛要求有坚实的基础——熟练的操船技术和具有竞争力的船速。它还要求有一条准备充分的帆船。最后，当所有这一切都具备之后，它还要求有良好的战术，见图17.1。

17.2 战术巫师

如果你认为自己的比赛受制于有缺陷的战术，那你还是要多多反思。如果没有良好的操船技术和优异的船速，战术就无从谈起。

最好的战术就是船速。你会发现，当你跑得快时，战术就不会像速度慢时那样复杂。

当你以熟练的操船技术、无可匹敌的船速冲过起航线时，你会发现自己突然变成了一名战术巫师！

如果你有兴趣更多地了解战术，可以去阅读《ASA & North U.帆船竞赛战术》。

17.3 关于本书

书中讲解的理论和方法只是一个开始。把这本书当作你的一个起点，不要让你从书本上学到的知识成为你进步的障碍。

17.4 致谢

感谢阅读《ASA & North U. 帆船竞赛调帆》。我希望这本书能带给你愉悦的阅读体验，祝你比赛好运。

快点跑吧！

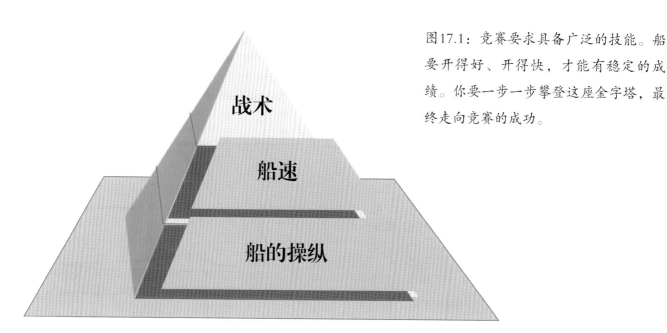

图17.1：竞赛要求具备广泛的技能。船要开得好、开得快，才能有稳定的成绩。你要一步一步攀登这座金字塔，最终走向竞赛的成功。

附录 词汇表

A

Apparent wind　视风，在航行的帆船上的观察者，实际感受到的风，是真风和船的相对运动产生风的矢量叠加，第18页。

Angle of attack　迎角，也叫攻角，空气动力学术语，是气流方向与翼形的弦所成的角度，第20、47页。

Asymmetric spinnaker　不对称球帆。有固定的帆前缘和帆后缘，且前缘、后缘形状不同的球帆，第135页。

Aspect ratio　展弦比，空气动力学术语，描述翼形的长度与宽度的比例，第26页。

AWA　Apparent Wind Angle，视风角度；船首向相对于视风的角度，第194页。

B

Baby stay　子支索；增加坚硬桅杆的弯曲度。见附图1，第187页。

Backwinding　反受风，风吹到帆的"错误"一面，即背风面，第45、91页。

Bad air　脏风，或叫dirty air，风吹过障碍物或其他帆船之后，会产生方向变化、乱流和湍流，称为脏风。帆船在脏风中行驶不利，第93页。

Barber hauling　把缭绳或牵绳向船里拉，控制着绳子的里外位置。这里描述的是调节绳子里外位置的动作。

Broach　翻覆，这里并不是简单的翻船，而是特指在顺风时，船头突然转向上风，顺风一下子变成横风，帆船然后横滚翻倒。风力过大且升球帆时容易出现这个问题，第68、112、120、173页。

C

Clear air　清风，未受其他帆船或障碍干扰，没有乱流或湍流的"干净"的风。

Check stay　限位支索，限制桅杆过度弯曲。见附图1，第89页。

Chord　弦，空气动力学术语，从翼形前缘到后缘的直线连线，第16页。

Code zero　零号帆，介于热那亚帆和球帆之间的一种过渡帆，第54页。

Cow hitch　双合结，第103页。

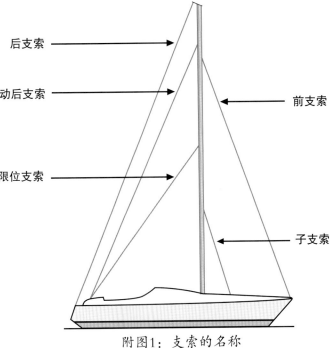

后支索
活动后支索
前支索
限位支索
子支索

附图1：支索的名称

D

Downspeed tacking 无速度迎风换舷，船几乎位置不动，但是船头换舷。多用于起航时创造下风空间，第14页。

Draft （1）弧深，描述帆的形状，帆面圆弧相对于弦（Chord）的深度，第16、22页。（2）吃水深度，船的水下部分的深度。

Duck 钻船尾，两船相遇，一条船从另一条船的船尾"让过"对方，第34页。

E

Ease 放松（帆或绳子），只放出一定长度，但不是完全放掉，第13页。

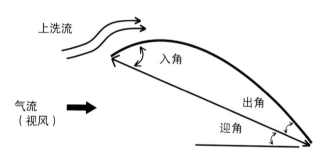

附图2：帆的空气动力学中的角度

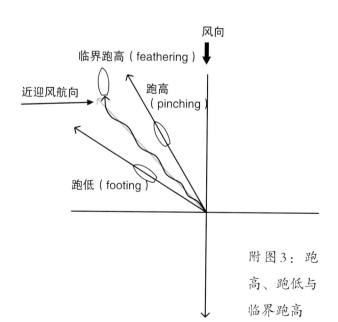

附图3：跑高、跑低与临界跑高

Entry angle 入角，描述帆前缘的形状，是帆前缘的剖面弧线与弦相交的角度，见附图2，第47、77页。

F

Feathering 临界跑高，一会儿过度跑高，一会又回到角度模式，在跑高和正常角度模式之间临界操舵，称为临界跑高，见附图3，第75、76页。

Flattening reef 展平绳，你可以把它当作后拉索的延伸，当后拉缩拉紧到极限时，它可以继续起到后拉索的作用，同样也是起到展平主帆的效果，第63页。

Floater takedown 悬浮降帆，是一种降下球帆的方法，先在球帆内部升起前帆，卸下球帆杆；此时靠舵手和船员的配合（船员做人力球帆杆）保持球帆在空中"悬浮"，然后舵手换舷，球帆从前帆的背风面倒塌下来，收起。悬浮降帆较普通球帆降法速度快宝贵的几秒，第4页。

Footing 跑低角度，相对于近迎风航向，跑一个更低的角度，牺牲角度换速度，见附图3，第41页。

Foreguy 前牵绳，从船头连接球帆杆，把球帆杆向前拉的绳子，称为前牵绳。常说的牵绳（guy）向后拉球帆杆，因此算是"后牵绳"，见附图4，第105、115、129页。

Fore-reaching 近迎风缓行，帆调到近迎风状态，但是角度要比近迎风高，因此船会走得很慢，第14页。

Foretriangle 前三角，由前支索、甲板、桅杆组成的三角形，第54、116页。

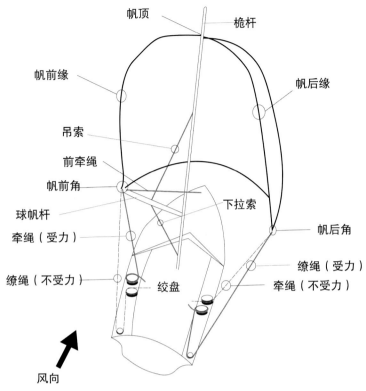

帆顶
桅杆
帆前缘
帆后缘
吊索
前牵绳
帆前角
下拉索
球帆杆
帆后角
牵绳（受力）
缭绳（受力）
缭绳（不受力）
绞盘
牵绳（不受力）
风向

附图4：对称球帆的结构

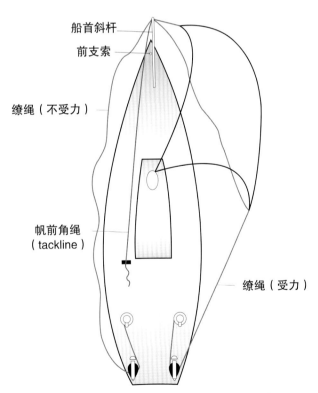

船首斜杆
前支索
缭绳（不受力）
帆前角绳
（tackline）
缭绳（受力）

附图5：不对称球帆的结构

Fractional rig 分段支桅式桅杆，描述一种前支索配置，前支索只到达桅杆的某一段高度，低于桅顶，第55、184页。

G

Gennaker 不对称球帆，同Asymmetric Spinnaker，第167页，见附图5。

Genoa 热那亚帆，大部分排水型龙骨帆船上，使用面积比较大、帆后角与桅杆重叠的前帆，称为热那亚帆。与之相对，帆后角不与桅杆重叠的前帆称为jib。

Genoa staysail 热那亚支索帆，升在热那亚帆与桅杆之间的一根支索上的帆。其实所有的前帆的后方都可以配支索（只要空间允许），支索上升的帆叫支索帆。

Gentry tufts 成串的气流线。以前帆为例，普通气流线只在帆前缘、帆后缘各一根，共两根。但是成串的气流线是从帆前缘，一根连一根地分布，一直延续到帆后缘。这样观察者可以看清整面帆上的气流，操舵更加精准，第75页。

Groove 见steering groove。

Guy 球帆的牵绳，准确地说，应该叫后牵绳（after-guy）；

对称球帆的每个角上，大都连接两根绳子，一根是缭绳（sheet），一根是牵绳（guy），牵绳会穿过球帆杆（Pole）末端的钳口（Claw）。上风舷的牵绳处于受力状态；下风舷的缭绳处于受力状态。见附图4，第103、115页。

H

Helmsmanship　操舵技术，操舵水平与技术的统称，第73页。

Hike　压舷，船员坐在船舷上压舷。

Hobble　一套滑轮组（两个滑轮），每个滑轮上自带卸扣，可用于任何临时用途；连接两个位置并且放大船员的力量，第182页。

I

Inboard　向（船）里，船舷的内部或中间。与outboard（外）意义相对。

J

Jib top　前顶帆，一种古老的小型三角帆，升在三角前帆（jib）的顶部，高度更高，用来增加横风时的帆面积，第53页。

Jibulator horn　缭绳钩子，安装在球帆的前缘上，用来钩住不受力缭绳，防止其落水，第138页。

L

Lazy　不受力的（绳索），第116页。

Lift　升力，气流流过翼形，翼形产生的垂直于气流方向的力。

Loose footed　松帆脚的（主帆）；主帆的底边是放开的，没有系在横杆上，第126、145页。

Lull　阵弱风，风力减弱的阵风。

M

Mail-slot takedown　信箱式降球帆，一种降球帆的方法，球帆穿过主帆与横杆之间的狭缝，适用于大风条件，第14、126页。

Masthead rig　桅顶支桅式桅杆，描述一种前支索配置，前支索一直到达桅杆顶部，第116、184页。

O

Outboard　向（船）外，朝向船舷以外，与inboard（里）意义相对。

P

Peel　先升后降换帆，先升起新的帆，再降下旧的帆，完成更换帆的目的，第4、14、127页。

Pinching　跑高角度，相对于近迎风航向，跑一个更高的角度，牺牲速度换角度，第41、75、88页。

Pit man　驾驶舱船员，也叫中舱手，负责在驾驶舱中操作。

Pitching　纵摇，船头、船尾上下起伏颠簸，船在首尾中心线所在的竖直平面内摇摆，称为纵摇，第91、98页。

Polar diagram　速度极图。描述帆船在不同风向角度下行驶速度的函数图像，第192页。

Pole　对称球帆的球帆杆。

Pounding　（船头）拍击水面，船在纵摇很大时，船头一会儿离开水，一会儿沉入水中，中途重击拍打水面。这对速度不利，第98页。

Puff　阵强风，风力增强的强风。

R

Reacher　横风帆，是一种特殊的三角前帆，它的帆后角高度较普通三角前帆（jib）或热那亚帆（Genoa）更高，适合跑横风，第53、54页。

Runner　活动后支索，第187页。

Roach　帆后弧，主帆的帆后缘并不是连接桅顶到横杆末端的一条直线，而是有一个突出的弧形，这个突出部分称为帆后弧。目的是为了增大帆面积。

Rolling　横摇，船以首尾中线为轴，左右摇摆，船舷上下起伏。

Round up　转向上风，可能导致翻船。顺风行驶时，舵上的力量突然消失（因为与水流分离），船失控转向上风。这时若帆力依然很大，船会横倒翻覆（Broach）。

S

Sail groove　帆槽。前支索上，一般有两根槽（便于换帆），用来喂入前帆的前缘帆边绳。

Slab reef　折叠缩帆，把主帆折叠绑在横杆上缩帆，这是最传统的缩帆方法。

Slalom　绕标转弯的动作。

Slam jibe　急转弯顺风换舷，顺风换舷，把船塞进一个很小的缺口空间。

Slam tack　急转弯迎风换舷，迎风换舷，把船塞进一个很小的缺口空间。

Slot　主帆与前帆之间的狭缝。

Snatch block　扣绳滑轮，一种特殊的滑轮。滑轮的一块侧板可以打开，扣住一根受力的绳子，这样就不需像普通滑轮那样从绳子的一端穿入滑轮。

Snout　"鼻绳"，传统桅杆上升不对称球帆，需要在船头系一根鼻绳连接不对称球帆的前角。

Spinnaker　传统的对称球帆，球帆的左右两个边缘形状完全相同。

Sprit　（船首）斜杆，从船头伸出来的杆（有时也会水平），多用来支撑不对称球帆的帆前角。

Steering groove　操舵的临界角度。跑近迎风时，角度要求保持在一个非常窄的范围之内，高于此范围便是跑高，速度会折损；低于此角度，速度增加，但是角度有损失。这个非常窄的角度范围，就像是一个细槽（groove），本书译为操舵的临界角度。这个角度范围的宽窄是可以人为控制的，第48、77页。

Stretch and blow　拉平和吹落，一种降下球帆的方法，第14、122页。

T

Tack　（1）迎风换舷。
　　　　（2）受风舷。
　　　　（3）帆前角。

Tack line　帆前角绳。不对称球帆上，连接帆前

角的绳子，这根绳子一般向前穿入船首斜杆，第135、165、167页。

Topping lift　吊索；吊住杆子（比如横杆或者对称球帆的球帆杆），不使其下坠的绳索。本书多是指球帆杆吊索，第151页。

Trim　（1）收紧（帆或绳子）。

（2）调帆，调节帆形和迎角.

（3）帆当前的调帆状态，包括形状、迎角、扭曲等。

True wind　真风，与大地相对静止的观察者感受到的风。

TWA　True Wind Angle，真风角度；船首向相对于真风的角度，第194页。

Twings　球缭下压索。用于把球缭向下压，获得更佳缭绳角度的短绳，第113、165页。

U

Upwash　上洗流，空气动力学术语，第18页。

V

Vang sheeting　斜拉索控帆，传统做法是用缭绳控制横杆的高低位置，但是也可以用斜拉索控制横杆的高低，用主帆滑车控制迎角，这称为vang sheeting，第62、69页。

VMG　Velocity Made Good，有效速度；指向目的地方向的有效速度分量。比如逆风有效速度，是船速在逆风（顶风）方向上的速度分量，第27、147、148页。

VPP　Velocity Prediction Program，速度预测程序；用来预测帆船在不同条件下行驶速度的计算机程序，第191页。

W

Wind gradient　风力梯度，高处的风速要比低处的风速大，这种现象称为风力梯度，第25页。

图书在版编目（CIP）数据

ASA & North U.帆船竞赛调帆 /（美）比尔·格莱斯顿（Bill Gladstone）编；刘伟译. —青岛：中国海洋大学出版社，2022.6

ISBN 978-7-5670-3200-2

Ⅰ.①A… Ⅱ.①比… ②刘… Ⅲ.①帆船运动－运动技术 Ⅳ.①G861.419

中国版本图书馆CIP数据核字（2022）第111243号

出版发行	中国海洋大学出版社		
社　　址	青岛市香港东路23号	**邮政编码**	266071
出 版 人	杨立敏		
网　　址	http://pub.ouc.edu.cn		
责任编辑	矫恒鹏	**电　话**	0532-85902349
电子信箱	2586345806@qq.com		
印　　制	青岛海蓝印刷有限责任公司		
版　　次	2022 年 7 月第 1 版		
印　　次	2022 年 7 月第 1 次印刷		
成品尺寸	210 mm × 285 mm		
印　　张	13.25		
字　　数	271 千		
印　　数	1－2000		
定　　价	169.00 元		
订购电话	0532-82032573（传真）		

发现印装质量问题，请致电0532-88786655，由印刷厂负责调换。